ALTDEUTSCHE TEXTBIBLIOTHEK

Begründet von Hermann Paul
Fortgeführt von G. Baesecke
Herausgegeben von Hugo Kuhn

Nr. 26

Priester Wernher

MARIA

Bruchstücke und Umarbeitungen

Herausgegeben von

Carl Wesle

Zweite Auflage

besorgt durch Hans Fromm

MAX NIEMEYER VERLAG TÜBINGEN

1969

1. Auflage 1927

© Max Niemeyer Verlag Tübingen 1969
Alle Rechte vorbehalten · Printed in Germany
Druck: Poppe & Neumann, Graph. Betrieb, Konstanz
Einband von Heinr. Koch Tübingen

VORWORT

Der Wunsch, die Mariendichtung des Priesters Wernher dem akademischen Unterrichtsbetrieb zugänglich zu machen, hat Herausgeber und Verlag veranlaßt, von meiner im Frühjahr erschienenen Ausgabe einen wohlfeilen Sonderabdruck von Text und Fußnoten mit gleicher Satzeinrichtung, doch ohne Glossar und Reimregister mit knapper Einleitung in der Altdeutschen Textbibliothek erscheinen zu lassen. Mir war dieser Plan in mehrfacher Hinsicht willkommen: ich bin überzeugt, daß die schöne, so eigenartig überlieferte Dichtung für Seminarübungen einen interessanten und lehrreichen Text abgibt, und ich hoffe, daß die Behandlung in akademischen Übungen dem Text selbst, dessen kritische Bearbeitung noch keineswegs abgeschlossen ist, zugute kommen, noch manche Verderbnis erkennen, manche ungelöste oder mehr vorläufig als endgültig gelöste Schwierigkeit beseitigen wird.

Carl Wesle

VORWORT

[illegible]

EINLEITUNG[1]

Von der Mariendichtung des Priesters Wernher sind vollständig nur zwei Bearbeitungen erhalten, die eine (D) in einer ausgezeichneten, wohl noch dem 12. Jahrhundert angehörenden Berliner Handschrift, der nur am Schluß einige 30 Verse fehlen,[2]) die andere (A) in einer Wiener Handschrift des 13. Jahrhunderts.[3]) Beide Bearbeitungen haben gekürzt, A von etwa 5900 auf 4912, D, das neben Kürzungen auch Zusätze enthält, aber gegen Schluß ganze Abschnitte weggelassen hat, auf 5137 Verse.[4]) Bei vollständiger Erhaltung des Schlusses würde sich sein Versbestand auf etwa 5166 Verse belaufen. Beide Bearbeiter haben die unreinen Reime erheblich vermindert,[5]) dafür aber den Versbau oft merklich vergröbert, beide haben den Satzbau, A auch die Wortwahl modernisiert,[6]) beide haben die lehrhaften und erbaulichen

---

[1]) Die Einleitung zu meiner größeren Ausgabe, auf die hier ein für allemal verwiesen sei, enthält eine ausführliche Darstellung der Überlieferung, außerdem einige Beiträge zur Charakteristik des Dichters und handelt über Reimtechnik, Versbau, Sprache und Heimat Wernhers.

[2]) Sehr sorgfältiger Abdruck von Hoffmann, Fundgruben für Geschichte deutscher Sprache und Literatur 2, 145 ff. Neuhochdeutsche Übersetzung und Wiedergabe der Miniaturen durch Degering, Des Priesters Wernher drei Lieder von der Magd in der Auswahlreihe des Volksverbands der Bücherfreunde.

[3]) Ausgabe Feifalik, Des Priesters Wernher Driu liet von der maget, Wien 1860. Die Ansicht des Herausgebers, daß die Wiener Fassung dem Original am nächsten stehe, ist unhaltbar und hat auch überall einmütig Ablehnung erfahren.

[4]) Der Umfang des Originals läßt sich aus den Bruchstücken der Hs. C annähernd errechnen.

[5]) Für A vgl. dazu Bruinier, Kritische Studien zu Wernhers Marienliedern (1890) S. 63 ff.

[6]) Ich benutze die Gelegenheit, um, einer brieflichen Anregung Friedrich Panzers folgend, auf den Reichtum des Originals an altertüm-

Betrachtungen, mit denen Wernhers Gedicht durchsetzt ist, vielfach gekürzt, D auch sehr oft nach Form und Inhalt geändert, hie und da erweitert. Überdies findet sich in beiden Bearbeitungen eine Unmenge größerer und kleinerer Veränderungen, wobei D sich mehr stärkere Eingriffe erlaubt, aber wenn es sich schon an Wernhers Wortlaut hält, im ganzen treuer ist als A, das weit häufiger willkürlich und planlos in Kleinigkeiten ändert. Keine der Bearbeitungen ist von der andern abhängig, beide gehen selbständig auf das Original zurück: wo sie übereinstimmen, liegt also der Wortlaut des Originals vor, abgesehen von etwaigen geringfügigen und naheliegenden Änderungen, auf die beide Bearbeiter zufällig in gleicher Weise verfallen konnten. Übereinstimmende Verse sind aber in der Minderzahl gegen die abweichenden. Eingehende Untersuchung mag noch in manchen Fällen lehren, bei wem das Ursprüngliche liegt, an einzelnen Stellen auch aus beiderseits verändertem Wortlaut das Echte herausfinden, aber auf Grund der Bearbeitungen den Text des Originals ohne Willkür fortlaufend zu rekonstruieren, scheint mir außerhalb des Bereichs der Möglichkeit.

Von der Originalfassung sind 2869 Verse, also nicht viel weniger als die Hälfte in Bruchstücken von fünf Handschriften (B C E F G) erhalten. Mitgezählt sind dabei auch fragmentarisch, selbst trümmerhaft überlieferte Verse. Die wichtigste Quelle ist C, eine Handschrift des 14. Jahrhunderts, die in Nürnberg der Buchbinderschere zum Opfer gefallen ist, und von der an vier verschiedenen Orten Bruchstücke gefunden worden sind (C^1 in Karlsruhe, C^2 wahrscheinlich in Nürnberg, C^3 in München, C^4 in Breslau),[1] zum Teil vollständige Blätter, zum Teil Blattstücke, zum Teil (C^2) schmale Streifen, doch vielfach derart, daß sämtliche Streifen, in die ein Blatt zerschnitten wurde, erhalten sind. Die Bruchstücke überliefern gegen 2600 Verse, darunter etwa 600, die auch in andern Fragmenten (B E F) stehn. Am umfangreichsten ist C^2

---

lichen Wörtern und Wortbedeutungen hinzuweisen. *gotes âtem = spiritus sanctus* AD *2405* hätte, wie mich Panzer belehrte, ins Glossar aufgenommen werden sollen.

[1]) Die Zahlen sind durch die zeitliche Reihenfolge der Auffindung bedingt; die Stellung der einzelnen Bruchstücke in der Handschrift ist C^4 V, I, II, C^2 1—183, C^4 III, IV, C^2 184—275, C^3 a, C^2 276—633, C^3 b, C^2 634—1840, C^1.

mit 1840 Versen.[1]) Die Handschrift ist wahrscheinlich in Thüringen, möglicherweise auch im nördlichen Ostfranken geschrieben, steht also dem Original zeitlich und örtlich recht fern. Auch sonst ist die Überlieferung schlecht: sie wimmelt von Fehlern, manche Verse sind bis zur völligen Sinnlosigkeit entstellt, zahlreiche Lesarten werden durch andre Fragmente, die dann meist durch die Bearbeiter oder einen von ihnen gestützt werden, oder durch die Übereinstimmung beider Bearbeiter widerlegt.

Von den anderen Fragmenten ist F[2]) mit 581 Versen, von denen 371 auch in C stehn, das umfangreichste. Die Handschrift ist alemannisch-schwäbischer Herkunft, um die Mitte oder in der zweiten Hälfte des 13. Jahrhunderts geschrieben, und stellt eine keineswegs vollkommene, aber doch recht gute Überlieferung dar. Von den drei kleineren Bruchstücken, die nur aus je einem Blatt bestehen, ist der Inhalt von B und E auch in C überliefert, G steht allein.[3]) E, der Schrift nach das älteste aller Bruchstücke (Anfang 13. Jhdt.) hat die weitaus schlechteste Überlieferung, B die beste.

Einen Überblick über die erhaltenen Teile der Originalfassung gebe nachstehende Tabelle.

Verszahl des Originals[4])	Fragmente	Bearbeitung A	Bearbeitung D[5])
1 — 27	G	1 — 27	1 — 27
28 — 41	—	28 — 41	28 — 41
42 — 87	G	42 — 87	42 — 87
88—103	—	88—101	88—103

[1]) Abgedruckt von Bartsch, Beiträge zur Quellenkunde der altdeutschen Literatur S. 6—57, C^1 von Mone, Anzeiger für Kunde des deutschen Mittelalters 6 (1837), 155 ff., C^3 von Keinz, Münchner Sitzungsberichte 1869, 2, 296 ff., C^4 von Klapper, Zeitschr. f. deutsches Altertum 50, 167 ff.; Bemerkungen zu allen Abdrücken ebda. 62, 154 f.

[2]) Abgedruckt von Greiff, Germania 7, 305 ff., vgl dazu Zeitschr. f. deutsches Altertum 62, 155.

[3]) B abgedruckt durch Docen, Aretins Beiträge 7, 119 und Miscellaneen 2, 103, dann noch mehrfach; am bequemsten zugänglich in Hoffmanns Fundgruben 2, 213; E von Bartsch, Anzeiger für Kunde der deutschen Vorzeit 9 (1862), 112 ff.; G recht unzuverlässig in Bartschs Quellenkunde S. 58; Berichtigungen zu den Abdrücken Zeitschr. f. deutsches Altertum 62, 154 ff.

[4]) Nur annähernd errechnet.

[5]) Ich gebe hier nicht die sonst beim Zitieren verwendete Zählung von Hoffmanns Fundgrubenabdruck, sondern, um ein deutliches Bild von

Verszahl des Originals		Fragmente	Bearbeitung A	Bearbeitung D
104 — 123		G	102 — 121	104 — 123
124 — 131		—	122 — 129	124 — 131
132 — 270	F			
271 — 274		C^4 [1]	130 — 336	132 — 382
275 — 384				
385 — 401		—	337 — 353	383 — 399
402 — 410		C^4		
411 — 428				
429 — 445				
446 — 628		C^2 1—183		
628 — 652	F	C^4	354 — 625	400 — 701
653 — 672				
673 — 694		C^4		
695 — 697				
698 — 855		—	626 — 773	702 — 847
856 — 897				
898 — 989	F	C^2 184—275		
989—1017		C^3		
1018—1082				
1082—1369*		C^2 276—633	774—1408	848—1556
1370—1446	B			
1446—1491		C^3		
1492—1538				
1539—1628		C^2 634—723		
1629—1924		—	1409—1646	1557—1854
1925—1928		C^2 724—727	1647—1650	1855—1858
1929—1970		—	1651—1684	1859—1892
1971—1975		C^2 728—732	1685—1687	1893—1895
1976—2015		—	1688—1721	1896—1939
2016—2020		C^2 733—737	1722—1726	1940—1944
2021—2061		—	1727—1759	1945—1983
2062—2066		C^2 738—742	1760—1764	1984—1988
2067—2364		—	1765—1991	1989—2252
2365—2459		C^2 743—836	1992—2069	2253—2354

dem Umfang der einzelnen Stücke zu übermitteln, eine durchgeführte Verszählung (in meiner Ausgabe rechts vom Text).

[1]) Bis v. 358 sind von C^4 nur geringfügige Trümmer erhalten.

Verszahl des Originals	Fragmente	Bearbeitung A	Bearbeitung I
2460—2469	—	2070—2078	2355—2366
2470—2477	C^2 837—844	2079—2089	2367—2373
2478—2500	—	2090—2112	2374—2398
2501—2505	C^2 845—849	2113—2117	2399—2403
2506—2515	—	2118—2127	2404—2410
2516—2523	C^2 850—857	2128—2135	2411—2419
2524—2546	—	2136—2160	2420—2442
2547—2551	C^2 858—862	2161—2165	2443—2446
2552—2646	—	2166—2244	2447—2542
2647—2681	C^2 863—896 1)	2245—2276	2543—2574
2682—2694	—	—	2575—ca. 26(
2695—2726	C^2 897—926 1)	2277—2306	2608—2634
2727—2736	—	2307—2314	2635—2642
2737—2771	C^2 927—959 1)	2315—2347	2643—2677
2772—2783	—	2348—2357	2678—2690
2784—2817	C^2 960—991 1)	2358—2387	2691—2725
2818—2929	—	2388—2469	2726—2826
2930—2934	C^2 992—996	2470—2474	2827—2828
2935—2957	—	2475—2493	2829—2843
2958—2962	C^2 997—1001	2494—2498	2844—2846
2963—2972	—	2499—2508	2847—2856
2973—2980	C^2 1002—1009	2509—2516	2857—2862
2981—3003	—	2517—2538	2863—2866
3004—3364	C^2 1010—1370	2539—2782	2867—3168
3365—3405	—	2783—2815	3169—3200
3406—3410	C^2 1371—1375	2816—2820	3201—3204
3411—3451	—	2821—2851	3205—3243
3452—3456	C^2 1376—1380	2852—2855	3244—3248
3457—3497	—	2857—2888	3249—3289
3498—3502	C^2 1381—1385	2889—2892	3290—3294
3503—3544	—	2893—2929	3295—3331
3544—3546			
3547—3646	E } C^2 1386—1658 }	2930—3128	3332—3600
3647—3816			
3817—4090	—	3129—3360	3601—3864

1) Mit kleinen Lücken.

Verszahl des Originals	Fragmente	Bearbeitung A	Bearbeitung D
4091—4272	C2 1659—1840	3361—3498	3865—4022
4273—5372	—	3499—4454	4023—5050
5373—5378	C1 63—68 [1])	4455—4460	5051—5056
5379—5388	—	4461—4468	5057—5066
5389—5523	C1 69—203	4469—4573	—
5524—5608	—	4574—4640	—
5609—5671	C1 1—63	4641—4685	—
5671—5726	C1 203—370	4685—4850	—
5727—5742			5067—5082
5743—5764			—
5765—5798			5083—5110
5799—5840			—
5841—5873	—	4851—4883	5111—5137
5874— ca. 5902	—	4884—4912	—

Meine Ausgabe gibt den Versuch eines kritischen, mit Hilfe der Bearbeitungen von Entstellungen möglichst gereinigten Textes von den in Fragmenten erhaltenen Teilen der Originalfassung. Bei der Mangelhaftigkeit der Hauptquelle C wird nachprüfende und nachbessernde Kritik hier noch manches zu tun finden. In der Orthographie war Anlehnung an den vom Original vielfach abweichenden Schreibgebrauch der Handschrift C natürlich ausgeschlossen, eine gewisse Normalisierung, die über das hinausgeht, was sonst in frühmittelhochdeutschen Texten üblich ist, daher unumgänglich. Die strenge Gleichmäßigkeit, die in Ausgaben von Dichtungen der klassischen Zeit zu herrschen pflegt, wurde absichtlich nicht angestrebt. Ergänzungen sind, gleichviel ob sie vom Herausgeber stammen oder einer Bearbeitung entnommen sind, in Pfeilklammern geschlossen, wenn das Ergänzte in der Handschrift fehlt, kursiv gedruckt, falls etwas dastand, aber weggeschnitten, zerstört oder unleserlich ist. Die Fußnoten enthalten abweichende Lesarten, Fehler und Entstellungen, auch unbedeutende Schreibfehler, sprachliche Varianten nur in beschränkter Auswahl,[2]) ferner Vorschläge

[1]) Die Verse von C1 sind fortlaufend geschrieben, aber lückenhaft und in falscher Reihenfolge.

[2]) Wer die Fragmente als Sprachdenkmäler studieren will, muß nach wie vor zu den älteren Abdrücken greifen.

zur Textgestaltung von Bruinier (*B.*),[1] und Sievers (*S.*),[2] mündlich oder brieflich mitgeteilte von Albert Leitzmann (*L.*), Viktor Michels (*M.*), und Eduard Schröder (*Sch.*), sowie eigene, die mit *W.* bezeichnet sind, sofern sie schon in meinem Aufsatz, Überlieferung und Textkritik von Wernhers Maria, Zeitschrift f. deutsches Altertum 62, 151 ff. veröffentlicht sind. Gelegentliche Verweisungen beziehen sich auf die Paragraphen der Einleitung zu meiner Ausgabe.[3])

Der Originalfassung gegenüber steht ein paralleler Abdruck beider Bearbeitungen, buchstabengetreu bis auf folgende Punkte: stillschweigend sind Korrekturen und nachträgliche Einfügungen, sowie Überschreibungen in den Text aufgenommen, große Anfangsbuchstaben bei Eigennamen durchgeführt, sonst getilgt außer am Versbeginn nach starker Interpunktion, Abkürzungen bis auf v̄, vn̄ aufgelöst, die Vokalstriche (Akute) beseitigt, während die Zirkumflexe beibehalten sind; ferner ist das in D häufige Zeichen *i* mit übergeschriebenem v aus drucktechnischen Gründen durch *iv* ersetzt, während *o* mit übergeschriebenem o und *u* mit übergeschriebenem o beibehalten wurden, und die Worttrennung vorsichtig geregelt: eine genaue Wiedergabe ist hier gar nicht möglich, da beide Handschriften in allen Nuancen zwischen klarer Trennung und klarem Zusammenschreiben schwanken, so daß man, um das wirklich anschaulich zu machen, im Druck wohl mit einem Dutzend verschiedener Spatien arbeiten müßte. Sonstige Abweichungen von den Handschriften (Beseitigung von Schreibfehlern, mechanischen Reimglättungen, handschriftlich unrein aussehenden, sprachlich aber reinen Reimen wie etwa *varen* : *bewarn*) sind durch Kursivdruck, der also hier etwas anderes bedeutet als im Text der Originalfassung, hervorgehoben und in den Fußnoten vermerkt. Ebenso notiere ich hier, in der Regel durch ! gekennzeichnet, die äußerst seltenen Fälle, wo der Abdruck von D durch Hoffmann (*H.*) sich irrt, und die etwas zahlreicheren, wo Feifalik (*F.*) eine über seine sprachliche Normalisierung hinausgehende Abweichung von der Handschrift bietet, ohne sie in den Lesarten anzugeben.

---

[1]) S. o. S. VII.

[2]) Forschungen zur deutschen Philologie, Festgabe für Hildebrand, S. 19 ff.

[3]) Diese Verweisungen sind ebda. S. 323 ergänzt und teilweise berichtigt.

Die ursprüngliche Fassung ist doppelt gezählt: links nach dem errechneten Versbestand der vollständigen Dichtung, rechts in Klammern nach den wirklich überlieferten Versen. A hat die Zählung von Feifaliks Ausgabe in Kursivdruck, D links die Zahlen von Hoffmanns Abdruck, rechts eine durchgeführte Verszählung, ebenfalls kursiv gedruckt. Zitiert wird bei Doppelzählung stets nach den Zahlen, die links stehen. Zahlen in gradem Druck beziehen sich immer auf die ursprüngliche Fassung, Zahlen in Kursivdruck auf A, durch Komma getrennte Doppelzahlen auf D.

Der Priester Wernher, der sich selbst v. 1296 und 5803 nennt, hat nach eigener Angabe (v. 5799 ff.) im Jahr 1172 gedichtet. Seine Heimat ist unbekannt, und auch sprachliche Kriterien, die sich aus den Reimen ergeben, liefern kein ganz eindeutiges Ergebnis. Fest steht, daß er ein Oberdeutscher, und zwar kein Alemanne im engern Sinne war.[1]) Aber auch ostbayrische und österreichische Heimat ist wenig glaubhaft: der Konjunktiv von ‚mögen‘ lautet *mugen* (*3154* AD), das bayrisch-österreichische *mege* kennt nur D (171, 26. 180, 20). Aller Wahrscheinlichkeit nach war der Priester Wernher im mittleren Teil Süddeutschlands, Westbayern oder Ostschwaben zu Hause. Der Wortschatz spricht eher für Bayern.

Sein Werk ist eine Bearbeitung des apokryphen, dem Matthäus zugeschriebenen *liber de ortu beatae Mariae et infantia salvatoris*[2])

---

[1]) Die Annahme mitteldeutscher Herkunft (Bartsch, Germania 6, 121, Bruinier S. 11) ist ganz unbegründet und haltlos. Gegen alemannische Heimat spricht besonders, daß Wernher unbedenklich *an*, *am* auf *ân* reimt (v. 57. 1575. 3165. 3249. 3747. 4187. 5503. 5743, AD *3201*. *3743*), ferner das Präteritum von *komen*. Die 1. und 3. Pers. Sing. Ind. steht nie im Reim, lautete also gewiß nicht *kam*, *quam*, das eins der bequemsten Reimwörter wäre (*nam, gezam, man, began, gewan, gân, hân, stân, getân* u. a.), sondern, wie in den Handschriften auch fast ausschließlich geschrieben wird, *kom*, auf das es keine reinen und auch nur ein paar unreine Reimmöglichkeiten (*von*, *gewon*) gibt. Bestätigt wird *kom* dadurch, daß es auch im Plural neben *quâmen* (405. AD *2799*) *chômen* (4200, AD *3753*) und im Konjunktiv neben *quæme* (2471) *chôme*, *chæme* (982. 3177. 4178) heißt.

[2]) v. Tischendorf, Evangelia apocrypha S. 51 ff.; Hennecke, Neutestamentliche Apokryphen S. 103; Steinhäuser, Wernhers Marienleben im Verhältnis zum ‚liber de infantia sanctae Mariae et Christi Salvatoris‘ (1890).

unter Weglassung der Schlußteile (von cap. XVIII an), die von den Wundertaten des Heilands in Ägypten und nach der Rückkehr handeln, und unter Ergänzung durch Aufnahme mancher Züge aus der Bibel.[1]) Das Verhältnis zur Quelle ist frei: einerseits hat sich der Dichter bemüht, die Erzählung durch viele kleinere und größere Änderungen und Zusätze zu verbessern, lebendiger, anschaulicher, naturwahrer zu machen, andrerseits verbrämt er sie mit einer Fülle von Anrufungen und Lobpreisungen, mit dogmatischen und moralischen Betrachtungen und Belehrungen, meist in schwungvoll-hymnischem Stil, seltener in nüchterner Lehrhaftigkeit. Die schlichte Erzählung des Pseudomatthäus ist zum Muttergottespreislied umgeformt.

Drei Teile recht ungleichen Umfangs bezeichnet der Dichter selbst als drei ‚Lieder' (1—1284, 1285—3106, 3107— ca. 5900), doch bedeutet *liet* hier nur Teile des Ganzen, nicht etwa abgeschlossene, selbständige Dichtungen. Wenn man neuhochdeutsch von den drei Liedern Wernhers, den drei Liedern von der Jungfrau spricht, wird daher leicht eine irrige Vorstellung erweckt. Zutreffender wäre nach heutigem Sprachgebrauch ‚drei Bücher'. Das erste *liet* behandelt Vorgeschichte, Geburt und Kindheit der Muttergottes bis zum Eintritt in den Tempel, das zweite Jugend, Vermählung und Ehe bis zur Verkündigung, das dritte die Geburt des Heilands und was damit zusammenhängt, Flucht nach Ägypten, Bethlehemitischen Kindermord, Ende des Herodes, die beiden letzten Stücke nicht nach Pseudomatthäus, sondern nach der Bibel erzählt, wobei der Untergang des Herodes Agrippa in der Apostelgeschichte als Vorbild für das Ende dieses Herodes gedient hat.

Wernhers Reimtechnik ist noch frühmittelhochdeutsch: ein gutes Drittel der Reime entspricht nicht den Anforderungen der klassischen Zeit, aber die vorkommenden Abweichungen halten sich in ziemlich bescheidenen Grenzen. Im stumpfen Reim werden Wörter mit verschiedenen Quantitäten vor Nasal und vor *r* ge-

---

[1]) Erst nachträglich wurde ich durch die Notiz in der Deutschen Literaturzeitung 1927, 1264 darauf aufmerksam, daß S. Singer schon vor Jahren (Prager Deutsche Studien 8, 304) auf die Möglichkeit einer Beeinflussung durch die *Vita beate virginis Marie et salvatoris rythmica* (Bibl. des lit. Ver. in Stuttgart 180) hingewiesen hatte. Eine Dissertation über das Verhältnis Wernhers zu seiner Quelle, die sich in Vorbereitung befindet, wird auch diese Frage zu erörtern haben.

bunden, nur *o* : *ô* auch vor *t* (367. 495. 887. 3815. AD *3725*), ferner Wörter mit verschiedener, aber nah verwandter Qualität der Vokale (*e* : *ë*, *u* : *uo* vor Nasal, *û* : *uo* im Auslaut, vereinzelt *tier* : *mir* 1179, *brût* : *liut* 1313). Im klingenden Reim werden Wörter mit verschiedenen Tonvokalen gelegentlich noch gereimt (*ergrunden* : *chinde* 145, *weisen* : *hûsen* 311, *habeten* : *lebeten* 319, *rinder* : *under* 413, *ervollen* : *willen* 417, *venige* : *manigen* 529, *worten* : *furhten* 599, *hôhe* : *sâhe* 971, *geburte* : *worhten* 1189, *zebrosten* : *vasten* 1231, *habete* : *redete* 1511, *geheizen* : *lâzen* 1603, *unzuhten* : *gerihten* 3615, *kinden* : *funden* 3741, etwas öfter *iu* : *û*, anderes nur in den Bearbeitungen überliefert), ungleiche Quantitäten nur vor *r* (*worte* : *erhôrte* AD *701*, *zierte* : *wirte* 1473, *gerne* : *êren* 3329, *êren* : *herre* 5509, : *herren* 5807, *geinwurte* : *enpfuorte* 5633). Häufiger sind konsonantische Abweichungen, doch wird auch hier die Bindung stark verschiedener Lautwerte (Lenis : Fortis, Verschlußfortis : Reibefortis) streng gemieden.

Im Versbau gehört Wernher zu den sorgfältigsten und regelmäßigsten unter den vorklassischen Dichtern. Die frühmittelhochdeutsche Füllungsfreiheit gilt nur noch am Ende von Abschnitten verschiedener Größe: hier stehen Verse, die ein recht umfangreiches Wortmaterial aufnehmen können (Schwellverse). Ihre Messung (klingende Vierheber oder sehr stark gefüllte Dreiheber) ist nicht ganz eindeutig. Sonst sind Verse, die über das Normalmaß (zwei Silben für jeden Takt) hinausgehen, schon ziemlich selten (knapp 10 % aller Verse). Mehr als dreisilbige Takte kommen nicht vor. Zu dem Erzählvers der klassischen Epik stimmt Wernher im häufigen Gebrauch einsilbiger Takte (fehlende Senkung), die meist durch sprachlich starke und stärkste Silben gebildet werden, er unterscheidet sich von ihm durch strengere Übereinstimmung des Metrums mit dem natürlichen Sprachton ungebundener Rede: seine Senkungen bilden fast ausschließlich von Natur schwache Silben, metrische Drückung sprachlicher Starktöne kommt nur in allerbescheidensten Grenzen vor: *nach dír unweinènde wírt* 909, *unt wie dar nách unlénge* 3128 sind die stärksten Fälle. Nie stehn Substantiva oder Adjektiva in Senkung, Verba nur bei ausgesprochen geringer Tonschwere (z. B. *zeiner pórte díu hiez áureá* 957, *daz scháf daz é fuor írre* 1068).

Charakteristisch ist für Wernher eine weitgehende Abstufung der Hebungen: die große Mehrzahl der Verse hat zwei, seltener eine ausgeprägte Haupthebung: *eines liedes wìl ich beginnen in sànt Marien mìnne, der éwigen chúnigìnne: diu rúoche mìne sinne unt mìne brúst erreinen von áller slàhte méile, daz ìch nu mùoze schrìben von ìr diu állen wiben den ítewìz hàt benómen.* Verhältnismäßig selten sind Verse, die bei zwangloser Rhythmisierung dreigipflig herauskommen (*von dem érsten wíbe ìn die wérlt* 11, *sit wàrt diu éwige máget erwélt* 12, *swaz Éva súndèn begíe* 20), und niemals enthält ein Vers drei oder mehr syntaktisch gleichgeordnete Glieder.[1])

Als Wortkünstler steht Wernher auf sehr hoher Stufe: er beherrscht die metrische Form wie den sprachlichen Ausdruck gewandt und sicher. Seine Verse sind ungemein flüssig und wohlklingend, ohne eintönig zu werden. Sein Sprachvermögen bringt Schlichtes und Pathetisches gleich treffend zum Ausdruck. Von der Formelhaftigkeit der frühmittelhochdeutschen Poesie ist er schon fast völlig frei. Sein Formwille geht dahin, für jeden Vorgang und jeden Gedanken eigene Prägung zu finden: darin steht er schon ganz auf dem Wege, den einige Jahrzehnte später die Klassiker des höfischen Epos gehen.

Von den beiden Bearbeitungen ist D bald nach dem Original entstanden: die Handschrift ist aller Wahrscheinlichkeit nach noch im 12. Jahrhundert geschrieben, sicher älter als alle Fragmente, vielleicht mit Ausnahme von E. Die Sprachform des Bearbeiters weicht von der des Originals nicht unerheblich ab: *mege* 171, 26. 180, 20, *cham*, *quam* 151, 40. 165, 4, *gesat* 153, 14. 166, 10. 179, 6. 192, 29. 195, 33. 201, 5. 205, 30, *meit* < *maget* 176, 16. 182, 11. 188, 19. 205, 38, *chleite* < *clagete* 152, 17. Bayrisches (*mege*, *meit*, *chleite*) und Nichtbayrisches, Alemannisches (*quam*, *gesat*) mischt sich hier in so auffälliger Weise, daß eine sichere Lokalisierung unmöglich ist. Mehr ein Unterschied im Sprachstil als in der Mundart sind die vielen harten Apokopen im Reim, z. B. *muot(e)* : *guot* 150, 31. 157, 35, : *tuot* 151, 27, *leit* : *chleite* 152, 17, *genôte* : *gebôt* 153, 20, *erschein* : *eine* 160, 29, *werdicheit* : *leite* 165, 1, auch Epenthesen wie *zebrast[e]* : *vaste* 162, 8, *algemeine* : *erschein[e]* 169, 37, *erschein[e]* : *gemeine* 176, 21, *harte* : *vart[e]* 193, 19, *hirte* : *verbirt[e]* 199, 38. Im Gegensatz zu dieser sorgloseren Sprachbehandlung,

---

[1]) Daher muß es v. 144 heißen *laien ùnde fróuwen*, 3184 nach A *wèder hie nòch dórt*, vgl. meine Einleitung S. LXXIV.

die den Stil des Bearbeiters dem Vulgären, Umgangsprachlichen näher rückt, steht syntaktische Sorgfalt in der überaus häufigen Verknüpfung von Sätzen und Satzteilen, die bei Wernher unverbunden stehen, und mancherlei stilistische Zierlichkeiten (Antithesen, Wortwiederholungen und Wortspiele, s. bes. 179, 10ff., 182, 6ff., 209, 38f.). Unreine Reime werden zum großen Teil beseitigt, der Versbau ist dagegen unregelmäßiger, archaischer als im Original (klingende Vierheber, z. B. 172, 40. 177, 29. 182, 8. 9 u. ö., stumpfe Dreiheber 161, 7. 172, 25. 177, 8. 178, 15).

Die Bearbeitung A ist erheblich jünger: charakteristisch ist die Beseitigung altertümlicher Wörter, die in D meist erhalten, aber auch in C oft getilgt sind (so *urschîn* 132. 520. 1213, *chiut* 274. 383, *hîwisch* 420. 3151, *chorter* 457, *jungide* 546, *chreset* 574, *charele* 609. 956. 984, *berhtel* 1223 u. a.). Unreine Reime werden vielfach getilgt, oft begegnen aber auch Vergröberungen des Reims, nicht nur Apokopen wie in D (*zwar 608*, *undertân⟨e⟩ 810. 1099*, *rât⟨e⟩ 811*, *pein⟨e⟩ 1086*, *guote* : *pluot 1119* u. ö.), sondern auch Bindungen kurzsilbiger und langsilbiger Wörter (*namen* : *âmen 189*, *geladen* : *genâden 949. 2461* u. ö.) und auch sonst mancherlei Entstellungen, z. B. *stat* : *rât 811*, : *stât 1725*; *hât* : *bat 1901*, : *trat 3331*, *ewarten* : *hâten 1479*, *kêre* : *werden 1327*, *weiben* : *zeiten 1493* u. a. Metrisch unterfüllte Verse (stumpfe Dreiheber) sind sehr häufig (*65. 67. 134. 153. 175. 231. 314* u. ö.); sprachlich und stilistisch ist der Bearbeiter von einer ganz ungewöhnlichen Nachlässigkeit und Ungeschicklichkeit, die sich manchmal zu völliger Sinnlosigkeit steigert, vgl. z. B. *266*f., *580*ff., *1674*f., *2554*ff. Der Bearbeiter ist ein ausgeprägter Typus der Sorte von mittelalterlichen Literaten, die gar nichts anderes können als eine schöne Vorlage in der ärgsten Weise zu verderben und zu entstellen. Das unterscheidet ihn wesentlich von dem Bearbeiter D: auch dessen Werk bleibt für unser ästhetisches Urteil weit hinter der Dichtung Wernhers zurück, erreicht nicht entfernt den Wohlklang seiner Verse, aber er steht doch als eigenwertige Persönlichkeit neben ihm, ändert mit Überlegung und Bewußtheit, wo ihm etwas nicht zusagt und wo er Besseres sagen zu können glaubt, und was er sagt, ist nie ohne Sinn und Vernunft; seine Arbeit ist eine wirkliche Umdichtung, A nur eine Verballhornung des Originals.

Carl Wesle

ZUR NEUAUSGABE

„Das dringendste Desiderat vor allen weiteren Untersuchungen ist eine neue kritische Ausgabe, die auch den Text der Fragmente einwandfrei darbietet und auf einer richtigen Bewertung der Handschriften fußt.“ Diesen Wunsch Ulrich Pretzels, ausgesprochen im Verfasserlexikon IV, 910, kann der vorliegende Neudruck nicht erfüllen. Er bringt Wesles Text und Einleitung unverändert[1] und fügt nur in Ergänzung einiger Punkte Wesles noch Materialien und Überlegungen hinzu, die ein veränderter Forschungsstand nötig macht.

Die Dichtung ist in folgenden Handschriften und Handschriftenfragmenten überliefert:

A Wien, Österreichische Nationalbibliothek, cod. 2742*, Pergament, Mitte 13. Jahrhundert, österr., Bl. 9r–74r.
Die Hs. kommt aus dem Hause des Deutschen Ordens in Wien (alte Sign. Ordo teut. 6). Sie enthält anschließend an das Marienleben, vom gleichen Schreiber, Konrads von Fußesbrunnen Kindheit Jesu.
Beschrieben durch H. Menhardt: Verzeichnis der altdeutschen literarischen Handschriften der Österreichischen Nationalbibliothek. 1960. I, 250–252.

B München, Bayer. Staatsbibliothek, cgm 5249, 2; 1 Pergamentbl., XIII Jh., bair.–österr.
Beschrieben durch Wesle, große Ausgabe, Halle 1927 (= gA), p. X–XII.

C Fragmente eines codex discissus, Pergament, XIV. Jh., thür.
Hs. wurde wahrscheinlich in Nürnberg zerschnitten.
Ausführlich beschrieben von Wesle gA p. XII–XL.

C 1 Karlsruhe, Landesbibliothek, 2 Doppelbll. auf Buchdeckeln des Pergamentcod. P. 71 (Th. Längin S. 86, Nr. 36). Aus St. Peter im Schwarzwald, Vorbesitzer ist der Nürnberger Dominikanerkonvent.

C 2 Berlin, ehem. Staatsbibliothek, Ms. germ. qu. 1303, 9 Doppelbll. Die Handschrift ging im 2. Weltkrieg verloren.

C 3 München, Bayer. Staatsbibliothek, cgm 5249, 2; 1 Doppelbl.

C 4 Wrocław, Biblioteka Uniwersytecka (Breslau, Univ.-Bibliothek) (vorläufige) Signatur Akc 1955 K IV 286, Falze aus der Hs. J. F. 250[a], etwa ½ Doppelblatt.
Geschrieben 1406 in Petendorf, Vorbesitzer war das Dominikanerin-

---

[1] Die Berichtigungen und Textvorschläge, die Wesle noch während der Drucklegung der 1. Ausg. auf p. XVII zusammenstellte, habe ich eingearbeitet. Der Apparat wurde jeweils entsprechend verbessert.

nenkloster St. Katharina in Nürnberg (vgl. Katalog der Klosterbibliothek Nr E XXIII [abgedr. bei F. Jostes: Meister Eckhart und seine Jünger. Fribourg 1895. S. 123])[1].

D Berlin, ehem. Preußische Staatsbibliothek, ms. germ. oct. 109, Pergament, 91 Bll. mit 85 Miniaturen, Ende XII. Jh. oder Anfang XIII. Jh. (Degering).
Die Handschrift ging im 2. Weltkrieg verloren. Sie galt als einer der kostbarsten altdeutschen illuminierten Codices. Beschrieben durch Hans Wegener: Beschreibendes Verzeichnis der Miniaturen und des Initialschmucks in den deutschen Handschriften bis 1500. 1928. S. 2–4, die Bilder ediert in der Übersetzung von H. Degering 1925.

E Nürnberg, Germanisches Nationalmuseum, 8° Hs. 18065, 1 Pergamentblatt, Anf. XIII. Jh. (Wesle), um 1300 (Pretzel).
Beschrieben durch Wesle gA p. XLII–XLIV.

F Augsburg, Staats- u. Stadtbibliothek, Frag. Germ. 9, 2 Pergament-Doppelbll., Mitte (Degering) oder 2. Hälfte XIII. Jh., schwäb.-alem.
Beschrieben durch Wesle gA p. XLIV–LI.

G München, Bayer. Staatsbibliothek, cgm 5249, 2; das obere und untere Drittel eines Doppelbl., „wohl Ende XIII. Jh.“ (Wesle).
Beschrieben durch Wesle gA p. LI–LIII.

Wesle baute seine Ausgabe auf der Prämisse auf, daß – den beiden „Bearbeitungen“ A und D gegenüber – C und die übrigen Fragmente „das Original“ darstellten; diese Überzeugung wurde ausschlaggebend trotz seiner eigenen Feststellung, daß E „eigentlich mehr eine Bearbeitung... als eine Handschrift des Originals“ repräsentiere (gA, p. XLIV). Auf den Fragmenten allein errichtete er seinen kritischen Text und verzichtete dort auf eine Herstellung, wo ihm nur A und D zur Verfügung standen.

Der Überlieferungstypus der „Maria“ ist an sich nicht unbekannt, wenn auch noch nicht im Zusammenhang gesehen. Für die frühmittelhochdeutsche geistliche Literatur des Jahrhunderts gilt häufig die singuläre Überlieferung; die großen Sammelhandschriften tradieren meist Unica. Daneben findet sich für die zweite Jahrhunderthälfte verschiedentlich die Verbindung von nachklassischen oder spätmittelalterlichen vollständigen Handschriften mit – meist dem Archetypus nahestehenden – Bruchstücken, wobei sich eine weite Skala von unmittelbar archetypischem Werkcharakter bis zur „Bearbeitung“ ergibt und die Fragmente in vielen Fällen den vollständigen Handschriften textkritisch überlegen sind. Bearbeitung – das heißt gewöhnlich stilistische und lexikalische Neuakzentuierung mit Beibehaltung der Reimwörter, daneben aber Einschübe, Verdeutlichungen und Aus-

---

[1] Für nähere Auskünfte danke ich Herrn Prof. Władisław Czapliński (Breslau) und Herrn Dr. Ulrich Montag (München).

lassungen, in denen Eigenes Geltung sucht. Zu diesem Überlieferungstypus gehören Dichtungen ganz verschiedener Gattungen: so etwa der nah verwandte Konrad von Fußesbrunnen, aber auch mit gewissen Variationen Eilharts Tristrant, der Herzog Ernst, der König Rother (mit der freilich „unnormal" frühen Heidelberger Hs.) und Heinrichs Reinhart Fuchs. Die übrige spielmännische Dichtung vertritt einen verwandten Typus; bei ihr fällt die Schicht der Bruchstücke aus.

Beim Marienleben trifft archetypische Nähe besonders für die Fragmente F und B zu, während andere zeitstilistisch jüngere Züge aufweisen und sich dem Bearbeitungstypus annähern; so etwa E und G. Die Bruchstücke in ihrer Gesamtheit sind also, wie Ulrich Pretzel darlegte, nicht imstande, das Original zu vertreten, und Wesles Text (auf der linken Seite) muß damit für viele Passagen ohne rechte Sicherung bleiben, wenn ich auch nach langer Beschäftigung mit dem Text glaube, daß das stilistische Feingefühl des Herausgebers und seine an den „Frühmittelhochdeutschen Reimstudien" geschulte Kenntnis der Zeit in den weitaus meisten Fällen zu vertretbaren Entscheidungen geführt hat. Pretzel glaubte darüber hinaus zu erkennen, daß der Handschrift D, der „Berliner Bearbeitung", wenigstens für das erste Drittel des Textes ein textkritisch höherer Rang gebühre, als ihm Wesle einräumte. Doch wäre wohl noch zu prüfen, welchen Anteil an dieser unterscheidenden Bewertung von einzelnen Teilen von D die Reimstatistik hat (s. u.). Ein Vergleich mit den durchweg dem ersten Drittel zugehörenden Passagen, für welche das gute Fragment F zur Verfügung steht, läßt die Güte, aber auch die Grenzen der Benutzbarkeit von D für einen kritischen Text gut erkennen.

Daß ein Stemma, wie es Wesle gA p. LIV bot, sich erstellen lasse, glaubte Pretzel nicht. Er unterschied nur zwei Traditionsstränge, (B) CA auf der einen, F und D auf der anderen Seite. Über E und G wagte er keine Aussage (ZfdA 75, 73). Mit anderen Worten: Durch die Fragmente hindurch, aus denen sich für Wesle das Original ergab, verläuft die Trennlinie. Der FD-Strang hat objektiv die besseren Textzeugen aufzuweisen, doch kann, wie sich aus anderen Überlegungen (s. u.) ergibt, der Knotenpunkt *CA zeitlich von einem angenommenen Archetypus nicht weit entfernt werden. Wenn auch der geringe Textbestand von EFG ein nicht zu unterschätzendes Hindernis darstellt, braucht man, wie gerade wieder die außerordentlich ähnliche Überlieferungslage bei Konrad von Fußesbrunnen erweist (dazu in Kürze Klaus Grubmüllers und meine neue Edition), die Skepsis hinsichtlich des Stemmas nicht grundsätzlich zu teilen. Es hängt keine Handschrift von einer anderen unmittelbar ab; und nur wenn man v. 455 für gravierend hält, wird man genötigt, noch eine sekundäre Verbindung von A und D anzusetzen. Gerade die Tatsache, daß F nicht, wie auch Wesle gA p. LV sah, zum ABC-Strang gehört, macht ein Zusammengehen von C und F sehr stark, und es ist fraglich, ob Wesle hier (ZfdA 62, 166) richtig entschieden hat (vgl. auch Pretzel ZfdA 75, 73f.). V. 455 wäre die wichtigste Textstelle dieser Art (Wesle ZfdA 62, 159).

Ein Stemma freilich würde die textkritische Arbeit nur unwesentlich erleichtern; denn es haben ja C und A nur eine und nicht zwei Stimmen (Wesle ZfdA 62, 170; Pretzel ebd. 75, 73), keiner der beiden Stränge ist textkritisch eindeutig überlegen, und systematisch würde die „kritische“ Arbeit nur dann werden, wenn man ein konsequentes Leitstrangverfahren einhielte. Wesle hat dem ABC-Strang den Vorrang eingeräumt, sich zu absoluter Konsequenz aber nicht verstehen wollen. Wahrscheinlich hat er damit öfter der Richtigkeit auf Kosten der Folgerichtigkeit zum Siege verholfen.

Das Marienleben gehört zu den nicht zahlreichen Verswerken der mittelalterlichen deutschen Literatur, die das Jahr ihrer Entstehung selbst genau angeben. 1172, im Jahre, das man heute auch für das Rolandslied nennt, wurde das Epos abgeschlossen. Sein Verfasser muß wahrscheinlich (mit D 1242 und Degerings ansprechender Vermutung [Übersetzung p. VI]) als *pfaffe Wernher* bezeichnet werden. Die Herkunft des Dichters ist heute genauer zu bestimmen, als es Wesle (oben p. XIV) wagte. Alte Vermutungen schon wiesen auf Augsburg. Pretzel erinnerte für das Marienleben an die Einsetzung des Festes Annunciationis BMV in S. Ulrich und Afra im Jahre 1171, den Namen Wernhers und seines Gönners Manegold konnte er in ein und derselben Urkunde aus dem Jahre 1172 finden; zuletzt trug ich mit Anspielungen in der Dichtung auf die Liturgie der Diözese dem noch weiteres Material zu (Untersuchungen S. 43f.). Die sprachlichen Beobachtungen Wesles (p. LXXV–LXXX) stimmen zur Eingrenzung auf Augsburg gut, und die beste und originalnächste Handschrift, F, heute in der Stadtbibliothek Augsburg, wollte schon ihr Herausgeber, B. Greiff, 1862 in S. Ulrich und Afra geschrieben sehen.

Die Quelle des Werkes ist, wie Wesle schon oben p. XIV sq. berichtete, das im 5. Jahrhundert entstandene Pseudoevangelium Matthaei in einer uns nicht genau bekannten Redaktion. Weitere Quellen außer der Bibel, Liturgie und Predigt konnten auch nach Vorliegen der Ausgabe nicht nachgewiesen werden. Die von S. Singer seinerzeit in die Debatte geworfene und von Wesle oben p. XV akzeptierte Vita BMV et Salvatoris rhythmica kann schon (zuerst

Schwinkowski [die von Wesle oben p. XV, Anm. 1 angekündigte Dissertation] S. 6) aus chronologischen Gründen nicht in Frage kommen; denn sie gehört dem 13. Jahrhundert an. Pretzel hat recht, wenn er sich auch von einem Einwirken ihrer Vorstufen – Ableger der byzantinischen Hagiographie – nicht viel verspricht. Die frühe deutschsprachige Marienepik ist von dem ornamentalen Reichtum noch frei, der in Stil und Motiv nicht nur die Vita kennzeichnet, sondern wohl auch schon für ihre unbekannten Vorstufen signifikant gewesen sein muß. Dieser Art freilich gehörte die Zukunft. Die auf dem Pseudomatthäus basierende Tradition, die im 10. Jahrhundert mit der „Historia nativitatis... Dei genetricis" der Gandersheimer Nonne Hrotsvit einsetzte, erlischt schon nach dem Priester Wernher mit Konrad von Fußesbrunnen (der Wernher kannte), einem unbekannten Marienepiker Heinrich und dem Grazer Marienleben. So sehen wir auch nicht, daß der Augsburger Wernher mit seiner Dichtung, die doch für unser literarisches Werturteil zu den bedeutendsten geistlichen Großwerken des deutschen Mittelalters zählt, über Konrad hinaus Wirkung ausgeübt hätte.

Hierbei mag freilich mitsprechen, daß es auch der „modernen" Bearbeitung D nicht gelang, die Reinheit des Reims völlig durchzuführen. D hat (nach Pretzels Mitteilungen VL IV, 907) im ersten Drittel noch 11,4%, im restlichen Teil 6,6% Assonanzen. In dem altertümlichen Fragment B steigt ihr Anteil auf 28,3%.

Wenn am Schlusse das Marienleben in die Darstellung von Leben, Sterben und Himmelfahrt Christi übergeht und mit dem Bilde des Jüngsten Gerichts schließt, so zeigt sich in dieser biblisch klaren Beherrschung gegenüber dem Mirakelaggregat der Quelle die für das gesamte Schrifttum vom Annolied bis zu Veldekes Eneasroman kennzeichnende Einbettung der Historie in die umfassende Heilsgeschichte, und von hier aus müssen auch die Überlegungen zur Authentizität der Schlußpartien ihren Ausgang nehmen. Das Original wird wahrscheinlich C 5798 (= A 4808 D 5110) mit der dem Jüngsten Gericht folgenden Anrufung Marias, der Helferin, geschlossen haben (vgl. meine Untersuchungen S. 107f. Anm. 4). Der anschließende in C 1 und A überlieferte Bericht über die Entstehung des Werkes, der erzählt, wie der Gönner Manegold den Dichter in sein Haus lud und ihn dort hielt, bis der harte poetische Labor beendet war (C 5817–22), scheint die Arbeit eines Zeitgenossen zu sein. So braucht auch nicht bezweifelt zu werden, daß er Tatsachen mitteilt, und für die handschriftliche Filiation ist die Folgerung von Belang, daß der Überlieferungsstrang *AC sich schon früh absonderte. Übrigens ist die am Schluß offene

Form wiederum ein Kennzeichen des Überlieferungstypus. Bei Konrad von Fußesbrunnen gibt es ähnliche Überlegungen, und auch Veldekes Eneasroman und der König Rother sind zu nennen.

Wesles Textanordnung hat, so ungünstig sie sich für das Studium der Fragmente auswirkt, den Vorteil, daß sie anreizt, C, A und D miteinander zu vergleichen. Vor allem die geistes- und stilgeschichtliche Eigenständigkeit der Bearbeitung D gegenüber dem freilich undeutlicher bleibenden Original gehört zu den umstrittenen Fragen. Kochendörffer und Pretzel betonten stärker die Zusammengehörigkeit beider Fassungen, während Schwieterings Literaturgeschichte und meine „Untersuchungen“ auf Scheidung drängten. Daß die Bearbeitung D „für unser ästhetisches Urteil weit hinter der Dichtung Wernhers zurückbleibt“ (Wesle oben p. XVIII), wird man nicht mehr unterschreiben wollen. Vielmehr wird bei D – und mit dem Fortgang der Dichtung zunehmend stärker – eine neue Frömmigkeitshaltung spürbar. Die Bearbeitung ist einer der eindrucksvollsten Zeugen für eine Wirkung christozentrischer bernhardischer Mystik auf die geistliche Versepik in mittelhochdeutscher Sprache. Die heilsgeschichtliche Bindung Wernhers ist gelockert, das Bewußtsein kultischer Gemeinschaft tritt zugunsten eines persönlichen Erlösungsbedürfnisses zurück, Gottes- und Marienbild sind weicher und tragen stärker ethisch bestimmte Züge. Die Schwäche des Umgestalters D ist eben in seinem Bearbeiteramt begründet, das ihm ein großräumigeres und Wernhers spracharchitektonischem Sinn vergleichbares Planen nicht erlaubte. Seine entwickelte und lockere Diktion ist übrigens nicht mit Wesle (gA p. XVI) durch „vulgärumgangssprachliche“ Elemente zu erklären. Hier ist vielmehr jene Gewandtheit der nachfolgenden Generation merkbar, die schon bei einem Dichter wie Konrad von Fußesbrunnen etwas flach und nachlässig anmutet, andererseits aber auch, positiv gewendet, die geistreiche Leichtigkeit eines Hartmann erst möglich macht.

Hans Fromm

BIBLIOGRAPHIE[1]

1. Handschriftenabdrucke der Fragmente

Fragmente altdeutscher Gedichte. Beschrieben v. Bern[hard] Jos[eph] Docen. – In: Joh. Chr. Freyherr zu Aretin (Hrsg.): Beyträge zur Geschichte und Literatur, vorzüglich aus den Schätzen der pfalzbaierischen Centralbibliothek zu München. Bd 7. München 1806. S. 119–124.
Wiederabdruck in: Docen (Hrsg.): Miscellaneen zur Geschichte der teutschen Literatur. Bd 2. München 1807. S. 103–108.
[Abdruck von B]

VIII. Wernhers Maria. – In: Heinrich Hoffmann (von Fallersleben) (Hrsg.): Fundgruben für Geschichte deutscher Sprache und Litteratur. T. 2. Breslau 1837. (Iter Austriacum. Altdeutsche Gedichte größtentheils aus österr. Bibliotheken.) S. 145–214.
[Abdruck von D (S. 147–212) und Wiederabdruck von B (S. 213f.)]

[Friedrich] Keinz: Über einige altdeutsche Denkmäler. München 1869. (SBAk München 2.) S. 295–307.
[Abdruck von C^3 (unter der Sigle E) mit Parallelabdruck von B v. 1446 bis 1491]

Bruchstück aus dem Marienleben Wernhers von Tegernsee. – In: Wilhelm Wackernagel [Hrsg.]: Altdeutsches Lesebuch. 5. Aufl. Basel 1873. Sp. 405–408.
[Abdruck von B]

Literatur und Sprache. II: Bruchstück aus Wernhers Maria. – In: Anzeiger für Kunde der teutschen Vorzeit. Hrsg. v. Franz Joseph Mone. 6. Jg. Karlsruhe 1837. Sp. 156–164.
[Abdruck von C^1]

(Karl Bartsch:) Zu Wernhers Maria. I: Die Heidelberger Bruchstücke. II: Das Münchner Bruchstück G. – In: Bartsch: Beiträge zur Quellenkunde der altdeutschen Literatur. Straßburg 1886. S. 1–59.
[Abdruck von C^2 (S. 6–57) und G (S. 58f.)]

Bruchstücke einer poetischen Bearbeitung des Pseudo-Matthäus. – In: Josef Klapper: Altdeutsche Texte aus Breslau. ZfdA 50. 1908. 167–172.
[Abdruck von C^4]

Karl Bartsch: Zu Wernher's Marienleben. – Anzeiger für Kunde der deutschen Vorzeit. N.F. 9. 1862. 112–115.
[Abdruck von E]

---

[1] Für die Zusammenstellung der Titel danke ich Fräulein Marga Reis M. A. (München).

Benedikt Greiff: Zu Wernhers Marienleben. Augsburger Bruchstücke. Hrsg. – Germania (hrsg. v. F. Pfeiffer) 7. 1862. 305–330.
[Abdruck von F (S. 315–330)]

2. *Gesamtausgaben*

Wernher eines Geistlichen im 12. Jahrhundert Gedicht zur Ehre der Jungfrau Maria. Hrsg. v. Friedrich Wilhelm Oetter. – Nürnberg, Altdorf: Monath & Kußler 1802. XVI, 232 S., 1 Bl. Abb.
[Ausgabe von D]

Des Priesters Wernher driu liet von der maget. Nach e. Wiener Hs. mit den Lesarten der übrigen hrsg. v. Julius Feifalik. – Wien: Gerold 1860. 199 S.
[Ausgabe von A mit den Lesarten von B, C^1, C^2, D]
Rez. Germania (Pfeiffer) 6. 1861. 117–123 Karl Bartsch.

Priester Wernhers Maria. Bruchstücke und Umarbeitungen. Hrsg. v. Carl Wesle. – Halle: Niemeyer 1927. LXXXVIII, 324 S.
[sog. Große Ausgabe]

Dass. Ebd. 1927. XVI, 253 S. (Altdeutsche Textbibliothek. 26.)
[vorliegende – sogen. Kleine – Ausgabe] [1]

3. *Die Miniaturen des Berliner codex*

Franz Kugler: De Werinhero saeculi XII. monacho Tegernseensi, et de picturis minutis, quibus carmen suum theotiscum de Vita B. V. Mariae ornavit. Berolini 1831.
Im Ausz. wiederabgedr. in: Kugler: Kleine Schriften. Bd 1. Berlin 1853. S. 12–37.

Hans Wegener: Beschreibendes Verzeichnis der Miniaturen und des Initialschmuckes in den deutschen Handschriften bis 1500. Leipzig 1928. (Wegener: Beschreibende Verzeichnisse d. Miniaturen-Hss. d. Preuß. Staatsbibliothek zu Berlin 5.) S. 2–4.

4. *Übersetzungen*

Werinher's von Tegernsee Marienleben. (Übertragen von J[ohannes] Weißbrodt.) – In: (Moritz Brühl [Hrsg.]): Marienminne. In Dichtungen von Werinher von Tegernsee, Gottfried von Straßburg, Konrad von Würzburg. Zum ersten Male in vollständigen neudeutschen Übertragungen. Münster: Theißing 1858. S. 3–201.

Ludwig Uhland: Des Pfaffen Wernher Gedicht auf die Jungfrau Maria [nacherzählt]. – In: Uhland: Schriften zur Geschichte der Dichtung und Sage. Bd 2. Stuttgart: Cotta 1866. S. 14–26.

Des Priesters Wernher drei Lieder von der Magd. Nach der Fassung der Hs. der Preuß. Staatsbibliothek metrisch übers. u. mit ihren Bildern hrsg. v. Hermann Degering. – Berlin: Wegweiser (1925). XII, 225 S. (Auswahlreihe des Volksverbandes der Bücherfreunde.)

5. *Zum Text der Fragmente*

Heinrich Hoffmann: Leben der heil. Jungfrau Maria vom Pfaffen Werinhere von Tegernsee. – In: Hoffmann [von Fallersleben]: Fundgruben für Ge-

---

[1] Die Jber. 1921 (XX, Nr. 119) aufgeführte Textausgabe, die Pretzel VL IV, 909 mit dem Namen des Herausgebers H. Degering zitiert, ist nicht erschienen.

schichte deutscher Sprache und Litteratur. T. 1. Breslau 1830. S. 242–244.
[Abdruck von D (nach Oetter) v. 1–43 mit Bemerkungen zum Text]

F[riedrich] Vogt: Neue Bruchstücke aus Wernhers Marienleben. ZfdA 53. 1912. 381–384.
[Identifizierung Klappers Abdruck als von C^4 mit Berichtigungen zum Text]

Albert Leitzmann: Zum Grafen Rudolf. PBB 41. 1916. 374–378.
[S. 378 Berichtigungen zum Textabdruck von F durch B. Greiff]

Karl Bartsch: Kleine Mitteilungen. – Germania (Pfeiffer) 12. 1867. 85–90.
[S. 85f. Berichtigungen zu Mones Abdruck von C^1]

Carl Wesle: Überlieferung und Textkritik von Wernhers Maria. ZfdA 62. 1925. 151–179.
[Vorbereitende Untersuchungen zur Ausgabe]

Dieter Haacke: Die Kürzungszeichen für *daz* im Augsburger Fragment von Priester Wernhers Maria. PBB (T) 85. 1963. 147.

6. *Die Quelle*

Liber de infantia Mariae et Christi Salvatoris. Ex codice Stuttgartensi descripsit et enarravit Oskar Schade. – Regimonti: Dalkowski 1869. 41 S. (Academia Albertina Regimontis. 1869, 1.)
[Ausgabe des cod. E, dem Wernhers Text von den bekannten am nächsten steht]

Evangelia apocrypha. Ed. Constantinus v. Tischendorf. 2. ed. – Lipsiae 1876. S. 51–112.

Vangeli apocrifi. A cura di P. Giuseppe Bonaccorsi. T. 1. – (Firenze 1961). S. 152–225.
[Ausgabe nach Tischendorf]

Los Evangelios apocrifos. Colección de textos griegos y latinos, versión crítica, estudios introductorios, comentarios e ilustraciones por Aurelio de Santos Otero. 2.ed. Madrid 1963. S. 177–242.
[Ausgabe nach Tischendorf mit Hauptvarianten der auch von diesem benutzten codices]

7. *Quellenuntersuchungen und literarhistorische Einordnung*

Anton Schönbach: Bemerkungen zur Kindheit Jesu. ZfdA 27. 1883. 65–70.
[Berührt im Anschluß an Kochendörffers Einleitung zu seiner Ausgabe das Verhältnis Konrads von Fußesbrunnen zu Wernhers Maria]

Paul Steinhäuser: Wernhers Marienleben in seinem Verhältnisse zum „Liber de infantia sanctae Mariae et Christi salvatoris" nebst e. metrischen Anhange. Phil. Diss. Rostock. Berlin 1890. 67 S.

Johannes Weijgardus Bruinier: Kritische Studien zu Wernhêrs Marienliedern. Phil. Diss. Greifswald 1890. 248 S.
Rez. Litbl. 13. 1892. 147–152 John Meier.
AfdA 19. 1893. 137–150 Karl Kochendörffer.

Eduard Sievers: Zu Wernhers Marienliedern. – In: Forschungen zur deutschen Philologie. Festgabe f. Rudolf Hildebrandt. Leipzig 1894. S. 11–33. Wieder abgedr. mit Zusätzen und Berichtigungen in: Sievers: Rhythmisch-melodische Studien. Vorträge und Aufsätze. Heidelberg 1912. S. 9–35.

Otto Maußer: Wernher, Priester. – In: Allgemeine Deutsche Biographie. Bd 35. Leipzig 1910. S. 48–53.

Emil Öhmann: Die Kindheit Jesu Konrads von Fußesbrunnen und Priester Wernhers Maria. ZfdA 65. 1928. 195–200.
[Nachweis, daß Konrad die „Maria" gekannt hat]

Arthur Schwinkowski: Priester Wernhers Maria. Eine Stiluntersuchung. Phil. Diss. Kiel 1932. 90 S.

Ulrich Pretzel: Studien zum Marienleben des Priesters Wernher. (T. 1–5 [m. n. e.]) ZfdA 75. 1938. 65–82.
[Darin Forschungsbericht (S. 65f.) und Allgemeine kritische Bemerkungen zu Wesles Ausgabe (S. 66–70)]

Hans Fromm: Priester-Wernher-Studien. Untersuchungen zum religiösen Ausdruckswert des Sprachstils. Tübinger [masch.] phil. Diss. 1948 (Tübingen 1945). 140 S.

Ulrich Pretzel: Werner, Pfaffe. – In: Die deutsche Literatur des Mittelalters. Verfasserlexikon. Bd 4. Berlin 1953. Sp. 901–910.

Hans Fromm: Quellenkritische Bemerkungen zum Marienleben des Priesters Wernher. – In: Annales Academiae Scientiarum Fennicae B, 84 (= Festschrift Emil Öhmann). Helsinki 1954. S. 315–334.

Ders.: Untersuchungen zum Marienleben des Priesters Wernher. – Turku 1955. 195 S. (Annales Universitatis Turkuensis. B, 52.)
[umgearb. Fassung der Diss. 1945]
Rez. Euph. 51. 1957. 92–97 Helmuth Thomas.

8. Mariendichtung

Hilde Gaul: Der Wandel des Marienbildes in der deutschen Dichtung und bildenden Kunst vom frühen zum hohen Mittelalter. Bd 1 ⟨Textbd⟩. 2 ⟨Bildbd⟩. [masch.] Phil. Diss. Marburg 1949. Marburg 1948. 166 S.
[Über Wernhers „Maria" S. 143–154. Der Bildbd nur in 1 Ex. im Marburger Kunstinstitut]

Hans Fromm: Mariendichtung. – Reallexikon der deutschen Literaturgeschichte. 2. Aufl. Bd 2. Berlin 1965 (Lfg ersch. 1960). S. 271–291.

TEXT

I.

Eines liedes wil ich beginnen
in sant Mar*îen* *min*ne,
der êwigen chuniginne:
diu ruoche *mîne sinne*
unt mîne brust erreinen
von aller slahte meile,
daz ich nu muoze schrîben
von ir diu allen wîben
den itewîz *hât benomen*,
daz der tôt was bechomen
von dem êrsten wîbe *in die wer*lt.
sît wart diu êwige maget erwelt,
daz bêdiu *man unde* wîp
lieht unt ⟨den⟩ êwigen lîp
mit gezierde muose sch*ouwen*
dâ zir vil tiurer frouwen:
si gebar den schônen sun*nen*,
*si ist al*ler wîbe wunne.
wie wol siz allez undervie
swa*z Eva* sunden begie!
si hât verbuozet ⟨wol⟩ den val,
ir chûsche l*iuhtet ub*eral;
nu schuln wir ir getrûwen,
wan wir in dem tôde *bûwen*,
daz si uns ellenden
wider heim gesende
unt uns ru*oche wîsen*

1—27 G 2 sancte 5 min zereiñe 6 meile! 8 uon d[s] 9 etwizze 11 nom 12 magde 16 . . . . . n gedenchet edel frawen 17 die schonne 24 sit wir 25 ellende

A		D
Einer rede ich hie beginne		**E**ines lîedes ich beginne
in sant Marien minne,		in sente Marien minne,
der æwigen chuniginne:		der ewigen chuniginne:
div gerůche mine sinne		div gerûche ŏch min sinne
vn̄ mine brust erreinen		vnd mine bruste errêinen
uon aller slahte mainen,		uor aller slahte mæile,
daz ich nu mv̊zze schreiben		daz ich nů mûze scriben
von ir div allen weiben		uon ir div allen wiben
di*e* itewiz hat benomen,	147, 5	die itewîze hat benomen,
daz der tot waz bechomen		daz der tot was bechomen
uo*n* dem ersten wibe in die welt.		uon dem ersten wibe in die werlte.
do wart div æwige magt erwelt,		sit wart div here maget erwelte
daz beidiv man vnde weip		darzu daz bediu man vnt wîp
lieht vn̄ den æwigen leip		daz lieht vnd den ewigen lip
mit zîerde můzze schowen		mit der warhêit můse schŏwen
von der tivren vrouwen:		da zir vil tivrer frŏen:
si gebar die schônen svnne,	10	si gebar den waren sunnen,
si ist aller werlde wunne.		si ist aller gnaden ŵnne.
wie wol siz allez vndervienk		wîe wol si iz allez underuie
swaz svnden Eva begienk!		swaz Eua sunden ie begie,
si hat verbůzzet wol den val,		wan si hat gebůzet wol den ual,
ir chevsche lævhtet vber al;		ir chuske luhtet uber al;
nv sul wir ir getrowen,		nu schulen ⟨wir⟩ ir getruen,
wan wir die svnde bowen,		wande wir in dem tode bûwen,
daz si vns ellende		daz si uns ellenden
frôlich heim sende		mege wider hêim gesenden
vnde daz si ⟨uns⟩ weise	15	unt uns geruche wisen
zv̊ dem frônen paradeise,		zu dem vrônen paradise,
da fro Eva ovz geviel.		da frŏe Eua uz geuiel.
von dem mêre chan si den chiel		ab dem mere chan si den chiel
harte wol geleiten		wol bringen vnt geleiten
ovz disen arebeiten		vz den sorge[n] unt den arbeiten
zv̊ der himelporten.		ze der himelischen borte.
mit den gotes worten		mit dem gotes worte
ir wart div warheit gesaget:		ir wart div warheit gesaget:
si ist mv̊ter vn̄ maget;		sie ist mûter und maget;
si hat der engel niht betrogen:	20	sine hat der engel niht betrogen:
got hat daz spunne gesogen		got hat daz ir spunne gesogen

9 div *11* uo

. . . . *l*
von êwen unze êwen:
*wir schuln si anruofen un*de flêgen.

Himelischiu frouwe,
mit geistlîchem touwe
begiuz mînen gedanc,
daz ich ⟨dîn⟩ lop unt dîn sanc
ein te*il gem*êren muoze,
⟨unt⟩ hilf mir daz ich gebuoze
daz unreht daz ich ie begie,
wan ich gezwîvelôte nie
an dir *noch an* dem chinde dîn:
êwigez magedîn,
nu lâ mich geniezen
da*z du nie ver*lieze
d*eh*einen irdischen man
der dich ze voget wolte *hân*!
dû bist liehter denne der tac:
aller tugende wâ*z unt sm*ac
fliuzet ûz dîner schôze.
nu bedenche froude *grôze*
die dir der engel brâhte,
dô got an dir gedâhte
aller men*nischen nôt*
unt dir die mandunge enbôt
in ditze chl*agelîche tal,*
daz er dich ze einem sal
im selben wolte wîh*en*:
*wie maht*estu mir verzîhen
guoter rede unt guoter *liste*?
du bist diu oberiste
nâch gotes magencrefte:
daz liet ich ⟨ane⟩ hefte
ûf dîne gnâde volle:
du bist daz tou in *Gedeônis* wolle.

42—87 G 42—4 *bis auf* d flegen *nur die unteren Stümpfe* 46 dem geistleichen 47 mein 50 hilfe 51 daz ich . . . . ht ie begie 52 gezwiuelt 53 chinde] svn 57 d*eh*ein 58 zevoit wolt 60 tugent 62 bedēch frovde *anders W. s. 165* 63 f. braht : gedaht 67 her in 68 daz]

A	D
ab ir vil ædelen prust.	abe ir uil reinen brusten.
die nie mannes gelust	die mannes nie geluste
gewan noch der svnden val,	noh nehêiner suuden teil,
si ist můter ane mal	sie ist iemer muter ane mæil
von æ̂wen ze æ̂wen:	uon ewen unt ze ewen:
wir sulen sey an růfen vn̄ flêgen.	wir schulen sie anrůfen v̄ flegen.
Himelische vrowe,	**H**imelischiv frowe,
mit geistlichem tŏwe	mit geistlichem tôwe
begivz minen gedanch,	begiuz den minen gedanch,
daz ich din lob vnt dinen sanch	daz ich din lob vnd din gesanch
ein teil gemæren mv̊zze,	ein teil gemeren můzze,
vn̄ hilf daz ich gebůzze	unt hilf mir daz ich gebuzze
daz vnreht daz ich îe begie,	daz unreht daz ich ie begie,
wan ich gezweivelt nie	wan ich gezwiuelot nie
an dir noch an dem sune dein.	an dir noh an dinem chinde:
æwiges magedin,	des la mich gnade vinden
la daz ich geniezze	vnt la mich ŏch genîezzen
daz dv nie verliezze	daz du nie verlîeze
denheinen yrdischen man	deheînen irdisken man
der dich ze votinne wolde han!	der dich ze uoget wolte han!
Dv bist liehter dan der tak,	du bist liehter denne der tach:
vn̄ aller tugende smak	aller tůgende wâz unt smach
flivzzet ovz diner scho̊zzen.	flivzet uz diner schozze.
bedenche die æ̂re grozzen	nu bedenche, frŏe grozze,
die dir der engel brahte,	waz dir der engel brahte,
do got an dich gedahte	do got an dir bedahte
fur aller welde nôt	aller mennisken not
vn̄ dir den grůȥ enbot	unt dir die mandunge enbot
in ditz iamertal,	in ditze chlage*l*iche tal,
daz er dich wolde ze einem sal	daz er dich ze eînem sal
sin selbez libe ze weihen.	im selben wolte wihen.
wie mohtest dv mich verzeihen	wîe mæhtestu mir uerzihen
gůter rede vn̄ liste?	gůter rede vnt guter liste?
du bist div oberiste	dv bist div oberiste
nach gotes manchrefte:	nach gotes magenchrefte:
ditz liet ich anehefte	daz liet ich anhefte
ŏf dine genade volle:	vf dine gnade uolle:
dv bist div tovwige wolle.	dv bist daz tov in Gedeonis wolle.

---

do ze sinen 69 wold im selwen 70 mich 71 *das erste* guoter *zu streichen? vgl. § 65* 72… n (*l.* wan*?*) du 75 din

147,30 verlieze *fast unleserlich, aber wahrscheinlicher als* ne irlieze *H.* *148,2* chlagelliche

Nu wil ich iu den orthaben
bêdiu chunden unde sagen,
daz ich die materie
mit himelischem herie
unt diu starchen mâre
al deste baz bewâre:
Mathêus *ewangeliste*
⟨der⟩ schreib iz von Christe
unt von der muoter di*u in truoc:*
⟨dannen⟩ schreib er zeichen gnuoc,
doch was diu re*de bedwungen*

.

daz er die schrift diu ê dâ slief
mit predige muose *wechen,*
die suozen lêre entechen,
diu ê was beschatewôt,
diu gotes chint ir brôt
unt ir spîse funden daran.
der *îngewun*dene van
der wart ⟨dô⟩ wol begreifet,
fur daz her *geweifet,*
daz diu christenlîche schar
mit chrefte *muoze* varn dar
ze geistlîchem sturme
gegen dem li*ntwurme,*
dâ der sic schol ergên.

---

80 himellischen 82 dez 87 idoch 104—123 G 104 schrifpte 6 suze rede 7 e da 8 *für* daz diu *kein Raum, aber so doch metrisch*

A

Nv wil ich ev den orthaben
bede chvnden vn̄ sagen,
daz ich die materye
mit himilischem herie
vn̄ die starken mêre
dester baz bewæ̂re:
Matheus ewangeliste
der schreib ez von Christe
vn̄ von der magt div in trůk;
da von er zeichen schreib genůch,
doch waz div red bedwungen
in ebreyscher zvngen
vntz an sant Jeronimum.
der tet daz dur*ch* den gotes svn,
vn̄ durch zweyer pischof rat,
daz er ditz liet getihtet hat
in die senfte lateine.
daz wazzer wart ze weine,
div milich wart ze ŏle,
do er vns schreib so wole.
dez heten in geschundet
daz er die red chundet
Cromacius v̄n Eliodorus;
die pyscof hiezzen alsus,
die im santen ir brief,
daz e*r* die schrift div vor slief
mit predige solde weche*n*,
die sv̂zzen lere entechen,
die æ̂ waz beschatot,
daz die gotes chint ir brot
vn̄ ir speise funden daran.
der ingewunden van
der wart da wol gelaitet
vn̄ fur daz hêr gepreitet,
daz div christenliche schar
mit chreften muge varen dar
ze geistlichem sturme
gen dem lintwurme,
da der sich sol ergæ̂n.

D

Nv wil ich iv den orthaben
bediv chunden vnde sagen,
daz ich die materige
mit himiliskem herige
vnd div starchen mære
al deste baz bewære:
Matheus ewangeliste
der screip iz uon Christe
und uon der mûter div in truch:
dannen screib er zeichen gnûch,
doh was div rede betŵngen
in ebreisker zûnge
untze an sant Jeronimum.
der tet daz durh den gotes sun
vnt durh zweir biscoffe rat,
daz er daz liet gewîtert hat
in die senften latine.
daz wazzer wart da ze wîne,
div milch verwandelt sich in daz ole,
do er uns screib also wole.
div ŵste wart erbuwen,
do disiv rede nivwe
vz wart gechundet.
des het in geschundet
Chromatius vnd Eliodorus;
die bisgofe hiezen alsus.
die santen im ir brîef,
daz er die schrift div ê da slief
mit bredige muse erwechen
vnt die svzen lere endechen,
div e was beschatewot,
div gotes chint ir brot
vnt ir spise funden dar an.
der ingewnden chunclich van
der wart do wol begreifet
vnd fv̂r daz here gewêifet,
daz div christenlichiv schare
en samet mûse ilen dare
ze geistlichem stûrme
gegen dem lintwrme,
da der sige scholt ergen.

---

bedenklich, vgl. § *69d* 10 *ingewunden*, *vgl.* § *67* 13 elliv christenlichiv 14 muge *? W* 15 ze dem geistlichen stvrm

90 durt *102* e *103* weche

von der vinster *schuln ouch* wir *erstên*
ze dem êwigen liehte.
got geschuof uns von niehte,
der *ist unser* vater guoter.
nu biten wir sîne muoter
daz si . . . .

von dem êwigen urschîne
er chunde wol chôsen,
von der lilien unt von der rôsen,
diu der dorne niene hât.
nu wolt ouch ich den ir rât
unt ir helfe suochen,
ob si des wolte ruochen,
daz ich mit diutischer rede
daz buoch brâhte her ze wege,
daz si ez alle muosen lesen
die gotes chint wellen wesen,
unt ouch mugen schouwen
laien unde frouwen,
smechen unt ergrunden
von dem frônen chinde,
daz im die muoter erchôs
diu ir magetuom nie verlôs
unt niemer mac verliesen.
wir mugen ouch wol chiesen,
wie vil gnâdic si sî
der daz chindel sitzet bî
daz lewe unde lamp ist,
ob allen dingen zoberist:
beidiu leben unde tôt,
hirte unt lebendigez brôt,

119*f.* lieht: uz nieht 21 er 22 sin 132—273 F 1—141 135 dorn 43 mv̊zen 44 phaffen vñ frowen, *vgl. W. s. 172* 52 kindelin, *vgl. W. s. 164* 54 .zeoberist 55 lip, *ursprünglich?*

A	D
	uon der vinster schulen ŏch wir
von der vinster sul wir erstæn	ersten
zv̊ dem æwigen liehte.	ze dem ewigem liehte:
got geschvf vns von nihte,	got geschuf uns uon niehte,
der ist vnser vater gůter.	der ist unser vater guter.
nv bite wir sine můter	nv bittet sine můter
daz si vns wol behv̊te	daz sie uns hie behv̊te
mit ir tŏsentfalte*n* gůte.	mit ir tvsentvaltiger gv̊te.
Der briester heizzet Jeronimus,	**D**er lerære heizet Jeronimus,
der im gezimbert hat daz hovs	der im gezimbert hat ein hus
mit disem bůche hin ze got.	mit disem buche hin ze got.
swaz Matheus der frone bot	swaz Matheus der frŏne bot
den ebreyschen vor saget,	ebreisken livten uorsaget,
dirre herre dez niht verdaget	dirre herre des niht verdaget
in der lateine.	in der rehten latine.
von dem æwige*n* scheine	von dem ewigem urschine
er chunde vil wol chosen,	er chunde wole chosen,
von der lylien vñ der rosen,	uon der lilien vnt uon der rosen,
diu den dorn niht enhat.	div der dorne nien hat.
nv wolde ich ir rat	nv wolt ovch ich den ir rat
mit ir helfe sůchen,	vnt ir helfe suchen,
ob si des wolt gerůchen,	obe si des wolte ruchen,
daz ich in tevscher rede	daz ich mit dvtisker rede
daz půch prehte her zewêge,	daz buch bræhte her ze wege,
daz ez alle mugen lesen	daz sie iz alle musen lesen
die gotes chint wellen wesen	die gotes kint wellent wesen,
vñ auch mugen schowen	v̄ ovch megen schowen,
phaffen, layen, vrowen	die laigen vnt die frowen,
	smechen vnd eruinden
	von dem frone kinde,
wie daz kint die můter chos	daz im die muter erchose
div den magtv̊m nie verlos,	div ir magetum nie uerlose
noch nimmer mak verliesen.	vnt niemer mak verliesen.
wir mugen wol kyesen,	an der megen wir wol chiesen,
wie genedik si sey	wie rehte gnædich sie si
der daz kint sitzet bey	der daz chint sitzet bi
daz lêwe vñ lamp ist,	daz bediv lev vnt lamb ist,
ob allen dingen oberist,	ob allen dingen zeoberist,
bede læwen vñ tôt,	bediv leben vnt tot,
herre, fleisch vñ prôt,	hirt vnt lebentigez brot,

122 tŏsētfalte *130* æwige *148, 39* dorne nien] *durch Flecken fast unleserlich, aber sicher nicht* danne eren *H.*

tou unde bluome,
gelt unde ruowe,
wênic unde michel,
vor allen sunden sicher,
beidiu vater unde sun,
einvalt unt wîstuom,
grôz unde cleine:
daz ist er alterseine
der uns ze nôtdurfte erschein.
er nam hie fleisch unde bein,
sîn snêwîziu sêle
fuor in die phalnzen hêre
⟨. . . . .
. . . .⟩
diu chetene ist zebrochen,
gotes ande errochen,
dâ uns der tievil mit bant:
des loben wir den heilant.
sîn gezelt stuont in der sunnen,
besigelet ist der brunne,
ungebrâchôt ist ir anger,
ir chorder hât ertôtet den slangen.

Den nît wil ich verdingen
unze ich fur bringe
disiu seltsâniu wort:
swaz Mathêus schreip dort
den êbraischen liuten,
daz wil ich iu ze diute
sagen unde schrîben,
mannen unde wîben
mit der volleiste
des heiligen geistes.
ich weiz des tieveles strît
diche winthalsen gît,
bôsez nîtbechen,
eitergez hechen
der unwirdischen diet,
daz si schelten diu liet,
diu in wîslîcher ahte
vergelten niemen mahte,

---

160 von   65 not dufte   69*f. ich vermute etwa* sante Marîen, dâ er wolte erschînen, *Michels schlägt vor* sant Marîen wambe: diu frîet uns von der schande   72 hande   77 vngebrachet   84 iu] hie

A

vater vnde svn,
aynvalt vñ weistum,
groz vnde chleine
ist er alterseine,
der vns ze notdurfte erschein.
er nam hie fleisch vñ payn,
sin sneweizze sæle
fůr in die phalzen hêre
sande Marien:
die wold vns wol freyen
von den schæmelichen iochen.
div cheten ist zebrochen
da vns der tievel mit pant:
des lobe wir den hailant. Amen.

Den haz ich hie verdinge
vñ neit vntz ich furbringe
dise sæligen wort:.
waz Matheus schreib dort
den ebrayschen levten,
daz wil ich iv bedevten,
sagen vñ schreiben
mannen vñ weiben
mit gotes volleist
vñ dem heiligen geist.

D

tov vnde blůme,
gelt vnde růwe,
wenich vnt michel,
uor allen sunden sicher,
vater unser, gotes sun,
einvalte vnde wîstum,
groz vnt chleine:
daz ist er alterseine
der uns in noten erschêin.
er nam hie fleish vnde bein,
vnt die reinen menniskeit
hohet er mit der gotheit
von der erde hin ze himele
an sines uaters gesidele.
do wart div hel*l*e zebrochen
v̄ wrden wir errochen
an dem tievil der uns bant:
des loben wir den heilant.
sin gezelt stůnt in der sunne,
besigelt ist der brunne,
ungebrachot ist der anger,
ir chorder hat ertotet den slangen.

Den nit wil ich uerdingen
untze ich fure bringe
disiv seltsænen wort:
swaz Matheus schreib dort
den ebreischen liuten,
daz wil ich iv bedîvten
mit der helfe v̄ uolleiste
des heiligen geistes.
ich weiz wol des tîevels strit
diche wanthalsen git,
bosez nitbechen
vnt eitirgez hechen
der unuerwizzen*en* diet,
daz si schelten div liet,
div in wîslîcher ahte
vergelten niemen mæhte,

149, 14 hele *149, 24* unuerwizzene

mit grôzem guote widerwegen.

ich wâne den fluoch fur den segen
⟨si⟩ von got enphâhent,
die sich daran vergâhent.
swer ditze liet bespreche,
Mathêus muoz ez rechen,
der ⟨ez⟩ zem êristen. schreip
unt den irretuom vertreip,
den Manichêi junger sazte,
dô er die zungen wazte
in uppigem chôse.
doch ne wolte die rede bôse
diu christenheit enphâhen,
dô si die luge sâhen.
der junger hiez Leuciô
unt wart verworfen alsô
daz sîn rede wart begraben,
unt si niemen getar gesagen,
wan si mit durren zwîgen stât,
unt si der wurze niene hât.
Mathêus ewangeliste
der nam im lange friste,
unz er ez vil rehte gar erfuor,
daz weder mos noch muor
sîniu wort nemac getruoben.
des lât ouch iuch genuogen
unt sant Jeronimi lêre!
die mugen iu wol gehelfen an der sêle.

Bî den alten zîten
got enwas niht chundic wîten:
n o t u s i n J u d ê â,
fremde was er anderswâ.
dô was der heidenschefte vil,
die des tieveles spil
an den abgoten begiengen,
des ouch si schaden geviengen
an dem lîbe unt an der sêle.

---

198 ih wæne si, *vgl. § 69c*   201 ditze liet] dich   5 Amachei 9 niht enphahen, *vgl. § 60c*   11 heiz   12 was   13 betragen   23 sce 26 chudech   27 notus *Sch.*] not[s], *vgl. Psalm 75,2 L.*   33 anme

A	D
	noh mit grozem gůte wîder wegen.
	die wane ich den flůch fvr den segen
	uone got enpfahent,
	die sich daran uergahent.
swer ditz liet verspreche,	swer ditze liet bespreche,
Matheus mv̊z ez rechen,	sænt Matheus můz ez rechen,
der ez zem ersten schreip	der ez zem ersten schreib
vñ den irsal vertreip.	unt den irretům vertreib,
	den Manichei ivnger satzte,
	do er sine zunge watzte
	in upigez chose.
	doh wolt die rede bose
	div christenheit niht enpfahen,
	do sie die luge sahen.
	der ivnger hiez Leucio
	vnt wart uerworfen also
	daz sin rede ist begraben,
	vnt sie nîemen getar sagen,
	wan si mit durren zwien stat,
	nv si der wrze nien hat.
Matheus ewangeliste	Matheus der ewangeliste
der nam im lange friste,	nam im so lange friste,
vnz er sich vil rehte erfůr,	untze er ez vil rehte gar erfv̊re,
daz weder mos noch můr	daz weder mos noh mv̊re
sine wort mak getrv̊ben:	siniv worte en mach getruben:
des vns wol sol genvͤgen	des lat ŏch ivh genůgen
an sant Jeronimi lære!	vnt sant Jeronimi lere!
der gerůche wende*n* vnser sære.	die mugen iv gehelfen an der sele.
in dem gotes namen	
daz gesche*he*, amen.	
Bey den alten zeiten	**B**i den selben citen
was got niht chunt weiten,	got enwas niht chundich witen,
niwer in Jvdea:	wan eine erchant in Judea:
fromde was er anderswa.	fremide was er anderswa.
do was der heidenschąft so vil,	do was der heidenschefte vil,
die des tievels spil	die des tieueles spil
an den apgoten begiengen,	an den abgoten begiengen,
des si auch schade*n* enphiengen	des ovh sie scaden gevîengen
an dem leibe vñ an der sæle.	a*n* dem libe vnt an der sele.

188 wende *190* gescheche *198* schade *150,1* am

do behielt die gotes lêre
diu israhêlische diet,
als in Moyses geriet
unt ir vater Abraham;
dem wâren si gehôrsam,
Ysaac unt Jacôbe,
der in des himeles hôhe
eine leitern gesach,
dâ in sîn schephâre sprach
facie ad faciem:
wie mahte ez im baz ergên?
dô er den engel gevie,
den er des morgens niht verlie
unz er in gesegenôte,
diu huf im dorrôte
dâ in der engel druhte,
hin nâher er sie ruhte.
zeinem urchunde
hamlîchen dô begunde
der heilige patriarche.
des wunderôte starche
allez sîn geslahte,
als ez vil wol mahte;
si wurden des gefrouwet,
daz er was beschouwet
von gotes anebliche.
si suochten venie diche
gen den himelischen chôren.
hie muget ir ⟨wol diu grôzen⟩ wunder hôren.

Uz dem selben chunne
was ein kint ersprungen,
ein man geborn in dise werlt:
got selbe hête im erwelt
sînen gedanc unt sînen sin:
geheizen was er Joachim,
unde was der besten ein
den diu sunne ie beschein.
sîn einvalte was sô grôz
daz ⟨er⟩ sîn sît vil wol genôz
vor got unt vor den liuten.

---

235 israhelitesce 41 lateren gasah 42 gesprah 50 er] ir 52 hamlichen *richtig?* 54 do starche 57 wrdes 62 mugent *Ergänzung*

A	D
do behielt di*e* gotes lære	do behielt die gotes e
div israhelische diet,	div israheliske diet,
als in Moyses geriet	als in Moyses geriet
vn̄ ir vater Abraham;	vnde ir vater Habraham;
dem waren si gehorsam,	dem waren sie gehorsam,
Ysaac vn̄ Jacobe,	Ysaac vnd Jacob danah,
der in des himels hoher ê	der hin ze himele sah
ein leitern gesach,	ein leiter uon der erde gerihte,
vn̄ in sin schêpher sach	da got ze siner gesihte
facie ad faciem:	selbe wider in sprah.
wie moht ez im baz ergen?	wnders im ŏh mere gescah:
do er den engel gevie,	do er den engel gevie
den er des morgens niht verlie	unt in des morgens nîen lîe
vnz er in gesegenot,	untze er in gesegenot,
div h*u*f wont im niht bey genot,	div huf im dorrot
do in der engel drukte,	da in der engel druhte,
hin naher er sich rukte.	hin naher er sie geruhte.
ze einem vrchunde	ze einem urchunde
hinchen er begunde	hinchen do begunde
der heilige patriarch.	der heilige patriarche.
des wundert vil starch	des wnderot starche
alles sin geslæhte,	allez sin geslæhte,
als ez von schulden tůn mohte.	als ez vil wol mahte.
si wurden des gefrevt,	sie wrden des gefrŏwet,
daz er wart beschout	daz er was bescôwet
von gotes anplike:	uon gotes anblike:
si sůchten venig*e* dike	si suhten uenie dicke
gen den himelchôren.	gegen den himelisgen choren.
hie mvgt ir wol wunder horen.	hie muget ir wnder horen.
Ouz dem chunne ziersam	**V**z demselben chunne
wart ein chint lobesam	was ein kint ersprungen,
in dise werlt geborn:	ein man in dise werlte geborn:
got selbe het im erchorn	got selbe het im erchorn
sin gedanch vn̄ sinen sin:	sin gedanche v̄ sinen sin:
geheizzen wart er Joachim,	geheizen was er Joachim,
der waz der besten ayn	v̄ was der besten eine
den div svnne îe beschein.	den div sunne ie uberschêin.
sin gůte waz so groz	sin einvalte was so groz
daz er sin wol genoz	daz er sin uon rehte gnoz
vor got vn̄ vor den levten.	uor got und vor den lîuten.

---

nach Sch. 271 ... roz *bis* 357 geistlich *die Breslauer Fragmente* C [4] V. 72 gonoz F 73 der F

200 div *214* hilf *226* venig *233* gedanch!

Joachim chint *ze diute*
. . . .
sô dâ gescr . . . .
. . . . ge,

liehtvaz . . . .
. . . .
. . . ner heilike . . .
. . . .
. . . den engelen . . . . .
. . . .
. . . spile wolde . . . . . .
. . . .
. . . . burde
und . . . .
. . . lriches . . . .
. . . .

. . . eruoche uns . . . . . .
. . . .
. . ist aller kûschheit ein gimme.

. . . .
. . . .
. . . .
. . . . . t er arbeite
. . . .
. . . . . . r sank und . . .
. . . .
. . . . . niuwen me . . . . .
. . . .
. . . . sten tet er . . . . .
. . . .
. . . . er also scho . . .
. . . .
. . . . uch sine spise.
. . . .
. . . . blikte er under . . .
. . . .
. . . . . . er sich erbar . . .
. . . .
. . . der ⟨ze⟩ gotes hûsen

274 chût F *bricht ab* 78 licht was 90 . . erucht 96 erweit 302 . . stun 10 d'bar . . .

A	D
Joachim sprichet ze bedeuten	Joachim chîvt ze dîvte
preparatio domini,	preparatio domini,
swa ez geschriben sey:	so wâne ich da gescriben si:
daz sprichet vnsers herren beraitunge,	daz kivt unsers herren garewnge.
liehtvaz der sunne,	ein liehtvaz dem sunne
	scholt ŏh werden bereit
	vz siner heilikeit,
wan er der megede vater wart,	wand er der magede vater wart,
div de*n* engel*n* waz so zart	div den engelen was so zart
daz si bey den plůmen	daz sie bi den blůmen
mit spile wolden růben,	wolte beliben vnde růwen,
vnz si můter wurde	untze sie muter wrde
der gotlichen burde,	der gotlichen bůrde,
vn̄ auch mit æren ˎsolde sin	vnd ŏh mit eren mæhte sin
des himilreiches turlin	des himelriches tůrlin,
vn̄ div wol gereiniget chamer*e*:	daz den ubeln můz gespart wesen,
div gerůche vns zesamene	den offen die da sculen genesen
fur ir sun bringen,	an der sele uon rêinem můt:
si ist aller æren gimme.	die vindent si gnadich vnde gut.

A	D
Joachym der gotes man,	**J**oachim der gotes man
der vil æ̂ren gewan,	eren gnuch er gewan,
in siner chintheit	in siner chintheit
leit er arebeit.	leid er doh arbeit.
do er in der iugent waz,	die wile er in ivgent was,
wie gerne er sank vn̄ las	gerner sanch vnd las
von sinem schephere;	uon sinem schephæ̂re
die vil starken mæ̂re	div starchen alten mære.
v̊bet er in der alten æ̂,	er ûbet sich harte in der e,
mit vasten tet er im wæ.	mit uasten tet er im wê.
menschliche chrankheit	sin mennislichen brode
er gedultechlichen lait	die dewanger also schone
in einer senft*en* weise.	in einer guten wise.
er tailte sine speise	er teilet ŏh sin spise
vn̄ alle sine habe endriv	und alle sin richeit endriv
(ze himel plikte er vnder dev):	(ze himele blikter under div):
ein teil gab er den armen	ein teil gab er den armen,
(die liez er sich erbarmen),	(die liez er sih erbarmen,
witeben vn̄ waisen	bediv witewen v̄ weisen),
vn̄ ze gotshousern;	daz ander ze gotes husen,

245f. ergänzt F. nach D   *248* dem engel   *249 l.* dem plůmen   *255* cham᾿   *271* senfte

. . . .
. . . . gen.
ze dem almuosen w . . . .
. . . .
ze sinem selb . . . . . .
. . . .
. . . . se habeten
d . . . .
. . . . alliu jâr
sw . . . .
. . . . niht liegen,
. . . .
. . . le lûteret e . . . .
. . . .
gab im got . . . .
. . . . regen,
daz . . . .
. . . . began,
und . . . .
. . . . sich verlie.
v . . . .
. . . . was sin vil . . .
. . . .
. . . .
. . . .
. . . . tic was.
z . . . .
. . . . mohte sic . . . .

Als er wa . . . . . .
. . . . rank,
er en . . . .
. . . . getelôse.
. . . .
. . . . sît noch ê
. . . .
. . . . heln hêt er . . . .
. . . .
. . . er damite . . . . . .
. . . .
. . . . . . ne was daz . . .

315 zu den 17 zu sime 19 hetten 21 alle 22 w 27 gab vn 41 C *reimte* alt : spranc, *was schwerlich echt ist, vgl. § 53b; vielleicht* alt : bart, *vgl.* erwelt : vert *1589* 44 gettelosen 46 sint 48 hat

A	D
	151, 1 den ze râte v̄ ze minne
	die got dienten dar inne.
zv̊ dem almůsen waz im ger:	ze dem almusen was ime ger:
daz dritail daz behielt er,	daz dritteil behielt er
	ze sin selbes tische
	vnt sinem hiwische,
daz er die speise hete	daz si der uon spise habeten
die weile er lebte.	die wile daz si lebeten.
Die spende begienk er alle iar.	die spende treib er elliu iare.
swaz er sprach daz waz war.	swaz er geredet daz was ware:
	erne wolte niht liegen,
	neheinen sinen genoz betriegen.
Sin sæle levtert er damit.	sin sele luterot er damite.
mit so heiligem sit	uon so heiliclichem site
gab im got den sinen segen,	gab im got sinen segen,
himeltov vn̄ regen,	himeltov und regen,
daz er genuhtsam gewan	daz ez michel genuht gewan
swaz er bowen ie began,	swaz er buwen began.
vn̄ vaste fur sich gie.	an swiv sich der herre uerlîe,
	mit heil ez fur sih gîe
	v̄ ergab im sælicliche.
got verlæh im vil vihe,	er was also vihe rîche
daz er chovme vant di*e* waide	daz er chume vant die weide
ŏf dem velde vn̄ ŏf der heide,	an dem velde v̄ an der heide
bede hev vn̄ gras,	
dez ez notdurftik waz.	
zv̊ dem het er heil so groz	dem chorter also grozen:
daz nieman des waz sin genoz.	zu ime en maht sih niemen genozen.
Do er zweinzik iar alt wart	**A**ls er zweinzic iar alte wart
vn̄ im chŏme ensprank sin part,	unt im chume erspranch der bart,
er wolde sich verbosen	erne wolte sih niht uerbosen
mit denheiner getlosen:	mit deheiner getlose:
er nam ein chint ze siner æ,	er nam ein kint ze siner e:
(ich wæn ouch seit noch æ̂	iane wane ich sit noh e
chevs*ch*er geburt nie wart geborn)	chivsker brût ie wart geborn.
die er ze mahel het erchorn	die gemahelen het er im erchorn
ovz Dauides geslæhte,	uz Dauidis geslæhte,
daz er da mitte mohte	daz er damit mæhte
behalten sel vn̄ leip.	behalten sele vnde lip.
also schone waz sin weip	also schône was daz wip

293 div *305* chevser *151, 11* ergab!

. . . .
. . . . gesâhen.

ir . . . .
. . . . gir.
geistlich . . . .
. . . . si † gâben
unt ir opher vil gereite
in ir chintheite
mit frôlîcher gebârde
durch ir schephâre.
sin chunde niht gerasten:
wachen unde vasten
des phlac si âne mâze.
ir guoten umbesâzen
die lobeten den got
der himel unt erde gebôt
unt den mergriez zelt,
daz er im die hête erwelt
ze sînem dieniste.
si bâten daz er si friste
ze einer bezzerunge
den alten unt den jungen,
daz si bilde nâmen,
sô si ane sâhen
die manigen guottâte
die si gefrumet hâte.
wol frouwete sich Joachim:
si truogen niht nîdes under in,
sie lebeten wunneclîche ensamt.

diu frouwe was Anna genant;
Anna daz chint graciâ:
michel . . . .

---

358 si *bis* michele 384 C[4]I   gaben *sicher nicht richtig: es ist nur von Anna die Rede, und* C *setzt auch* 363. 65. 78 *den Plural für den Singular. Reimte ursprünglich etwa* geistlîchez leben si habete   ir almuosen si gebete? *Schwaches* geben *ist allerdings nicht belegt*   63 si enkonden   65 phlagen   70 die] hie   71 d:nste   72 si!   73 bezerungē   78 hetten   79 vreute   81 wunnenclichen   83 sprichet   84 michele

A	D
daz ir alle die holt waren	daz ir alle die si ansahen
die sey an gesahen.	der eren vnt der sælden iahen,
	v̄ sie ŏvh minnende waren
	uon ir tugentlichen gebæren.
ir genade cherten si zv̊ ir	ir liebe cherten sie zu ir
ane falsche gir.	ane wentliche gire.
si het geistlich leben	151, 25 si hete reinez leben
vn̄ begunde almv̊sen geben	v̄ begunde groz almûsen geben
vnde ir opher vil bereit	vnd ir opfer vil gereite
in ir chintheit	in ir ivgent ioh der chintheite
mit frŏlicher gebêre	mit vil frŏderichen mût,
durich ir schæpfere.	als der got meinet gerne tvt.
si chunde n̄iht gerasten:	si chuude niht gerasten
wachen vn̄ vasten	von wacheu unde uon vasten,
chunde si sich niht mazzen.	wan des pfleget sie ane maze.
ir gůten vmbesæzzen	ir guten umbesæzen
die lobten alle got	30 die lobeten den got
der himel vn̄ ærde gebot	der himel vnt erde gebot
vn̄ der den mergriez zelt,	vnd die mergriezen zelt,
daz er sey im het erwelt	daz er im die het erwelet
	ze sine selbez eren,
	vnt baten an ir gemeren
wol ze pezzerungen	sin lop zv̊ bezzerunge
den alten vn̄ den iungen.	den alten v̄ den iungen,
	daz sie bildes da bequæmen
	v̄ die suzen lere næmen
	35 uon uil maniger gůttæte,
	die sie gefrumet hæte.
Des frevt sich Joachim;	wol frŏet sih do Joachim
si trůgen niht neides vnder in,	vnd sin liebiv frŏe mit im,
si lepten lieplich bedesamp.	wan sie lebeten wnnechliche ensamte.
div vrowe waz Anna genant;	Anna was si zerehte genante;
Anna daz sprichet gracia:	Anna daz chivt gracia:
michel genade waz al da,	michel gnade div was da,
wan si von ir samen	40 wand uon in der wcher bequam
daz tiwer wůcher namen:	der frŏen Euen schulde benam,
si můsten die chvniginnen	vnd sie die maget scolten gebern,
geberen vn̄ gewinnen,	die got selbe nien mag entẘern
div den himel hat entslozzen,	152, 1 deheiner bete die sie an in getv̊t.
der alle werlt hat genozzen.	nu dingen ir gnaden, daz ist uns gv̊t.
Der die vrowen Annam gebar,	**D**er frŏen Annam gebar,
der furste der hiez Ysachar:	der furste hiez Ysachar:

si wâren verfluochet in der ê
die an ir geburte
gesegenet niene wurten.
eines tages dô si quâmen
unt daz gotes wort vernâmen
in templo dominî,
Joachim der stuont dâ bî,
dâ sich die êwarten
zu dem opher garten
unt nâch ir gwonheite
diu schâf dar fur gereiten,
lamp unt diu rôten rinder.
Joachim stuont dar under
sam diu einvalte tûbe:
sîne frasûme
die wolte er dâ ervollen,
stiften gotes willen.
er hête ophers genuoc,
daz im sîn hîwisch dar truoc:
daz wolte er dâ verbrennen,
den rouch ze himele senden
fur diu gotes ougen.
grôz was sîn geloube.
dô was ie nît als ouch nû:
ein scriba spranc dar zuo,
Ruben der êwarte;
den herren rafster harte
unt stoute in alsô sêre;
er sprach: ‘du ne scholt nie mêre

• 402 *bis* den h'ren 428 C⁴ II 4 nie wurden 5 komen 10 karten 11 .. wonehaite *bis* dv'ne 694 F 142—424 12 da C geriten F 13 vnd to : e C 14 d' stunt C 15 als di wandernde C 16 siner F v'sume C 17 da *fehlt* C 20 daz man im dar getruk C 21 do C 25 da F ie nit] er niht C ouch] *fehlt* C 26 sprach C, *vgl. W. s. 172* 27 rubyn

A

si waz sin liebe ⟨tohter⟩.
loben wol moht er
die gotes ordenunge,
daz er ir ie *gew*unne.
daz waren chlegeliche dink,
daz div vrowe vnt der iungelink
zwainzik iar ensamt waren
daz ⟨si⟩ kinde niht gebaren.
daz tet in inrechlichen wæ:
si waren verfluchet in der æ
die an ir geburd*e*
gesegenet niht enwurden.
Eines tages do si quamen
vñ daz gotes wort vernamen
in templo domini,
Joachym stůnt da bey,
da sich die æwarten
zv̊ dem opfer garten,
vñ nach ir gewonheiten
do schůf man dar bereiten
lamp vñ rŏte rinder.
Joachim stůnt dar vnder
sam die ainvalde toube:
sin versoumunge
wold er erfullen
vñ stiften gotes willen.
er het da des opfers genůk,
daz er dar trůk:
daz wold er verbrennen,
den rouch ze himel senden
fur die gotes augen.
groz waz sin gelaub*e*.
æz waz do neit als auch nv:
ein schreiber sprach da zv̊,
Rvben der æwarte;
den herren refste er harte
vñ strafte in harte ser;
er sprach: ,dv solt niemer

D

sie was sin liebiv tohter.
wol uon herzen loben mohter
die gotes ordinunge,
daz er ein solih kint gewnne.
iedoh waren ez chlagelichiv dinch,
daz div frôwe vnt der iungelinch
zeweinzich iâr ensamet waren
daz si kindes niht gebaren.
daz tet in inneclichen we,
wan sie hete uerfluchet div e,
di vngesegent also ersturben
daz si erben niht erwrben.
Eines tages do sie chamen
vnd daz gotes wort uernamen
in dem templo domini,
Joachim der stunt dabi,
da sih die ewarten
zu dem opher garten
uñ nah ir gewonhêite
heten die schaf darfur gereite,
lember vnd div roten rinder.
Joachim der stûnt dar under
sam div einvalte tube,
daz er da sin uersume
eruolte vnd ŏh siniv leit
got in dem herzen chleite.
er hete opfers gnuch,
daz im sin hiwish dar truch:
daz wolt er da uerbrennen,
den rŏch ze himele senden
fur div gotis ŏgen.
grozen habeter glŏben.
do was ie nit als ŏh nv:
ein scriba der trat darzu,
Ruben der ewarte;
den herren rafster harte
und bestunt in also sere;
er sprah: ,dv enscolt nien mere

---

der eruarte C 28 h'ren C *bricht ab* harte] starche F, *s. W. s. 167*
30 nie] niht F

348 begunne *152,5* hete gewnne *353* in! 355 geburdē
152,13 ewarten! *376* gelauben

zu unserem opher gân.
wir haben uns alle wol enstân:
got hât dich sô verfluochet
daz er niht enruochet
deheines wuochers von dir.
der dîner fravel ist sô vil:
du muost dich sundern hinnen;
wir ne wellen niht gewinnen
susgetânen gesellen;
wir ne mugen ouch dich zu den besten niht gezellen.'

Von solhem itewîze
mit sînen handen wîzen
swanc er alsô tougen
die zahere von den ougen.
ez dûhte in michel schande,
doch ne was im niht sô ande
daz er daz selbe schelten
mit ubele wolte gelten.
erne wolte ouch niht mêre
wider in sîn hûs chêren
unt wolte sich vor leide
von sînem wîbe scheiden,
von sîner wunneclicher chonen.
in einer wuoste wolt er wonen
von den liuten verre:
dar hiez ouch im der herre
al sîn chorter trîben,
unt wolte dâ belîben.
des vihewuochers wolt er lèben,
zehenten unt almuosen geben
michel baz danne ê,
vil veste wesen an siner ê,
an nihte sich versûmen,
clagen unde chûmern
in der einôde
mennischlicher brôde,
daz diu werlt anders niht enist
wan stuppe unde mist

---

431 v̂nserme F 33 hat dih got F, *das ursprüngliche?* 35 en heines F 39 susgetane F 41 solichem F 46 niht] nie F ande *bis* ein 628 C^2 1—183, *bis* ir 652 C^4 III 49 nit F 53 cronen C 55 in einer wûste (wu : tunge C) verre CF 56 dar] do C im] in C

A

ze vnserm opfer gan.
wir han vns alle wol verstan:
got hat dich so verflůchet
daz er niht gerůchet
dencheines wůchers von dir.
diner frevel ist ze vil:
dv můst dich sundren hinnen,
wan wir niht gewinnen
dich ze einem solhen gesellen,
noch wellen da mit di*e* æ̂ niht
vellen.'

Von solhen iteweizzen
mit sinen handen weizzen
swank er ab so tougen
die trehen von den augen.
ez douht in ein michel schande,
doch waz im niht so ande
daz er daz selbe schelten
mit vbele wolde gelten:
da von sin gank, sin chere
wart in daz hous niemere,
vn̄ wolde sich vor leide
von sinem weibe schaiden,
von siner wunnechlichen chonen.
in einer wůste wolde er wonen
von den levten verre:
dar hiez im ouch der herre
al sin vihe treiben,
vnde wande da beleiben.
Des vihe wůchers wolde er leben,
zehenden vn̄ almusen geben
michel paz dan æ̂,
vil vester an siner æ̂,
an nihte versovmen sich;
mit chlage vn̄ vil chummerlich
wolde er sein in der einode
mit menschlicher blode.

D

zu unserem opfer gan.
wir haben uns alle wol enstan:
got hat dih so uerfluchet
daz er nien geruochet
deheines ŵchers uon dir.
din fræuel missenellet mir:
du must dich svndern hinnen;
wir newellen niht gewinnen
susgetanen gesellen;
wir megen ŏh dih ze den besten
niht gecellen.'

Von solhen itewizen
mit sinen handen wizen
swanger also tŏgen
die zaher uon den ŏgen.
ez duht in michel schande
vnt iedoh was im niht so ande
daz er dazselbe schelten
mit ubele wolte gelten.
erne wolt ŏh niht mere
wider in sin hus cheren
vnde wolt sih vor leide
uon sine*m* wibe scheiden,
uon siner wnneklichen chonen;
in einer ŵste gedaht er wonen
hin dan uon den livten uerre:
dar hiez ŏh im der herre
allez sin chorter triben,
als er da gert beliben.
des vihewchers wolt er da leben,
zehenten v̄ almusen geben
michels baz denne e,
uil veste wesen an siner e,
got sinen chumber da chunden
v̄ sin angest zallen stůnden,
chlagen ŏh menniskliche brode
in der wilden einode,
daz diu werlt anders niht enist
wan stuppe vn̄ mist

---

57 alliz sin vihe dar trîben C 59 vihes wchers F 60 unt *fehlt* F 61 michels C, *vgl. 3627* 63 vorsumen F 64 chm̂eren F, kummeren C 65*f.* in der mensclichen brod C 66 menneclicher F 67 niht anders ist F 68 wanne gestuppe C

152,26 din din *392* div *152,35* sinen *410 kein* er!

unt ein schate der gar verswindet,
sô sich diu sêle enbindet
von menneschlîcher zarge:
so zergêt ouch alliu froude mit arge.

Als frouwe Anna daz vernam,
daz Joachim der ir man
sô sêre was geleidigôt,
dô wâre ir lieber der tôt.
daz vil wunnecliche wîp
harte cholte si den lîp:
daz er ir hête entwichen,
des was ir clage michel,
unt sô verre was gevarn.
si ne trûwete niht bewarn
ir hîwisch dâheime.
dar umbe was ir leide,

daz si ûf der erde
witewe scholte werden
bi lebendigem manne.

si muoste erbleichen danne,
ir schône wart verderbet,
al ir froude wart ersterbet.
die hende huop si hôhe
gen der phalnze frône,
gen dem himelrîche;
si sprach vil clagelîche:
'owî gewaltiger got,
mîne vil inneclîchen nôt
ruoche dû bedenken.

---

469 schade C, scahte F v^{s}windet C 71 menschelicher C, menneschlcher F 72 zergent C ælliu F, alle C . . ./wen (*so!*) C mit] mir F 74 der *fehlt* C 78 herte hilt C chelte sie ir F 79 eintwichen F 80 daz C 82 si trůt C 84 vil leide C 85 uffe C *und öfter* erden C

A	D
	unt ein schate der gar uerswindet,
	so sih div sele enbindet
	uon menneslicher zarge:
	so zergat ŏh elliv frŏde mit arge,
	v̄ elliv werltliebe da gelit,
	so daz leben den lip begit.
Als vrowe Anna daz vernam,	**A**ls frŏe Anna daz ervant,
daz Joachim der ir man	daz Joachim der ir man genant
so sere waz geleidegot,	so sere was geleidigot,
si were gewesen lieber tot.	do ware ir lieber der tot.
daz vil minnechliche weip	daz uil wnnecliche wip
harte quelte si ir leip:	harte cholte sie den lip:
daz er ir wolde gesweichen,	daz er ir hete entwichen,
daz chlagte si herzechlichen,	des was ir chlage michel,
	vnt so uerre hin was genarn.
	sie entruwot niht bewarn
	ir hiwish dahêime.
	darumbe saz si mit leide
	v̄ weinet herzecliche,
	daz sie got so chumberriche
	hete gescaffen vnde gesat
	an der unsæligen stat,
	daz sie bi so reinem man
	nie herzeliep mit kinde gewan,
daz si ouf der ærden	vnt dazu bi im lebentigen
witebe solde werden	daz si witewe solt geligen:
bey lebindegem manne.	daz waren sorgen ungefûge,
	die nehein lip samfte truge.
	do muse erbleichen danne
si mûste erblaichen danne,	div schone v̄ div gute frŏe Anne.
ir schône wart verterbet,	ir liehtiv varwe uerdarp,
alle ir frevde ersterbet.	al ir frŏde erstarp.
ir hende hûb si schone	ir hende hub sie hinz im genôte
zv̊ der pfalzen frone,	der uns daz leben gebot;
zv dem himelriche;	
si sprach vil chlegelich:	si sprah vil chlageliche:
,awe gewalteger got,	,owi got der gnadige v̄ der riche,
min vil inrechliche not	
gerûche dv bedenken.	du ruche mih arme bedenchen.

---

86 scholde witebe C 87*f.* man : dan C 88 mv̊ze F 90 alle C, elliv F ersterbet] d'schreket, *danach noch ein Vers*: ir iam' wart d'wek : t C 92*f.* gegen F, gein C 92 phabize C 94 tugentliche C 95 ouwe du C 97 geruche .. zu bekennen C

jane mac ich niht gewenken,
ich ne muoze lîden swaz du wil.
ja hân ich angeste vil.
wâ maht ich reste vinden,
dô dû mir an den chinden
neheine froude gâbe,
daz dû mir dô benâme
mînen karelen alsô guoten
mit solhem ungemuote!

swaz du wil daz muoz ergên:
die tôten heizestu ûf stên,
die armen machestu rîche,
in selben ungelîche,
die rîchen lâstu vallen:
des muozen si dir alle
grôzer meisterschefte jehen.

swar dîn ouge geruochet sehen,
dâ ist gnâdicheite mêr
denne griezes in dem mer,
dîner guote manicvalde
mêre denne ze walde
iemer zwîger muge sîn.
êwigez urschîn,
gezalt hâstu die sternen.
si mugen dir dienen gerne
die du wil beruochen.
nu ledige mich von dem fluoche
der mich hât erderret,
mine wambe besperret:
die scholtu herre entsliezen,
daz ich dîner heilicheite genieze.'

Anna suochte ir venige
mit zaheren alsô manigen,

---

498 io CF 99 ich ne muoze] : : h mủz C, *dazu W. s. 166, was ich nicht mehr aufrecht erhalte* wilt C 500 io hab ich angst C 1 raste C 3 keine vreude nie gegebe C 4 do *fehlt* C 5 minen karelen] h're C gute C 6 sulchem C, solihem F 8*f. l.* heizest, machest? *vgl. § 59c* hiezestu F 14 swaz F wo dine ougen geruchen C 15 daz ist C gnedikeit C, genedichaite F 15*f.* mere : mere F, *vgl. W. s. 160* 16 griz C an F 17 manichvalte F 18*ff.* me danne zwige in

A	D
ich mak dir niht gewenken:	iane mag ich niht gewenchen,
ich mŭz leiden swaz du wil.	ihen muze liden swaz du wil.
ia han ich angest al ze vil.	ia han ich angeste vil.
waz frevden mag ich vinden,	wâ mæht ich reste vinden,
do dv mir an den kinden	do du mir an den kinden
denheine frevde gêbe,	verzige liebis beschŏde,
daz dv mir do benǽme	daz du mir do die einen frŏde
minen man so gůt	die ih hete benomen hast!
mit solhem vnmůt!	din gnade, herre, suaz du begast!
	reht ṽ gnade sint bediv din,
	daz laze an mir werden schin!
swaz dv wil daz ist ergan:	swaz du wil daz muz ergen:
den toten h*eizz*est du ŏf stan,	die toten heizest dv ufsten,
die armen machest dv reiche	di armen machestu riche,
vñ in selben vngelich,	in selben ungeliche,
die reichen lastu vallen:	die richen hohestv ze ualle:
dez mvͤzzen si dir all*e*	des muzen sie dir alle
grozzer maisterschefte iehen.	uon rehte der meisterscefte iehen.
swar din ougen gerůchent sæhen,	swar din ŏge růchet hin gesehen,
da ist diner genaden mê	da ist sa der sælden me
danne griezzes in dem sæ.	denne griezes in dem se,
	mere der gůte ṽ der bærme din
	denne zwîer ze walde mege sin.
gezalt hastu die sterne.	gezalt hastu al die sterne.
si mugent dir dienen gerne	si mugen dir dienen gerne
die du wil berůchen.	die du wil beruchen.
nv ledige mich von den flůchen	nu ledige mih uon dem flůche
da von ich pin verderret,	der mich hat ėrderret
minem manne sint versperret.	ṽ mine wambe besperret:
die soltu herre entsliezzen,	die scholt dv herre entsliezen,
diner genade la mich geniezzen!'	daz ich diner milte genieze.‘
Anna suocht ir venien	**Anna** begunde venigen
mit ir zeher menien,	mit zaheren also manigen,

---

deme : alde mugen gesin od's e indem mer vische gesin C 518 ze] in deme F 19 immer F 21 dine F 23 der du wilt : : ruchen C du] div F 24 dinem F den flůchen C 25 di mich : : ben gederret C 26 min F gesperret C, ist besperret F *B. s. 60* 27 du] div F 29 schut ir venie F venien C 30 als C

450 hiezzest *454* allen

daz si got erhôrte,
ir angest zestôrte.
dô si nider genicte
unt wider ûf geblicte
in einem boumgarten,
si begunde umbewarten
unt sach an einem aste
die sperchen schrîen vaste:
si gâhten zeinem neste,
dâ si ir chindel westen,
unt brâhten in die spîse
ûf einem cleinen rîse,
ûf einem lôrboume.
diu frouwe nam des goume,
wie frôlîchen si flugen
durch daz si jungide zugen.

si sprach: ‘owî herre,
nâhen unde verren
ist dîn trôst geleitet,
dîn gnâde ûz gebreitet
fur aller slahte chunder.
du stiftest michel wunder
durch daz du im allem obe lîst.
dîner gescheffede du gîst
mislîche wunne:
von regene joch von sunnen
machestu die erde berhaft;
den vogelîn gîstu die craft
daz si ir kint meinent,
swie si in dem lufte sweiment.
du gebiutest den wilden tieren
daz si kint ziehen:
diu nâter diu dâ slîchet,
swâ si ir chint begrîfet,
si gât im williclîchen bî
unt zeiget daz si sîn muoter sî.

532 angst gar C zustorte C, zerstorte F 35 einen C bo̊ngartin F 39 gaheten F, gahte C zu CF 40 kindelin F, kint C weste C 41 bracht C 42 vs F 43 birnboume C 45 vrolich C 46 iūge C, ir jungide *Sch.* 47 ouwe C, owie F 49 gnade getailet F 50 din trost F uz gebreitet] bereitet C 51 vor C 53 ob in allen bist C, *vgl. Glossar* 54 dine C geschefte C, geschefede F 55 miscliche F,

A	D
daz si got erhort	daz si got erhorte
vn̄ ir angest zestort.	v̄ ir angest zestorte.
do si ze tal nikte	do sie nidėr genicte
vn̄ wider ouf plikte	unde wider uf geblicte
in einem boumgarten,	in einem bŏgarten,
do begunde si warten	sie began umbewarten
vn̄ sach an einem aste	154,1 unde sah an einem aste
die agilster schreien vaste:	die sperchen sċhrien uaste:
si gahte zv̊ einem neste,	si gahten ze einem neste
da si die iungen weste,	uf eines bŏmes ueste.
vn̄ braht in die speise	
ouf einem chleinem reise,	
ovf einem lorboume.	div frŏe nam des gŏme,
die vrowe nam des gaume,	uf einem lorbŏme
wie frolich si flugen	wie vroliche si flugen
da si ir iungen zvgen.	da sie ir ivngide zugen,
	vnde brahten in ir spise.
	do sprah si also lise:
Si sprach: ‚owe herre,	‚owî, owî got herre,
nahen vn̄ verre	bediv nahen unde uerre
ist din trost gelaitet	ist din trost geleitet,
vn̄ din genade gebreitet	din gnade uz gebreitet
fur aller slahte chummer.	fur allerslahte chundir.
dv stiftest michel wunder	du stiftest grozin uvndir
dvrch daz dv im allem obe pist.	durh daz du in allen obelist.
diner schepfede dv gibest	diner creature du gist
maneger hande wunne:	misliche gnade unde wnne:
von regen vn̄ ouch von sunne	uon regen ioh von sunne
machest dv die erde be*r*haft;	machestv die erde berhaft,
den vogelin geist du die chraft	den uogellinen gistu die chraft
daz si ir kint meinen,	daz sie ir kint mêinent,
swie si in den luften swaimen.	swie sie in den luften swêiment.
dv gebivtest den wilden tieren	du gebivtest dem wilde
daz si ir kint erziehen,	daz ez nah muterlichem bilde
div nater div da sleifet,	allez siniv kint ziehen chan
daz si ⟨ir⟩ chint begreiff*et*.	v̄ hat ŏh sin frŏde daran.

---

unmenschliche C 56 joch] und C 57 bʼnhaft C *l.* machest? *s. oben zu 508* 58 *l.* vogelînen gîst die? 60 dʾ luft C 62 chint *fehlt* C 63 natir da F slifet C 64 irgriffit F 65 get in C 66 bezeiget C

477 gahte! *478* weste! *495* behaft *498* swaimen! *502* begreiffent

von dir die vische nâmen
wuocher unde sâmen,
die in dem wazzer fliezent,
dîner guote si geniezent.
allez daz der ie wart
daz hât dîn segen wol bewart,
daz ez sich ie iteniuwet
swaz chreset oder fliuget
ûf der erde unt in dem wâge.
nu sage ich dir gnâde
daz du mich alterseine
sô verre hâst gescheiden
von allen ⟨den⟩ sachen
die du hâst geschaffen,
von allen den dingen
diu ûz dem urspringe
dînes gwaltes sint bechomen,
dar ûz hâst du mich genomen,
gesundert joch gescheiden:
daz muoz ich iemer clagen unde weinen.'

Bedaz si die rede volsprach,
einen engel si gesach
vor ir antlutze stên.
diu vorhte begunde si anegên,
si widersaz ez harte;
dô si begunde warten
an sîne schône vederen,
ir sin fuor enwedele
sam vor dem winde daz loup.
der engel niht ûf schoup

sîne boteschaft frône:
die frouwen gruozt er schône
mit senftlîchen worten:
'dune scholt dir niht furhten',
sprach der engel liehte,
'der alliu dinc von niehte

---

567 v̊ise F 69 die fische in dem wazzære F 71 daz da C 73 daz er F ie iteniuwet] ieittenivwet *(so!)* F, ie v^s^neuwet C, *vgl.* § 62*c* 74 criset F, kruch^e^t C 75 und] od^s^ C 77 daz du aleine C 80 d^s^schaffen C 81 von .ll....... C, *kein Raum für* den 82 uf F urspringen C 83 mit dinem gewalte F 84 mich *fehlt* F 85 und C 86 daz] des C 87 E C, He F volle sprach F 88 ein F sah F

A	D
von dir die vische nament,	non dir die vische namen
wůchernt vñ sament,	bediv wchir vñ samen,
die in dem wazzer fliezzent,	die in dem wazzer fliezent,
diner gůte si geniezzent.	diner gv̊te si genîezent.
alles daz ie wart	allez daz ter îe v̄ ie wart
daz hat din segen wol bewart,	hat dinen segen wol bewart,
daz sich iærlichen niwet	daz ez sih ie iteniwet,
swaz chrivchet oder flivget	swaz chreset oder flivget
ovf der erde vñ in dem wage.	uf der erde vñ in dem wage.
nu sag ich dir genade	nu sage ich dir gnade
daz dv mich aleinen	*daz* du mich alterseine
so verre hast gescheiden	so uerre hast gescheiden
von allen den sachen	
die ⟨du⟩ woldest machen,	
von allen den dingen	uon allem dem dinge
die onz den vrspringen	daz uz dem urspringe
dines gewaltes sint bechomen,	dines gewaltes ist bechomen,
dar*vz* hast dv mich genomen,	dar uz hastu mich genomen,
gesundert vñ gescheiden:	gesundert ioh gescheiden:
dez mů̈z ich immer wainen.'	des mů̈z ih min sůnde weinen.'
Also schir si die red gesprach,	**B**edaz sie die rede uol sprah,
einen engel ⟨si⟩ gesach	einen engel si gesah
vor ir antlutze sten.	uor ir antlutze sten.
voriht begunde si ane gen,	div uorhte begunde sie durhgen,
si wider saz in harte;	sie wider saz irz harte;
si begunde warten	do sie in began anwarten,
an die schonen vederen;	ir sin fůr enwedele
ir sin fůr enwedelen	sam uor dem winde div uedere
sam vor dem winde daz laup.	v̄ ŏh daz lovb gerne tut.
de*r* engel niht ouf schoup	der engil swang ir den můt
	uz den sorgen also swæren.
	mit semftlichen gebæren
sine botschaft frone.	er gruzte die frŏen schone
die vrowen grůzt er schone	mit der botscaft frone,
mit semftelichen worten:	mit minnelichen worten:
‚du solt dir niht furhten,'	‚du solt mich niht erfurhten.
sprach der engel lieht,	in des gwalte div werlte stat,
‚der alle dink von niht	vnd elliu dinch gescaffen hat

89 antlizce C, antlv̊hte F 90. 92 begunge F 93 vedere F 94 als ein wedele C 95 sam] tut C von F 97 potesclaft F 98 grvzeter F 99 senftent F 600 du scholt dich C 2 der] dir F dinhc F nihte F, nichte C

154, 21 daz daz *520* darzv̊ *532* den

chunde wol gemachen,
der wil selbe wachen
uber dîn reinez gebet,
als er kunic ie tet
uber alle die ir gemuote
chêrent an sîne guote.
dô dîn charele Joachim,
als ich dir chundende bin,
von dir ze jungiste schiet,
diu gotes gnâde iuch beriet
daz du swanger wurde
cheiserlîcher burde.
du treist in dînen brusten
des dich wol mac gelusten,
eine tohter hêre.
ja ne wirt ouch niemer mêre
ir gelîche geborn:
si ist ze kuniginne erchorn
uber allez himilischez her.
si schol den gotes sun gebern,
den vil heiligen Christ,
der aller werlte vater ist.
dîn tohter ist hêr unt wîch,
ir ne wart nie niemen glîch

under wîplîchem chunne.
si wirt ein michel wunne
aller dirre werlte,
sô got bûwet in ir gezelte.'

Als diu boteschaft was ergeben,
sine mahte in mêre niht gesehen,
wan er ze churzen stunden
von ir was verswunden,
unt fuor ze sînem meister,
wider ze andern geisten,

603 machin F 4 selber C 6 als d' C 9 din alt man C 10 dir] der F kundigen C 11 vnd dir zu iungest ziet C 12 iuch beriet] ouch wirret C 13 swangere F 15 unt' C, s. § 63 16 lv̊sten F 18 io F wirt ouch] wart F 19 glich C 20 kunegī C 21 hymelschez F 22 den *fehlt* C sunt F 23 vil *fehlt* F 24 aller der F 25 din] di C

A

chan wol gemachen,
der wil selbe wachen
vber din reines gebet,
als er kvnik îe têt
vber alle die ir gemv̊te
cherten an seine gv̊te.
do din man Joachim,
als ich dir saginde pin,
von dir ze iungist schiet,
d*iu* gotes genade evch beriet
daz dv swanger wurde
einer keiserlichen burde.
dv treist vnder dinen brusten
dez dich wol mak gelusten,
eine tohter hêre.
ia wirt nimmer mære
ir geliche geborn:
Si ist ze kvniginne erchorn
vber alles himilischez hêr,
daz si gotes sun geber,
den heiligen Christ,
der aller werlde vater ist.
Si wirt weise vn̄ hær,
ir wart nîe niht geleiches mêr

vnder weiplichem kvnne.
si wirt ein michel wunne
aller der werlde,
so got erbŏwet ir gezelte.'

Als er der botschaft het veriehen
si moht sein niht mær gesehen,
wan er in churzen stunden
von ir waz verswunden.

D

im ze dîenest unt ze lobe,
wand er richsent dar obe,
154, 35 der wil in dinen sachen
gnadechliche wachen
uber din reinez gebet,
als er kunich îe tet
uber alle die ir gemůte
kerent an sîne gůte.
*d*o din karle Joachim,
als ih dir chundent bin,
von dir nv ze iv̊ngeste schîet,
div gotes gnade ivh berîet
40 daz du swanger wrde
einer chunklicher burde.
du treist bi dinen brusten
des dih wol mak gelusten,
155, 1 eine tohter here.
ia ne wirt ŏh niemer mere
dehein ir glich geborn,
wan sie ist ze frŏen erchorn
uber allez himiliske her.
uon ir sol chomen der
der aller werlte vater ist:
daz ist der heilige Christ.
5 din tohter ist der engeln frŏde,
wan sie in gotes beschŏde
gewihet ist v̄ gesegent,
daz uon ir gnade begegent
allem mennisklichem chunne:
si wirt der werlte wnne.'

Do diu botschaft was ergangen,
den sie hete beuangen
lipliche mit ir ŏgen,

der hůb sih wider ze den tŏgen,

---

ist herlich C 26 ir wart nie kein vrouwe glich C 27 kvnde C 28 michele *bis* ir 652 C⁴ III 29 diser werlt C 30 so *fehlt* C mit ir : in gezelt C 31 Alse F *und öfter* dise C wart F 32 sin nīme C 33 wenne C 34 vor F 35 unt] er C 36 wider *fehlt* F zu CF

154, 38 Initiale *546* saginden *548* do *554* wirt!

die in dem himelrîche sint
gẹheizen engelischiu kint.
dô begunde frouwe Anne
got loben starche danne:
ir schephâre
sagete si gnâde,

daz er sie erlôste
mit sô getânem trôste
von allen itewîzen:
des lobete si in mit flîze.
si wart vil inneclîchen frô,
ir venie suochte si aber dô,
darnâch gienc si rasten:
ja hête sie daz vasten
ein teil geswendet,
doch hête si ir arbeit wol gewendet.

In ir bette si gelac
eine ganze naht unt einen tac,
daz si enâz noch entranc.
si hête reinen gedanc.
ja was ir an der selben zît
als ein man oder ein wîp
mit swâregem troume
sliefe under einem boume,
dem wâre chomen ze schûme
daz er entrunne chûme
vor sînen vîanden,
unt er darnâch erchande,
swenne er erwachôte,
daz alle sîne nôte
wâren verswunden:
als was si an den stunden
bechomen von ir leide:
wunne unde weide
unt vil stâtigen segen
hête ir der engel gegeben.
ir wîbe ruofte si einer,

---

637 die ime F 38 ge::hen C engelsciv F 39 d: vro:w C anna F 40 got baz lobun dan e C 41 irme C, *l.* dem ir? 44 svsgetanem F 45 aller itwizce C ietewizen F 46 lŏpte F 48 venyen C 50 io F hat C *u. ö.* 51 vaste geswendet C 52 doch hat si alle ir

A	D
	da div engiliskiv kint
	in gotes ordenunge sint.
Do begunde vrov Anna	do begunde fro̊e Anne
got loben starke alda,	got starche loben danne.
	si sagete im gnade groz,
	daz sie alsovil gnoz
	der sinen gute wider in.
	sie erhub ir herze v̄ sin
daz er si erloste	im ze danchen mit flize,
mit sogetanem tro̊ste	wan er sie uon dem itewîze
von ir iteweizze:	mit so getanem troste
des lobt si in mit fleizze.	gnadecliche erloste.
Si wart vil inrechlichen fro̊,	sie wart uil herzeclichen fro,
ir venie sücht si do,	ir uenige suhte sie auer do,
darnach gienk si rasten:	darnah giench sie rasten:
ia het si daz vasten	ia hete sie daz uasten
ze gote verendet	ein teil geswendet,
vn̄ ouch bewendet.	doh hete sie ir arbeit wol gewendet.
In ir bette si gelach	**I**n ir bette sie gelach
eine ganze naht vnz an den tak,	ein naht vnd einen tach,
daz si niht az noch trank.	daz sie enaz noh entranch.
si het reinen gedank.	si hete reinen gedanch.
ir waz an der selben zeit	ia was ir an derselben zit
als ob ein man oder ein weip	als einem man der da gelit
mit swerem trovme	begrifen mit swarem tro̊me
slief vnder einem bovme,	slafend under einem bo̊me,
vn̄ bedouht von sinnen	dem chomen wære ze sune
wie er niht moht entrinnen	daz er entrunne chûme
dahin vor seinen veinten,	uor den sinen uianden,
die im sær nach eilten,	vnde darnah erchande,
vn̄ als er dan erwachot,	swenner uon dem slafe erwâchot,
daz alle seine not	daz garliche alle sin not
wæren gar verswunden:	uon im wære uersŵnden:
also waz ir zestu*n*den	also was sie an den stunden
gar chomen von laide:	bechuket uon ir leide:
wunne vn̄ liebe paide	bediv Ŵnne vnd wêide
het ir der engel geben	unt vil statigen segen
vn̄ einen steten segen.	hete ir der engil gegeben.
ire weip rief si ane,	

C *bricht ab* 55 en hâz F 57 iô F 61 ze schûme] de schvme F, *vielleicht auch* der schûme *oder* ze schûmen 65 irwachete F 73—97 C^4 IV 73 rif si eine C, einer ro̊fte sie F

581 kein wol! *598* zestuden

diu chom ir alze seine.
dô ruofte si der magede,
diu was vil ungesagede:
si muose ir harn ofte,
mêre dennez getohte.
uber lanc gie si dar,
dô sprach diu tohter Ysachar,
Anna diu reine:
‘nu sage mir waz daz meine:
wannen chumet dir der geist,
sô dû mîn angest wol weist,
daz dû sô harte trâgest
daz dû mich niene frâgest,
weder ich lebe oder tôt sî?
du wârest mir billîchen bî,
ob ich den lîp wolte laben,
daz ich dir daz mahte gesagen.’
diu maget begunde murmeln,
ungezogenlîchen zurnen;

si sprach: ‘waz maht ich dir eine getuon?
dune hâst die tohter noch den sun,
dîn man hât dich verlâzen:
ich wil ouch mîne strâze
anderhalben wenden

674 ur alleine C seime F 75 do rif si aber d' meide C 76 vngesc ... de C 77 harne F si rif vil ofte C 78 me den ez C mere danne ir tohte F 82 saga.C waz ez C 83 wanne C 84 min angest] *kaum leserlich* C 86 niene] nich : en C 88 bellichen F 89 ob] ab C 90 dir daz] di C 91 f. zurnen : murmeln C 94 dvne] F *bricht ab* 97 wendē] C *bricht ab*

A	D
die chomen alze saine.	
do rief si der magede,	do rufte sie einer magede,
der waz niht leihte ze sagene:	div was uil ungesagede:
	sie muͦse ir haren ofte,
	mere dennez getohte.
vber lank gie si dar,	iedoh uber lanch gie si dar,
do sprach si zwar	do sprah div tohter Ysachar,
Anna div reine:	Anna div uil reine:
,nv sage mir waz daz meine,	,sage mir waz daz meine:
oder von wev chumt dir der geist,	wanne chumet dir der geist,
seit dv min angest wol weist,	so du min angeste wol weist,
daz dv also trâgest	daz du so stille dagest
vn̄ mich niht enfragest,	v̄ mir antwrte uersagest?
ob ich leb oder tot sey?	du wærest mi*r* billicher bî
dv wærist mir billeich bey,	v̄ sæhest wie min dinch stende si,
ob ich den leib wolde laben,	ob ich den lip wolte laben,
daz ich dirz mohte gesagen.'	daz ich daz uon dir mæhte haben.'
div magt begunde murmen	Div maget begunde murmeln,
vn̄ hezzechlichen zvrnen;	ungezo*ge*nlichen zurnen;
si sprach: ,waz moht ich dir getuͦn?	si sprah: ,waz mag ich dir eine getun?
dv hast tohter noch sun,	dune hast die tohter noh den sun,
din man hat dich verlazzen.	din man der hat dich uerlan.
ich wil ouch mine strazzen	nu wil ŏh ich min straze gan,
al von hinnen wenden	anderhalben min dinch wenden:
vn̄ wil daz schier vol enden.'	ich kan ez wol uerenden.
	waz tustu ze liebe mir?
	swaz ih ie gedienot dir,
	des en han ich danch noh lône.'
	die frŏe uertrugez schone
Mit solhen iteweizzen	v̄ bewêinet doh die itewize,
so mv̊st div vrowe enbeizzen:	un̄ swie ez wære an dem imbize,
si labt sich vil chleine,	sie half dem libe also sêine:
ir frevde mischte si mit weinen.	ir frŏde wart gemisket mit leide.
Der engel fuͦr hin vmbe	**D**er engel fur hin umbe
von gotes ordenunge	uon gotes ordenunge
da er weste Joachim.	da er wesse Joachim.
in die wůste gie er zv̊ im	in der ŵste gieng er zu im
ouf dem gevilde	uf dem breiten gevilde
in eines knappen bilde.	in eines knappen bilde
er gruͦzt in vil leise,	v̄ gruzte in also lise,

---

604 saine! *155,35* mih *155,39* ungezonlichen *630* mischte si!

A

er sprach: ,herre weise,
wes bistu hie aleine?
wie hastu dich gescheiden
von diner lobelichen chonen?
wie ist div vnminne chomen?
var heim schir widere!
div vrowe ist also biderbe
daz dv si trosten můst,
wan dv tumplichen tůst
daz du sey last so lange frist:
wan si zebarmen ist
allem der sey beschowet,
doch hat ir wol gezowet
vm allez daz dir lieb ist.
nv soume dich lenger denheine frist:
far heim zv̊ den dinen
(la dine tugende scheinen)
ovz disem *steingevelle,*
sich waz dein weip welle!
heb dich ouz der chlouse,
var wider heim ze house!'

Do sprach der herre Joachim:
,wan ich ein sunder bin,
da von ich not leide.
ich waz bey minem weibe
zweinzik iar volle,
daz got des niht enwolde,
daz ⟨wir⟩ ensamt erben
îe mohten erwerben.
waz solde ich nv da sůchen?
ia wellent niht gerůchen
yrdische levte
daz ich mit miner brevte
zv̊ ir opfer turre gan:
darum můz ich hie bestan
vn̄ ærmechlichen leben,
min almůsen geben
minem schǣpfere,
der mich ze chamere*re*
gesetzet hat dar vbere.
were ez mit minem vbele

D

er sprah: ,herre uil wise,
waz listu hie sust eine?
wie hastu dih gescheiden
uon diner loblichen chonen?
wîe ist div unminne chomen?
wes enuerstv niht widere?
div frǒe ist so biderbe
daz du sie wol trosten můst,
vn̄ ǒh wendeklichen tust
daz du sie læst so lange frist:
du uindest da daz dir liep ist.
nv uar heim zu den dinen,
la din gewizzen schinen!
uar uz disem steingeuelle,
sih waz dine chone welle!
heue dih uz diser chlusę,
dv můst heim zu dinem hûse.'

Do sprah der herre Joachim:
,wand *ich* ein sundare bin,
uon schulden not ih lide.
ich was bi minem wibe
zweinzich iar uolle,
daz des got nien wolde,
daz ich dehein herzewnne
noh liep mit kinde gewv̂nne.
waz scolt ih denne da suchen?
iane wellent des niht geruchen
div irdiskiv livte,
daz ich mit miner brûte
zu ir opfer geturre gan:
darumbe muz ich hie bestan
un̄ sus armeklichen leben,
unde wil doh almusen geben
iemer minem schepfære,
der mih im ze kamerare
gesetzet hat dar ubere.
wærez mit miner ubele

---

649 allem! *655* gestein velle *156, 19* ihc *676* chamere

A	D
niht vndervangen,	ioh mit sunden niht underuangen,
ez wær mir baz ergangen.‘	ez ware mir lihte baz ergangen.‘
Des antwurte im der engel do:	**D**es autwrte im der engel:
,din leben ist an wandel so.	,din leben ist ane wandel.
ich bin der engel frone:	ich bin des himeles bot frone:
got hat gegæben dir ze lone	got hat dir geben ze lone
ein tohter bey deinem weibe;	ein tohter bi dinem wibe;
div chom von dinem leib*e*	div chom non dinem libe
do dv ze iungist schie*de* von ir.	do dv ivngeste schîede non ir.
daz ich sage fur war dir:	uil mandunge sage ich dir:
din tohter wirt so lobesam	din tohter div wirt so lobesâme
daz bede weip vñ man	daz aller menniskeu name
vñ auch div himelische schar	ioh elliv himiliskiv schare
můzzen knievallen dar	div muz chnienallen dare
da si die chuniginnen	da div rose ane dorn
ze troste mvgen gewinnen.	ioh div kunigin here wirt geborn.
var heim in dein gesæzze:	nu uar in din gesæze,
swer mit schatze mæzze	wan swer dir herre mæze
disen yrdischen gibel	disen irdisken gibel
hoch vnz an den himel	hohe ûf unz an den himel
mit guldeinen spelten,	mit rotguldinen spelten,
dein tohter moht er niht vergelten.‘	der enmæht dir daz kint niht uergelten.‘
Als Joachim an dem wort	**A**ls Joachim an dem worte
den selben trost erhôrte,	den richen trost erhorte,
er sovmte sich niht lenger,	fur den engel viel er bereite,
er sůcht fur den engel	daz er got unde im gnade sæite.
seine venie schone;	
er sprach zv̊ dem poten vrone:	
,won ein weile pei mir,	er sprah: ,herre, nu gewêr mich
ob ich ze got vñ zv̊ dir	einer bete der ih dinge an dih:
genade han erfunden,	ob ich daz heil ze dir han funden,
so vergiz miner svnden.	so uergiz der minen sunden.
seit ich ze den æren pin erwelt,	nu ich ze den eren sie erwelt,
so var mit mier in mein gezelt,	uar sam mir in min gezelt,
vñ enbeizze wir da inne	vnd enbizzen wir darinne
in der gotes minne,	in der gotes minne,
vñ gerůche dich erbarmen	
vber mich vil armen,	

686 leiben *687* schiet

A	D
daz mich dein segen sterke	daz mih din segen gesterche
in reinichlichem werke.‘	ze reiniklichem werche.‘
Der engel im antwurtte	der engel im antwrte:
mit senftechlichem worte:	,got selbe mit sinem worte
,⟨got⟩ gerüche dich gesegenen,	der geruche dich gesegenen,
daz dir frevde begegen*e*	daz dir allez daz begegen*e*
vñ allez daz dir lieb ist.	daz dir liep muge sin.
min lieber frevnt dv bist	dune bist niht der schalk min,
vñ miner hősgenozzen:	dv bist min husgnozze:
wir han einen herren grozzen,	einen herren haben wir grozzen,
der dich allez dez gewert	der dich alles des gewert
des dein mût gen im gert;	des din diemût an in gert;
er wil dein niht vergezzen.	erne wil din niht vergezzen.
mi*n* trinchen noch mi*n* ezzen	min trinchen unt min ezzen
daz maht dv niht beschowen	daz enmahtu niht bescően
mit fleischen ougen:	mi*t* fleisklichen őgen:
daz ist daz æwige lieht.	daz ist daz ewige lieht.
dv darft mich andigen niht	dune darft mih andingen nieht
daz ich dine speise	daz ich die dine spise
ze meinem mvnde weise.	zu minem munde wîse.
dv brink der gotes chrefte	nu brinch der gotes chrefte
swaz dv mir wirtschefte	swaz du ze wirtschefte
hivte wellest bieten	mir hivte woldest bieten,
mit heiligen mieten,	so maht du dih gnaden nieten
mit deinem opfer drate	
al nach minem rate,	
in deines schepfers gewalt,	uon dines schephæres gewalte,
der al dein gût hat gezalt	der din gûte hat gezalte
vñ dein almůsen	und allez din almusen
treit in seinem bůsem,	treit in sinem busem,
daz dv îe begienge,	daz du ie begienge,
seit dv sein gevienge!‘	sit du sin gevînge
	daz du im chundest gedienen.
	er wil őh dich erchennen v̄ lieben.‘
Der herre eylinde gienk,	**D**er herre ilent gie,
zehant er gevienk	ein læmbel er geuîe,
ein lamp vngemailot,	ein lamb ungemeiligot,
als im der engel gebot.	als im der engil gebot.
er sprach: ,ich torste sein niht getůn,	er sprah: ,ich engetorstez niht getun,
wan daz dv mich, herre, darzů	wan daz du mir ratest darzu
mit worten hast geschundet.	v̄ mih sin hast geschundet.

722 begegenen *157, 10* begegen *730* mit *157, 15* min

A	D
swaz ich han gesvndet,	swaz ich nu han gesundet,
daz hilf mir ouf halden	da hilf mir uon durh din gute,
gen got dem gewaldigen,	daz ich mit reinem gemůte
vnz ich das opfer bringe!	uor dir daz opfer bringe!
ia ist daz min gedinge,	ia han ih des gedinge,
daz ich geniezzen muezze	daz ich geniezen mŭze
daz ich bey deinem fůzze	daz ich dinen fůzzen
hie also nahen stæ̃,	also nahen bisten,
vnz daz obley ergæ̃.'	untze die oblei ergen.'
Do sprach der engel: ‚wesse ich niht	Do sprah der engel gůt:
daz dine gedanke weren lieht,	‚enwesse ih niht in minem mv̊t
vñ daz ez niht lieb wære	daz din opfer liep wære
dez himels rihtere,	des himeles rihtære,
so hiet ich ez niht gefrumet.	sone hete ihz niht gefrumet.
Sus waiz ich daz iz dir chumet	sust wêiz ich daz ez dir chumet
als ez ze rehte sol	ze diner sælicheit wol,
dinen sælden wol.'	wand unser rede damit schol
	uf der moltigen erde
	geůrchundet werden.'
Do daz lamp wart erslagen,	do daz lamb was erslagen,

er îlte holz zuo tragen
unt warf ez ûf einen stein;
er brande fleisch unde bein.
dô sich der rouch ûf bouc,
der engel al dâ mite flouc
vaste gen den luften.
mit zaheren unt mit zuhten
gestuont der herre eine:
sîn herze was lûter unde reine.

Sîn gebet daz was sô nuzze:
ûf sîn antluzze
viel er nider ûf daz gras,
dâ er ophernde was.
er lac bî dem gezîle
von der sehsten wîle
unze an die vesperzît,
sô diu sunne schaten gît.
dô chômen sîne hirten:
hin zir herren unt zir wirte
îlten si gâhen,
dô si in sâhen
ligen in der molten.
si wânden daz er wolte
sich selben verliesen,
vor leide den tôt chiesen.
si îlten in ûf rihten:
er sagete ouch zir gesihte,
wie ez im was ergangen.
dô wurden si bevangen
mit ziteren joch mit vorhten:
anders si niene worhten
wan daz si lobeten alle got,
der ûzer angest unt ûzer nôt
diu riuwigen herze enbindet,
swâ er den glouben vindet
an den guoten unt an den rehten.
alle sîne knehte
die rieten dem heiligen man
daz er wurde gehôrsam
dem engel unt sînen worten.

---

856 tragen *bis* vor 1017 F 425—581   59 do] dz F   60 mtte F   74 zv̊ ir F   77 nider ligen F   82 ze ir F   83 was] ware F   85 iŏch F   89 enbinden F

A

er eilte holz zv̊ tragen
vn̄ warf ez ŏf einen stain;
er prante fleisch vn̄ pein.
do sich der rouch ouf povk,
der engel al da mit flouk
faste gen den luften.
mit semft vn̄ mit zvhten
gestůnt der herre aleine
mit louterm herzen reine.

Sein gebet daz waz sò nutze:
ŏf sein antlvtze
viel er nider ovf daz gras,
da er opfernde was.
er lak bey dem zil
von der sexten weil
vnz an die vesper zeit,
so div sunne schate geit.
Do quamen seine hirte:
zv̊ ir herren vn̄ zv̊ ir wirtte
si eilten alle gahen,
da si in da sahen
ligen in der molte.
si wanten daz er wolte
sich selben verliesen,
vor laide den tot chiesen.
si eilten in ŏf rihten.
er sagte ze ir gesihten,
wie ez im waz ergangen.
do wurden si bevangen
mit zeheren vn̄ mit vorihten:
anders si niht worihten
wan daz si lobten got,
der von sorgen vn̄ ouz nŏt
die revgen herze enbindet,
swa er rehten gelawe*n* vindet.
Do rieten dem man
alle sein vndertan
daz er des engels rat
volget an der stat.

D

er ilet sa holz zutragen
v̄ leit ez uf einen stêin;
er brant bediv fleish vnde bein.
do sih der rŏch uf bôvch,
der engil aldamit flŏch.

der herre gestunt eîne:
sin herze was luter v̄ reine.

Sin gebet was im v̄ vns nutze:
mit zæhern uf sin antlutze
viel er nider an daz gras,
da er da opferend was.
er lach bi dem gecile
uon der sehsten wile
untze an die vespercit,
so div sunne schatte git.
do chomen sin hirte:
hin zir herren v̄ ir wirte
si begunden gahen,
do si in ersahen
ligen in der molten.
sie wanden daz er wolte
sih selben uerliesen,
uor leide den tot chiesen.
sie ilten in ûfrihten:
er saget ŏch zir gesihte,
wie ez was ergangen.
do wrden sie beuangen
mit frŏden ioh mit uorhten:
anders si nîen worhten
wan daz sie lobeten got,
der uzzer angest v̄ not
div riwigen herze enbindet,
swa er den glŏben vindet.

do was ez ir aller gerætę
daz er zehante sa tæte
nah den engelisken wor*t*en.

---

808 gelawe *158, 18* worden

si sprâchen, si vorhten
anders . . . .
. . . . niht mêre,
er wurde gerefset sêre
an dem lîbe unt an der sêle.
als er des nahtes entslief,
der engel im aver zuo rief:
'wes sûmest dû dich Joachim?
anderstunt ich bote bin
daz du heim muozest varn:
dû ne wellest ez bewarn,
du muost es engelten
daz Anna sô selten
nâch dir unweinende wirt.

du weist wol daz si dir gebirt
eine tohter guote;
diu ist in gotes huote
von êwen unze êwen.
wie schol ich dich dîner frume flêgen?'

An dem andern morgen
do verliez er alle sorgen,
er huop sich ûf gereite,
erne wolte niht lenger beiten:
er sagete sînen liuten
des engels rede ze diute.
die rieten algemeine
daz si fuoren seine,
als daz vihe mahte gên;
si sprâchen, wolt er dâ bestên,

daz muose er âne sie tuon.
ez wâre ein michel wîstuom,
daz er alsô tâte
als im gechundet hâte
der gewaltige bote.

---

897 *ff.* anders harte er wrde gerefset sere F 98 niht mere *bis* aller 989 C² 184—275 99 gerefset] gerauft *in* geraubet (*von anderer Hand?*) *gebessert* C 902 zuo *fehlt* C 3 sumestu! F 4 ander] an C 5 heim *fehlt*, mûst C 7 es] dęs C, ez F, *was aber nur orthographisch ist* 8 nich . . . . . selden C 9 weinen C 10 siv F dir *fehlt* C 13 ewe zu C 14 dines wrum̄ C so flehen F 15 In F 16 alle]

A	D
	sie sprachen daz sie uorhten
	anders den gotes zorn,
	ob er sin gebot hete uerchorn.
Als er des nahtes entslief,	als er des nahtes entsliefe,
der engel im aber zv̊ rief:	der engel im aue zurief:
‚wez sovmest dv dich Joachim?	‚wes sumest du dih Joachim?
anderstunt ich bote pin	anderstunt ih bot ze dir bin
daz dv heim solt varen	daz du heim mûzest uarn.
vn̄ solt dein weip bewaren,	dune wellest ez bewârn,
	du engiltest sin zware
	daz Anna lebet so sware
	v̄ so diche nah dir weinende wirt.
seit ez also wirt	
daz si dir gebirt	du weist wol daz sie dir gebirt
eine tohter gůte;	eine tohter gute;
div ist in gotes hůte:	div ist in gotes hûte
maniger sele sol si wegen	uon ewen v̄ ze êwen.
ze gotes gůte vn̄ ze sinem segen.‘	wer schol dih diner eren flegen?‘
An dem andren morgen	**An** dem andern morgen
do verliez er sein sorgen,	do uerliez ⟨er⟩ alle sorgen,
er begunde sich beraiten,	er hub sih vf gereiten
niht lenger wolt er baiten:	v̄ enwolt niht mere bêiten:
er saget sinen levten	er saget sinem lîvte
des engels rede ze devt*e*.	des engels rede ze dute.
si rieten algemeine	die rieten algemêine
daz si fůren saine,	daz sie furen sêine,
als daz vihe mohte gæ̂n;	also daz daz uihe mæhte gen;
si sprachen, wolt er da bestæ̂n,	si sprachen, wolt er da besten,
daz mv̊st er ane sei tůn.	daz mûse ane sie geschehen.
ez were ein michel weistům,	
daz er also tæ̂t	
sam im der engel chundet het.	

---

die F 17 bereite C 18 erne] er C lenger *fehlt* F 20 rede] wort C 21 die] ḍ si C alle geine C (gemeine) 22 daz si vm wv̊ren engegene C 24 sprauchen F er] ir C 25 můzt ir C 26 missetun C 27*f.* tete : hette C

830 devten

si ruoften vaste hin ze gote
ûf sîne barmunge
mit weinenden zungen.
si fuoren enalverte
daz mos joch die herte,
beidiu berc unde tal;
daz vihe chêrten si uberal.
si wâren in der ôde
fumf mânôde
gewesen joch gebûwen,
mit solhen missetriuwen
daz er boteschaft neheine
nie enbôt hin wider heime
sînem schônen wîbe:
daz hête si ze nîde.
dô si an ir gebete stuont,
als diche guotiu kint tuont,
mit zaheren begozzen,
der engel unbedrozzen
der chom ir aber ze siune
bî des boumgarten zûne,
dâ si lac an ir knie.
der engel engegen ir gie,
ir leit er ir gebuozte,
dô er sie gegruozte;
er sprach daz si gienge,
ir charelen wol enphienge
zeiner porte diu hiez Aureâ:
der wirt begegenôte ir dâ
âne zwîvel an dem tage.
dô was ir trûren unt ir clage
in den wint verswunden,
ir herze was gefrîget unt enbunden.

Si gâhete engegen dem burgetor,
des wirtes beitte si davor
mit des engels geleite.
si wolte ir langez beiten

930 riefen C 31 uffe C *und öfter* 32 weinden C 33 enalverte] alle verte C 34 joch] und C 35 berg! C 36 karten C 38*f.* ge .. sen funf manden und ouch gebûwet C 38 fvnf F 40 sulch .. C, scholi/che: F, *von hier* F *in der Handschrift fast ganz unlesbar, auch in Palimpsestphotographie nur teilweise und mit Mühe zu entziffern, vgl. W. s. 156* 41 eine C, *wahrscheinlich* [e]nh[eine] F 42 nie *fehlt* C 46 als]

A	D
	got begunden sie iehen
	siner grozen barmunge
	mit lobe sprechender zunge.
do fᵛren si mit aller verte	sie fûren en al uerte
daz mos vn̄ auch die herte,	div mos ioh die herte,
peide perge vn̄ tal;	bediv berge v̄ tal;
daz vihe cherten si vber al.	daz vihe cherten sie uberal.
si waren in der ŏde	si waren in der einode
fvmf manŏde	ensamet fivmf manode,
gewesen vn̄ mit riwen,	
mit solhen missetriwen	
daz er botschaft denhein	daz er botschafte neheine
nie enbot wider heim	noh boten sante hin hêime
sinem schonen weibe:	sinem tûgendrichem wîbe:
daz het si ze neide.	daz hete sie zenide.
Do si an ir gebete stŭnt,	do sie an ir gebet stunt,
sam diche gůte weip tŭnt,	als dicche die gvten tûnt,
mit zehern begozzen,	mit zæheren wol begozzen,
der engel vnverdrozzen	der engel unbedrozzen
chom ir auer ze lovne	der chom ir aue ze sûne.
bey des bovmgarten zovne,	bi des bŏmgarten zûne
da si lak an ir chnie.	da lach sie an ir chnîe:
der engel ir *en*kegen gie,	der engel zu ir gie,
ir lait er ir bᵛzte,	ir leit er ir gebuzte,
do er sei begrůzte;	do er sie mit liebe grûzte;
er sprach daz si gienge	er sprah daz sie gîenge
vn̄ wol ir man enpfienge	v̄ ir charle wol enpfîenge
zᵛ einer porten die hiez aurea:	ze êiner borte hiez aurea:
der wirt bege*ge*net ir al da	der wirt begegenot ir da
ane zweifel an dem tag*e*.	ane zwîuel an dem tage.
do waz ir trovren vn̄ ir chlage	do was ir truren v̄ ir chlage
in den wint verswunden,	in den wint gahes uerswnden,
ir herze wart enbunden.	sie was gefriget v̄ enbunden.
Si gahte gen dem purgetor,	**S**i gahet engegen dem burgetor,
des wirttes baite si da vor.	ir wirtes beitet sie dauor
	mit des engeles geleite.
	si hete wol gewant ir arbêite.

---

so F gute kind'e C, *in* F *unleserlich* 48 unu'drozen C 49 der *fehlt* C gesune F 51 do C, ḋ : F 52 engegen] gegin F, zu C 54 getroste C 56 und irn mā . . phinge C 57 zᵛ F, zu C phorten C antea C 58 . . geinte ir alda C 60 daz was C 61 deme winde C 62 gefriget unt *fehlt* C 63 gaheten gen F, gahte gein C

158, 40 tûgendrichem! *855* ir! lovne *für* sivne *verschrieben?* *858* ekegen *864* begenet *865* tagen

mit gebete undermischen;
si stalte ir hîwische
beidenthalp ze sîten.
daz mâre vlouc dô wîten.
si stuont ûf eine hôhe,
daz si verre sâhe
unt wîten mahte schouwen.
diu vil edele frouwe
diu viel dô nider diche
mit manigem ûfbliche,
wâ er fuore dâ her:
darzuo was ir vil ger.
die liute die dâ wâren
die begunden alle frâgen,
wannen der frouwen schône
der gwisse bote chôme,
der ir hête daz ûz genomen
daz ir charele scholte chomen.
dô si dô wurden innen
daz von der gotes stimme
diu rede was erschellet,
Anna wart gezellet
ze dem allerbesten wîbe
diu in disem lîbe
was bî den zîten;
ir warten unt ir bîten
daz wart besûftet tiefe.
got si ane riefen:
alliu sîniu wunder
lobeten si darunder;
die si dâ vernâmen,
lop si im gâben;
mit zaheren si sich beguzzen,
die von den herzen fluzzen.
schiere si dô sâhen
uber velt gâhen
Joachim unt sîne schar:
diu frouwe gâhete dar,

---

968 si stalten ir hiuewizcen C 69 baid:nth ... si ... F, beidenhalben zu den siten C 70 do] vil C 71 stuont] stu ... ch (*wohl* stunt ouch *oder* stunt hoch?) F einer C 73 w^e^ite C geschouwen C 75 diu viel do] ... da C (*kein Raum für* diu) 77 w: :r f ... F (*kein Raum für* waz er fv̂rte *G.*) 81 wannen] von C, wenne F 82 queme C 83 daz uz *unleserlich* F 84 dꝫz] wanne C ir man C scolte] *unleserlich* F, scowen *las G.* 85 si da C inne C 89 besten

A

ŏf einen perich stünt si hŏ,
daz si verre sehe do.

si viel nider dikke
mit manigem ovfpliche,
wa er fůre da her:
da zů was ir vil ger.
die levte mit schalle
begunden fragen alle,
von wannen der bote zæ̂me
der selben vrŏ chæ̂me,
der ir hiet ovz genomen
wan ir man solde chomen.
do si des wurden innen,
daz von der gotes minnen
div rede waz erschellet,
Anna wart gezellet
zů dem beste*n* weibe
die in diesem leibe
waz do bey den zeiten
nahen vn̄ weiten.

mit maniger rede dar vnder
lobten si gotes wunder

vn̄ mit zeheren sich beguzzen,
die von ir herzen fluzzen.
vil schier si do sahen
her vber velt gahen
Joachim vn̄ sine schar:
div vrowe gahte dar,

D

uf eine hŏhe sie gestůnt,
als die getriwen gerne tůnt,
die liebe frivnte uf dem wege hant
unt dicke an die warte gânt.
ir hiwisk stalte sie zen siten.
daz mære flŏch do wîten
daz der herre chomen solte,
v̄ in da enpfahen wolte
div frŏe uon *des* engeles lere:
des geẘndert sere
daz lîvt ioh die lantscaft.
sie lobeten die gotes chraft,
v̄ elliv siniv wnder
div erten sie darunder.

frowe Anna div wart ŏch erwelt
unt entikliche gezelt
ze dem allerbesten wibe
div iender wæ̂re enlibe.

schiere sie do sahen
zu in uber velt gahen
Joachim mit siner schâre:
div frŏe hûb sich dare,

---

bis mûzen 1082 C^{3} I 90 in dekeime C 91 geziten C . . . . den . . ten F, *weder für* do A, *noch für* geziten *reicht der Raum* 92 vnd biten C 93 besufztet C 96 lobte C 99 v'guzen C 1000 von deme C 1 do . . . . . en, *dem Raum nach* gesahen F 4 gahte C, *unleserlich* F, *vielleicht auch* gegâhte

159, 15 des des *887* beste

umb den hals si in gevie,
an sîner hende si gie,
si halste in unde chuste,
si druchte in an die bruste
unt enphienc in inneclîchen wol.
si wâren bêdiu sament vol
des trôstes allermeiste
des heiligen geistes.
alliu diu menige
diu trat im engegene
unt hiez in willechomen sîn.
dô tet got vil guot schîn
vor mannen unt vor wîben
daz niemen sîne guote mac volschrîben.

Ruben den êwarten
den mahte riuwen harte
swaz er dem herren ie gesprach,

dô er diu zeichen ane sach:
daz er niuwen beleip
unz er in furder treip
ûz dem gotes hûse,
dâvor maht im grûsen,
dô er diu gotes tougen
beschouwet an der frouwen.

nâch den vierzic wochen
diu chamere wart entlochen,
dâ diu rîcheit inne was
der alliu diu werlt genas.

der wâz vil guoter salben
begunde dô allenthalben
ûz breiten sîne suoze
den sundâren ze buoze,
zeiner gwissen urstende
nâch des lîbes ende.

1005 vm C, vmbe F 5*f.* gevinge.: ginge C 8 an ir C 11*f.* allermeist: von dem heiligen geist C 13*f.* alle di minen tret im inkeine C 14*f.* giengen, hiezen *B. s. 94* 16 vil guot] wol C 17 *das erste* vor

A

vm den hals si in vienk,
an siner hant si gienk,
si halst in vn̄ chuste
vn̄ drukte in zv̊ ir bruste;
si enpfienk in minnechlichen wol,
si waren bede frevden vol.

al die menige
giengen i*m* enkegene
vn̄ hiezzen in willechomen sein.
do tet got vil wol schein
vor mannen vn̄ vor weiben
daz nieman sein wunder chan vol schreiben.

Rvben den æwarten
begunde riwen harte
swaz er dem herren îe gesprach,
do er die zeichen ane sach,

do er die gotes tovgen
an schowet mit den augen
an dem reinen weib*e*
vn̄ an ir werden leibe.
Nach den vierzich wochen
die chamer wart entlochen,
da div reicheit inne lak
div al der werlde wak.

der smak der sv̊zzen salben
begunde allenthalben
ovz breiten sin sv̊zze
den sunderen ze bv̊zze,
zv̊ einer gewizzen vrstende
nach des leibes ende.

D

umbe den hals sie in gevîe,
an siner hande sie gîe,
si chust in div rêine v̄ div gvt
mit vil frolichem mv̊t
v̄ enpfieng in inneklichen wol,
als liep herzelieben schol,
159, 25 ane sunde mæilige minne,
wan ze got stv̊nden ir sinne,
der die gvten beruchet ie.
div menige im engegen gie
v̄ hiez in willechomen sin.
do wart al der werlte schin,
daz sin ie vil gut rat wirt
derz ubel durh die warheit uerbirt.

30 **R**vben den ewarte
den maht do riwen harte
swaz er dem herren ie gesprah,
do er die zeichen gesah
div zemære waren chomen
vnde witen wrden uernomen
in der iudisgen diet,
wie in got mit kinde beriet,
wie er in geruchte scheiden
uon kumber v̄ in beiden
35 nah mv̊en frŏde uerlech,
der in div werlte uerzêch.
Nah den uierzich wochen
div kamer wart entlochen,
da div richeit inne was
dauon der uerlorn mennisk gnas,
v̄ elliv gotes hantgetat
leben v̄ gnade enpfangen hat.
40 der wâz vil guter salben
begunde do allenthalben
uz breiten sine sv̊ze
den sundæren ze bv̊zze,
160, 1 ze einer gewissen urstende
nah des libes ende.

Ende von F 19 Rubin C 22 gesach *B. s. 86* 23 nuwent C, *l.* niene? 30 entslozen C 33 der smak C 34 da C 36 svnden C 37 zu einer gewissen C

906 in *917* weiben

der vater vil guoter
unt ir vil edeliu muoter
die newolten die himelrôsen
mit namen niht verbôsen:
si hiezen sie Marîen,
wan als ⟨daz⟩ honic die bîen
ûz dem trôre mugen vinden,
als chan diu chuniginne

den ⟨heil⟩triefenden fladen
nâch disem lîbe fur tragen
den hungergen sêlen.
an ir ist lobes mêre
danne dehein stimme
⟨iemer⟩ fur muge bringen.

Dô daz reine chindelîn,
daz êwige magedîn,
in dise werlt wart geborn,
dô wart erleschet der zorn
der gotes unwirde
unt fleischlîcher girde.
dô wart der mennische
geladet ze gotes tische,
ze der lebendigen spîse;
die engel in dem paradîse
die enphiengen dô den ir genôz.

honic unde milch flôz,
nôtturftiger segen,
heilfuoriger regen,
pigmente unde mirre.
daz schâf daz ê fuor irre
daz vant dô crippen unde stal,
dô got lûhte uberal.
uns chom der wîntrûbe,
diu stimme der turteltûben
wart gehôret vil gereite
uber al die christenheite.

1041 di edelen rosen 44 bynen 46 also 49 der vngewegen sele 50 an] als 52 iemer mêre *L.* 59 mensche 60 geladen 63 enphigen 67 bimente mirren 68*ff.* daz schaf

A	D
der vater v̄n div mŭter	Der uater uil guter
wolten der tohter gůter	und ir vil ediliv muter
ir namen niht verbôsen,	die newolten die himelrosen
der edelen himelrosen:	mit namen niht uerbosen:
si hiezzen sey Marien,	si hiezen sie Marien,
wan als daz honik die peien	wand als daz honich die bigen
ovz dem trore chan gewinnen,	uzem trore mugen vinden,
als chan div chvniginne	also kan sie den kinden,
	die ir dienent v̄ getruvent
	die wile sie hie enerde buvent,
den vil sv̊zzen fladen	den heil triefenten fladen
nach disem leibe fur tragen	nah disem libe fûrtragen.
den hungergen sælen.	sie kan ôch die bitter der sunden
an ir ist lobes mere	ioh die totliche wnden
danne denhein stimme	mit ir gůte wol uerdeken.
mvge immer fure bringen.	nu ruche sie uns erweken,
	daz wir sie uon herzen mêinen:
	so mak sie uns gnade bescheinen.
Do daz reine chindelin,	**D**o daz reine magdin
daz æwige magedein,	wart geborn,
in dise werlt wart geboren,	
do wart erleschet der zorn	do wart erlesket der zorn
gotes vñ vnwirde	der gotes unwirde
nach des todes girde.	vñ fleisklicher girde.
do wart der mensch geladen	do wart ôh der menniske
zv̊ gotes tische vñ ze sinen genaden,	geladet ze gotes tische,
zv̊ der lebendigen speise;	ze dem lebentigen brote
die engel in dem paradeyse	daz die sele nimet uzer note;
die enphiengen do den mensch zv̊ ir genoz.	der mennish wart engels genoz.
Honik v̄n milich floz,	honich v̄ milch vz der erde floz;
	got die werlte dǫ segent,
	vnt heil von himel regent,
	pigmente, ole v̄ mirre.
	daz schâf daz e fur irre
	daz uant do chrippe v̄ stal,
	do got luhte uber al.
vns chomen die weintrovben,	uns chom der wintrůbe,
div stimme der turtiltovben	div ware turteltube
wart gehort berait	wart gehoret uil gereite
vber alle die christenheit.	uber al die christenheite.

kant di krippen   vnd da got luchte uberal   vns kom der wintruben zal
73*f.* gereit : kristēheit

160, 6 getruvnt   buvnt   *953* do!

Der tac daz si geborn wart
der ist sô liep unt sô zart
allen den liuten
die sich mit der brûte
hin ze himele wellent swingen,
under ir vanen dingen.
junge unde alte
die muozen die dult behalten
mit vîre unt mit gesange:
si wirt vil wol enphangen,
si schol uns willechomen sîn:
ja liuhtet uns daz magedîn
als diu lilie ûz den dornen.
si weget ouch uns dâ vorne,
sô ez uns an die nôt gât.
den sundâren si bî stât
vil rehte muoterlîche.
si wil uns niht entwîchen,
unz si uns bringet an die stat
der ie gerte unde bat
allez unser gemuote:
sô grôz sint ir guote.
si hertet wol die lenge.
unser froude nam anegenge
dô si in der molde
mit uns bûwen wolde.
swâ man sant Marîen nennet,
sô frouwet sich unt mendet
beidiu sêle unde lîp:
ir name uns wîsunge gît
ze unserm heimôde
ûz irdischer brôde.
bezzer name wart nie:
daz si ze leben ie ⟨gevie⟩,
des loben wir den heilant,
der dâ herberge vant
in dem sunnenschîne:
si enwart ouch nie ze wîbe,
si ist maget unbewollen,
si gît uns ⟨froude unt⟩ trôst envollen.

1080 under] vnd dringen 82 den tac behalte *bis* d'hub si 1446 C² 276—633 84 si wirt] so wirt 87 f. dorn: vorn 88 *entstellt?* uns vor zorne*? L.* 90 da bistat 93 wanne si uns bren… 94 der *Sch.*] des AC ie] ir 98 nam] von 1101 mariam 2 menget 4 wîsunge] wege

A

Der tak do si geboren wart
der ist liep vñ zart
allen den levten
die sich mit der brevte
hinze himel wellent swingen
mit reinechlichen dingen.

Si sol vns willechomen seyn:
ia levhtet vns der magede schein
sam div lilye ovz dem dorn.
si wiget vns gen gotes zorn.
als ez vns an die not gat,
den svnderen si bey gestat
vil reht mvͤterlichen.
si wil vns niht gesweichen,
vnz si vns bringet an die stat
de*r* îe vnser herze pat.

si hertet an der lenge.
vnser frevde nam anigenge
do si der werlde molde
mit vns hie bowen wolde.
swa man Mareien nennet,
so frevt sich vñ erchennet
pede sele vñ leip:
ir name vns weisunge geit
zv̊ vnserm heimot
ovz menschlicher not.

des lob wir den hailant,
der die herberge vant
in dem sunne scheine:
si wart nie ze weibe,
si ist vnbewollen,
die frevde geit den vollen.

D

Der tach daz sie geborn wart
der ist liep, werde v̄ zart
allem dem livte
daz sih mit der brûte
gert uz den sunden swingen,
under ir uanen dingen.
die ivngen v̄ die alten
muzzen die dult behalten
mit vire, gesange v̄ gebet,
wand uns got gnade mit ir tet
v̄ uber uns selbe erschêin:
daz ware lieht brahte sie eîne.

sie ist unser frŏden angenge,
ir gûte wert wol die lenge.

swa man sænd Marien nennet,
so frŏet sih v̄ mendet
beidiv ensamet sel v̄ lip,
wand uns îr name die wisunge git
ze unser heimode
uz irdisker brode.
bezzer name wart nie:
daz sie daz leben ie geuie,
des loben wir den heilant,
der da herberge vant
in dem sunne schine:
daz ist div muter sine.

---

5 heymote 6 uzir diser 8 der zu leben ie C, daz leben *B. s. 58* 14 *ergänzt von Sch.,* trôst unt froude den vollen *L.*

974 des *992* div

Dannen uber driu jâr
daz si die tohter gebar,
ir opher si ûf huoben,
mit dem kinde si daz truogen
gen dem tempel frône.
Marîa gie sô schône,
sô wol ûfgerihte
den liuten zuo gesihte,
daz si nie umbe gesach.
ze der muoter si niht ensprach,

noch sich darzuo gemuozte
daz si den vater gruozte,
unt sie nie des gezam,
daz si wîp oder man
ane wolde schouwen.
si gie vor al den frouwen
vil gereite zuo der reste.
aller kinde beste
daz suohte manige venigen.
des wunderôte die menige,
daz si chint was ame lîbe
unt doch al den wîben
ein guot bilde vor truoc
unt aller zuhte genuoc.
den mageden die dâ wâren
unt in dem tempel lâgen
alle zît unt alle friste
in gotes dieniste,
den enphulhen si daz chint,
dem al die dienende ⟨sint⟩
die daz êwige leben
⟨unt got⟩ iemer wellent sehen:
do beleip si gerne under in.
diu muoter unde Joachim
die îlten dannen chêren.
diu maget wuohs mit êren
âne aller slahte laster
unt nam sich fur vil vaste,
⟨daz ir alle holt wâren
die si an gesâhen,⟩

1118 si ez 19 frone] schône 20 gin da vore C, vorne *Br. s. 78* 23 umgesach 24 sprach 25 darzu niht 30 allen vrouwen 31 gerechte 32 dirnkinde? *L.* 34 wundert 36 al den *M.*] alten C, allen *Sch.* 37 fur? *L.*

A		D
Dar nach vber driv iar		Dannen uber driv iare
do si die tohter gebar,		daz sie die tohter gebare,
ir opfer si ŏf hv̂ben,		ir opfer sie ufhuben,
mit dem chinde si daz trůgen		mit dem kinde sie daz trugen
gen dem tempẹl frone.		gegen dem sale frone.
Maria gienk so schone		Maria gie so schone,
vñ begunde sich ovf rihten	160, 40	so wol ufgerihte
den levten ze gesihten,		den livten ze gesihte,
daz si vme nie gesach.		daz sie nie umbe gesah.
zv̂ ir mûter si niht sprach,		zeder muter sie niht ensprah,
		noh sih darzu gemûzte
		daz sie den vater grůzte,
vñ sei nie gezam	161, 1	v̄ sie nie des gezam,
daz si weip oder man		daz sie wip oder man
ane wolde schowen.		ane wolte scŏwen.
si gie vor al den frowen		sie gie uor al den frôwen
vil beraite zv̂ der reste.		uil gereite zu der reste.
aller kinde beste		aller dirnkinde beste
daz sůchte manik venie.		daz suhte manige uenige.
des wunderte al die menige,		des wnderot die menige,
daz si mit chintlichem leibe		daz sie kint was amme libe,
pede manne vñ weibe		v̄ doh, als ich fur ware scribe,
so gůt bilde vor trůk		der werlte ein bilde uor truch:
vñ aller zuhte genůk.		daz was zuhteklich gnuch
den meiden die da waren		v̄ gut ze merchen uberal
vñ in dem tempel lagen		den mageden in dem sale,
alle zeit vñ alle frist		die got zaller zit dienten da.
in gotes lobe vñ sinem dienst,		nu wart ŏh enpfolhen sa
den enphulhen si daz kint,		den selben frŏen daz kint
dem alle die dieninde sint		dem die sæligen diende sint:
die got wellent sehen		
vñ himilische frevde spehen.		
Si waz gerne vnder in.		alsus beleip sie under in.
div mûter vñ Joachim		div muter v̄ Joachim
die eylten dannen cheren.		begunden danne keren.
div magt waz mit eren		div maget ŵhse mit eren
ane aller slahte laster,		ân aller slahte itewîz,
vñ nam sich fure so vaste		wan got selbe sinen fliz
daz ir alle holt waren		v̄ sin hute an sie leite.
die sey an gesahen.		des wart im gnade geseite

---

39 meiden 41*f.* vrist : dinst 43 dem bevalch 44 dē alle di dinent 46 *Ergänzung metrisch gefordert, aber nur ein Notbehelf* 52 sich fur] wr sich

992 div *994* si daz!

daz si vor liebe weinten
die got von herzen meinten.

Dô sprach frouwe Anne:
,got schiubet ûf lange
sîne gnâde, swenner wil,
unt gît ir ze mâle vil
daz si niemen ⟨mac⟩ ergrunden
noch furbaz gechunden,
gezellen noch gemezzen:
wer scholte im des vergezzen?

⟨die⟩ mîne vîande
bestênt an den schanden,
die mir ubele sprâchen,
sine wessen waz si râchen.
dô ich unberhaft was
unt darnâch schiere genas
der ⟨vil⟩ lieben tohter mîn,
dâ wart wol in allen schîn
daz daz gotes zeichen
her ze mir wolte reichen.
nu muoz in allez daz loben
daz von im ist bechomen:
leien unde phaffen,
unt swaz er hât erschaffen,
daz bechenne in allez an mir:
die wilden vogele unde tier,
die vische unt al daz wunder
daz in des meres grunde
beidiu fliuzet oder swebet,
swaz chreset oder lebet
ûf dem ertpodeme
oder in den luften obene,
daz muoz mir bescheinen
wie ich in ⟨schul⟩ loben unde meinen.'

Vor ⟨der⟩ gotes geburte
swaz die liute worhten,

1156 von ganzem herzen? *Sch.* 57 di vrouwe 59 wanne er 60 gibt der 62 mac gekunde 63 geceln 65 die *fehlt* viende 68 si enwosten 71*f.* der liben tochter di ich han doch mochten si alle wol enstan 74 her ze] daz er uz C, er uz *B. s. 45* 75 alleṇ 76 kumen,

A	D
	uon allen die in meinten;
	uor liebe sie beweinten
	des kindes tugend, zvht v̄ gûte,
	suze gebære, reinz gemvte.
Do sprach frowe Anne:	**D**o sprah frŏe Anne:
,got schevbet ŏf vil lange	,got schîvbet uf lange
sine genade, swen er wil,	sine gnade, swenner wil,
vn̄ geit ir danne so vil	unde git ir ensamet vil
daz si nieman chan vol grunden	daz sie niemen mak ergrunden
noch furbaz kechvnden.	noh furbaz gechunden,
	gezellen noh gemezzen:
	wer scholt im des uergezzen?
Die minen viande	die mine viande
gestent in grozzer schande,	die stent nu mit schanden,
die mir vbel sprachen	die mir ubele sprachen,
vn̄ ir spot an mir rachen,	sine wessen waz sie rachen.
do ich vnperhaft was,	do ih unberhafte was
vn̄ seit ich nv genas	v̄ darnach schiere genas
der lieben tohter mein,	der herzelieben tohter min,
da worden an ist schein	da wart wol in allen schin
michel gotes zaichen.	daz daz gotes zeichen
nv greifen vn̄ reichen	herce mir wolt gereichen.
	nu mûze in allez daz loben
	daz uon im ist bechomen:
layen vn̄ phaffen,	
vn̄ swaz got hat beschaffen,	
daz erchenne in an mir:	der mennisk vntez wilt,
wilde vogel vn̄ tier,	der uogel v̄ swaz in wage spilt,
swaz flivzzet oder swebt,	swaz flivzet oder swebet,
swaz chrest oder lebt	swaz chreset oder lebet
ovf dem erpodeme	uf dem erdepodme
oder in den luften obene,	v̄ in den luften obene,
daz sol got den reinen	daz muze mir bescheinen
mit lobe in triwen meinen.'	wie ih in schul loben v̄ meinen.'
Vor gotes geburte noch	**E** daz got menniske wrde
swaz die levte taten doch,	ane suntliche burde,

vgl. § *31b* 79 bekent 81 allez daz 83 oder] und 84 kruchet 87 muoze *Sch.* 88 schul loben unde meinen *L. Sch.*] lob und meinen C, *oder* mit triuwen lobe unt meine *Sch.* 90 swaz *B. s. 50*] wi gut

1033 vol grundē! *1046* beschaffen! *161, 26* vnt ezwilt

swie guot si dô wâren
⟨unt⟩ diu chint diu si gebâren,

doch begên wir niht ir dult.
wizzet ir wol die schult,
warumbe wir daz mîden,
daz diu vaste noch diu vîre
in gesetzet niht enist,
unz aller manne bezzist
si erledigôte
ûz angestlîcher nôte?
von des êrsten mannes sunden
was daz abgrunde
gerîchet von den sêlen:
die muosen dar chêren,
solhe unt samelîche,
arme unde rîche;
do enwart nehein gebeine
sô lûter noch sô reine,
daz daz mahte bewarn,
sine muosten alle dar varn,
mit manigem sêre erbîten
der ôsterlîchen zîte,
daz daz êwige urschîn
erlûhte enmitten under in,
do des crûces insigele,
daz zeichen ûz dem himele
die tiefen helle entrante,
den tievel geschante
unt sîne volgâre
die dârinne wâren.

Dô hiez got uber die sînen
ein michel lieht schînen,
eine grôze berhtel unde glast.
nu hôret wie des crûces ast
unt der vil heilige stam
erlôste wîp unde man:
sît der heilige aller heiligôn
bêdiu sic unde lôn

1191 gut] heilig 93*f.* und doch in den iarn waren nu ist ir wol di schult 96 noch] und 98 lezzist 99*f.* erledigot : not 1203 gerucht 4 muzent 6 arm 10 sine] si 13 der ewige schin 14 erblůte mitten 20 *etwa* die dâ in grôzen freisen (pînen? *L.*)

A

swie reht si waren
vn̄ swaz si kint gebaren,
die ze himel sint geselt
vn̄ zv̊ den gůten gezelt,
do*ch* begæ wir niht ir tult.
ir sult wol wizzen die schult,
warume wir daz meiden,
daz die vaste noch daz veiren
in gesetzet niht enist,
vnz aller manne bezzerist
si erledegot
ovz engestlicher not:
von des ersten weibes svnde
was daz abgrunde
gereichet mit den selen,
die můsten dar cheren.

do wart nie denhein gebeine
so louter noch so reine,
daz ez mohte bewarn,
div sele mv̊ste dar varen.
da mv̊sen si erbeiten
der osterlichen zeit*e*,
vnz der liehte schein
erlouht vnder in,
do des chrevzes insigil,
daz zeichen ŏz dem himel
die tiefen helle entrant
vn̄ den tivel pant
vn̄ die volger sin
die da waren in dem pein.

Do hiez got vber die seinen
ein groz lieht scheinen:
daz waz dem tievel ain last.
nv horet wie des chrevzes ast
vn̄ der vil heilege stam
erloste weib vn̄ man:
seit der heilige Christ
gesiget an des tievels list,

D

swie gut die livte wæren
v̄ div kint die sie gebaren,

doh begen wir ir dulte niht.
wizzet ir umbe welhe gesciht,
warumbe wir daz miden,
daz wir sie niht viren,
noh in div ere gesatzet ist,
untze unser herre *Chr*ist
sie selbe erledigot
uz angestlicher not?
dvrh des ersten mannes sunde
was daz tief abgrunde
gerichet uon den selen:
die musen dar cheren,
solhe v̄ sameliche,
bediv arme vnde riche.
do wart nehein gebein
so luter noh so rêin,
daz daz mæhte bewarn,
sine můsen alle dar uarn
v̄ mit langem sere erbiten
der osterlichen zite,
daz daz ewige vrschin
erluhte enmitten vnder in,
v̄ des cruces insigele,
daz zæichen uon himele
der helle gewalte entrante,
die sele erloste, den tievil geschante.

Do hiez got uber die sinen
ein michel lieht erschinen,
ein groze berhtel vn̄ glast.
nu horet wie des crucis ast
v̄ der uil heilige stam
erlediget wib v̄ man:
sit der heilig aller heiligon
bediv sich vn̄ lon

---

wâren 21 hie 22 licht liz schinen 23 ein groz berk tal 26 der erlost 27 sit] sin heiligen

1061 do *161, 34* crhist *1078* zeiten *1088* scheinen!

aller der werlte erzeigete
die sich zuo im neigeten,
unt diu helle was zebrosten:
sît muosten wir vasten
unt mit banvîren
êren die holden sîne,
die ir lîp karten
ze mislîcher marter,
unt solhiu werc worhten
daz si niht envorhten
des lîbes wandelunge.
Moyses ⟨unt sîne⟩ junger
die dâ vor lebeten,
swie vil si tugende phlegeten,

ir dult doch niemen begêt,
diu an ir jârzît gestêt,
wan si den nie gesâhen
des si ze herren jâhen,
der sît under uns gie
unt sich crûcigen lie,
daz alliu ⟨diu⟩ heilikeit
wurde deste baz bereit,
unt christenlîcher êre
wurde deste mêre.

David unt Abraham
die wâren fursten lobesam,
Ysaac unt Josuê,
Jacob in der alten ê,
joch diu tohter Ysachar,
diu unser frouwen gebar,
unt ir vater Joachim:
die hêten allen ir sin
an got ⟨starche⟩ gewendet,
des enwurden si niht geschendet:
⟨si⟩ sint in himelrîche
den engeln gelîche,
unt dâ sô gefristet
daz in nihtes gebristet,
wan des alterseine

1229 *l.* al der? 31 zubrochen 33 banvi^{e}re 36 mislîcher?] gemisscheter 40 Moyses der junge sîne] des? *L.* 43 gedult 44 iargezit 49 ⟨sîne⟩? *M.* 50. 52 dester 51f. *schwerlich in Ordnung: etwa* unt

A	D
	aller der werlte erzeigte
	div sih zu im geneigte,
vñ div helle wart zebrosten,	vnt div helle zebraste,
seit mûste wir vasten	sit wart uns div uaste
vñ mit banne veiren	geboten v̄ div banvire
eren die holden seinen.	durh die holden sine,
	die solhiv werch worhten
	daz sie den tot nien uorhten
Moyses vndertan	durh die gotes minne.
vñ ander gûte weip vñ man	Moyses v̄ sin gesinde
die da vor lebten,	die dauor lebeten,
swie vil si tugende phlegten,	swie vil tugende sie pflegeten,
ir tak doch nieman beget,	ir dulte doh nieman begat,
der an ir iarzeit gestet,	div an ir iarzite gestat,
wan si den nie gesahen	wand sie den nie gesahen
des si ze herren iahen,	des sie ze herren iahen,
der seit vnder vns gie	der sit under mennisken gîe
vñ sich chrevzen lie.	v̄ sih crucigen lie
	durh liebe der christenheit,
	div nu wît ist vñ breit.
Dauid vñ Abraham,	**D**avid v̄ Habraham
die fursten lobesam,	daz waren fursten lo⟨besam⟩,
Ysaac vñ Josue,	Ysaac v̄ Josue
die lebten in der alten ê,	vnd Jacob in der alten ê
Ysachar vñ Joachim:	ioh div tohter Ysachar,
	div unser frŏen gebar,
	v̄ ir vater Joachi*m*:
die heten allen iren sin	die heten allen ir sin
an got vaste gewendet,	an got starche gewendet,
des wurden si nie geschendet:	des enwrden sie niht geschendet
si sint in himelreiche	sie sint inme himelriche
den engeln geleiche.	den engeln geliche,
	vnd sint da so gefristet
	daz in da nihtes gebristet,
	wan des alterseine

---

christenlîchiu êre sich begunde breiten unde mêren 57 joch] und 66 niht 67 wanne des aleine

162, 20 ioachin

daz wir si ûz scheiden
an unsern hôchzîten,
durch daz si muosen bîten
der gotes ledigunge
in dem abgrunde,
⟨die helle muosen schouwen⟩
mit allem ir gezouwe
⟨. . . . .⟩
⟨nu⟩ ruofet in die hôhe,

dar si nu sint gefuoret,
von dem tievel ungeruoret,
⟨daz⟩ daz heilige ingesîde
vor hazze joch vor nîde
uns armen ruoche enbinden,
daz wir si hernâch vinden
in den himilischen êren,
sô wir von disem ellende chêren.
⟨Amen!⟩

1269 hochgeziten 70 da durch daz si muzen b^{e}iten 74 gezeume 76 geru : et 79 ingesinde 80 joch] noch 83 unzellichen

A

nv helfe got der gůte
durch sin werdes plůt,
daz wir daz in*ge*sinde

alle gemeine vinden
in den himilischen eren,
so wir von hinnen můzzen cheren.

Amen!

D

daz wir sie uzscheiden
an unsern hohziten,
durh daz sie musen biten
der gotes ledigunge,
v̄ an des libes wandelunge
die helle musen scŏen
mit allem ir gezôwe.
nu rufet sie an alle
uon herzen, niht mit des mundes schalle,
da sie nu sint gefuret
uon dem tievil umberuret,
daz daz heilige ingeside
uor hazze ioh uor nide
uns armen ruche enbinden,
daz wir sie hernah vinden
in den himilisken eren,
so wir uzem ellende cheren.

Amen!

1121 insinde

II.

Nu vernemet die senften lêre
von der magede hêre,
diu uns den heilant gebar:
guotiu herze, hevet iuch dar
dâ ir den trôst vindet
des iu niemer zerinnet!
bittet sie der underdige,
daz si flîzeclîchen lige
ir trûtsun an den fuozen,
unz er uns gebuoze
unser leit unt unser sêr!
der priester heizet Wernher
der des liedes began.
von dem er urchunde nam,
der ist ouch von Christe
ze einem ewangelisten
gesegenet unt gewîhet:
niemen im des verzîhet.
Mathêus ist der orthabe:
der râtet daz wir ûz tragen
die margarîten an daz lieht,
daz si vertunchelt werde nieht
in irdischem stoube.
ja hilfet uns der gloube
den wir an die kuniginne haben,
sô wir dem tievil widersagen.
si ist ein mersterne:
ja mugen wir si loben gerne
des himels frouwen unde brût:
si beschirmet wol daz liut,
unt alle ir undertâne
die tuot si sorgen âne.
si hât gemêret wol daz lôn
allen gotes heiligôn,
wan allez manchunne

1285 dise lere 86 maget 88 herzcē nu hebet 90 uch zurinnet 91 bit si darunter nige 92 si v:: (vil) ulizclichen 93 an deme fuz: 99 cristen 1301 geseinet 2 in 3 erthale 4 daz

A	D
Nv vernemt di semften lere	**N**v uernemet die senften lere
von der magt here,	uon der magede here,
div vns den hailant gebar:	div uns den heilant gebar:
gûtev herze, hebt evch dar	gutiv herze, heuet ivh dar
da ir den trost vindet	da ir daz hæil gwinnet
des nimmer ev zerinnet!	des iv niemer cerinnet!
pitet sey mit steter dige,	bittet sie der undirdige,
daz ⟨si⟩ fleizzechlich an lige	daz sie flehliken lige
ir trout svne an den fuezzen,	ir trut sun an dem fuze,
vnz er vns gebuezze	untze er uns gebuzze
vnser lait vñ vnser ser!	unser leit unt unser sere!
der priester heizzet Wernher	der pfaffe heizet Wernhere
der des liedes began.	der des lides began.
von dem er vrchunde nam,	uon dem er urchunde nam,
der ist vor Christ	der ist ŏh uon Christe
zv einem ewangelist	zeinem ęwangeliste
gesegent vñ geweihet:	gesegent v̄ gewihet:
niht in got verzeihet.	nieman ime des uerzihet.
Matheus ist der orthabe:	Matheus ist der orthabe:
der retet daz wir die habe	der ratet daz man uz trage
vñ die red an daz lieht	die margariten an das lieht,
tragen vñ des lazzen nieht,	daz sie werde uertunchelt nieht
	in dem irdiskem stŏbe.
	ia hilfet uns der glŏbe
	den wir zu der kuniginne han,
	so wir dem tievil widerstan.
vñ des meres sterne	
Mariam loben gerne,	
	sie ist des himels frŏe v̄ brut,
	sie beschirmet wol daz lîvt,
	und alle ir undertane
	die getut sie sorgen ane.
	sie hat den heiligen daz lon
	gemert mit des lebens chrôn,
wan alles menschchunne	wand allez mannes chunne

wir] daz vns C, uns daz *B. s. 51* 13 di himelisschen brut, *vgl. § 67* *1125* sempften!

5 di di an] in 11 in ein sterne 18 heiligē 19 wanne allez kunne

ienoch ze helle brunne,
wâre in diu maget niht chomen

diu si ûz dem fiure hât genomen.
si ist ein christalle
ob den engeln allen,
⟨ein liehtvaz in der vinster;
si zuchet uns von der winstern,

daz wir⟩ zeswenthalp gestên,
sô wir zuo gerihte gên.
alle ⟨ir⟩ volgâre,
nu bittet den sagerâre
den der heilige geist begôz,
daz si mîne sunde alsô grôz
mit gnâden welle bedechen,
unz ich diu herze erweche
diu noch slâfende sint,
daz si erchennen daz chint
daz si mit armen umbevie!
dô si ze cheminâten gie
bî der smâhen crippen,
dô wart Adâmes rippe
an der frouwen wol geêret:
si hat ⟨uns⟩ alle froude gemêret.

Dô sante Marîe,
diu edele unt diu frîe,
diu maget unberuoret,
ze dem ⟨templo⟩ wart gefuoret,
daz der kunic Salomôn
stifte durch daz gotes lôn
in der stat ze Jerusalêm,
ir êre begunde ûf gên:
gepredigt wart si wîten,
wan si in den selben zîten
erlûhte alsam diu sunne
ûz allem ir chunne.
ir antlutze unt ir ougen

1320 muste zur helle brunne 24 uber di engele alle 26 ziuhet *B. s. 57* 27 cesm: einthalp gesten 30 di bitent den sagere 32 daz si] da her also] so 34 h'zcen 37*f.* ummeving : ging 40 rippen 43 sant maria 44*f.* di edele maget und vrie juncvrouwe unberuret 49 iherusalem 50 ir ere] e her 52 geziten 53 er beluhte als 54 kunnde

A

noch ze helle brunne,
wer div magt niht chomen
div vns da von hat genomen.
si ist ein christalle
ob den engeln allen.

nv pit die vrowen mære,
den heren sagerere
den der heilige geist besloz,
daz si mine svnde groz
mit vollen genaden deche,
vnz ich div herze erweche
die nu slaffinde sint,
daz si erchennen daz chint
daz si mit armen vmbevienk!
do si ze chemenaten gienk
bey der smehen krippe,
do wart Adâmes rippe
an ⟨der⟩ fr*ouw*en wol geæ̂ret:
si hat vns frevde gemeret.

Do sant Mareie,
div edele vñ div freye,
div magt vnberûret,
ze dem tempel wart gefueret,
den der kvnik Salomon
stifte dur*ch* den gotes lon
in der stat ze Jerusalem,
ir ere begunde ŏf gên:
gepredigot wart si weiten,
wan si in den selben zeiten
louht alsam div sunne
ovz allem irem kvnne.
ir antlutze vñ ir ougen

D

ienoh ze helle brunne,
ware in div maget niht chomen
div sie uzer not hat genomen.
sie ist ein christalle
uber die engil alle,
ein liehtvaz in der vinster;
sie zuchet uns uon der winster,
daz wir zeswenthalben gesten,
so wir an daz gerihte gen.
alle ir uolgære,
nv bittet den sagerare
den der heilig geist begoz,
daz sie mine sunde also groz
mit gnaden wol bedeche,
untz ih div herze erweche
div noh slafende sint,
daz sie erchennen daz kint
daz sie mit armen umbevie!
do sie ze keminaten gie
bi der smahen krippe,
do wart Adames rippe
an der frŏen wol geeret:
sie hat uns alle frŏde gemeret.

Do sænte Marie,
div edile vnt div frie,
div maget unberuret,
zu dem templo wart gefuret
in der stat ze Jęrusalem,
ir ere begunde do uf gen:
erkant wart sie witen,
wande sie in denselben ziten
erluhte sam div sunne
uz allem ir chunne.
ir antlutze was so tugentliche,
ir ŏgen also kunchliche,
ir gebærde also reine,
daz sih zv ir glichte dehêine
under allen den frŏen.

1167 frevden *1174* durt

daz muosen an schouwen
die liute mit vorhten.
swâ ander frouwen worhten
lînwât unt sîden,
ir neheiniu mahte erlîden
der arbeite alsô vil
sô ditze kint in sînem spil
mahte volbringen.
ja worhte si mit sinnen
al des si begunde.
swaz die alten chunden,
daz enmahte ir niht engân.
des nahtes îlte si ûf stân,
daz si ir venien pflâge,
gote sich ergâbe.
ir gewonheite
sage ich iu gereite:
alle morgen vil fruo
sô gedâhte si darzuo
daz si ir gebetes huote,
diu reine unt diu guote,
mit michelem flîze
unz zuo dem inbîze.
sô die frouwen gâzen,
wider an ir werc gesâzen,
den half si unz an die nône.
sô gie si aver schône
⟨hin⟩fur den altâre,
daz si ir churs lâre:
dâ stuont si unz an die vesper,
daz alle die swester
daz sanc an viengen,
ir tagezît begiengen:
sô chom geflogen Gabriêl,
der gotes engel vil hêr:
er brâht ouch ir daz himelbrôt,
daz er der kuniginne bôt

1356 muzen 61 erweit 62 diz 65 allez 70 si sich C ergebe *bis* gezogenlic 1491 B, *vgl. Sievers, Forsch. z. deutsch. Phil., Festgabe für Hildebrand 19ff.* 71 *Raum für Initiale* B 71*f.* gewonheit : gereit BC 72 saget B uch C 73 vil *fehlt* C 74 si wol da zu B 76 und di vil C 78 imbize B 80 an ir werche B, zu w'ke C 81 an die] zu C 82 giench B, gink C si *fehlt* B aue B, aber C 83 hin

A

daz mv̊sen an schowen
die levte mit forhten.
swa ander vrowen worhten
leinwat oder seiden,
ir enhein moht erleiden
der arbeit so vil
so daz kint in sinem spil.

Al ir gewonheit
sag ich ev bereit:
alle morgen vil frů
so gedahte si dar zv̊
da*z* si ir gebetes gůt
phlak in rehter hůt
vn̄ mit allem fleizze
biz ŏf daz imbeiz.
So die frowen gazen
vn̄ an ir werch gesazen,
den half si vnz an die nǒne.
so gie ⟨si⟩ aber schone
hin fur den alter:
da las si ir salter
vil stete vnz an die vesper,
daz alle die swester
daz gesank an viengen,
ir tagzeit begiengen.
Do chom geflogen Gabriel,
der gotes engel vil snel:
der braht ir daz himelprot,
daz er der kvniginne bot.

D

sie mvsen anscŏen
div livte mit uorhten.
swa andere frŏen worhten
linwat unde siden,
ir nehe*i*niv maht erliden
also vil der arbeit
so ditze kint frolichen leit.
den tempelherren ze minne
sie worhte mit richem sinne
al des sie begunde.
swaz so wibes hant chunde,
daz enmahte ir niht engân.
des nahtes ilte sie ufstan
daz sie ir venige pflæge
vnde sih got ergæbe.
ir site v̄ ir gewonheit
die sage ih iv gereit:
alle morgen vil frů
so gedahte sie darzu
daz sie ir gebetes hůte,
div reine v̄ div gute,
mit michelme flize
untze zu dem inbizze.
so die frŏen gazzen
vn̄ wider an ir werh gesazzen,
den half sie untze an die none.
so gie sie aue schone
hin fur den altære,
daz sie ir salter lære.
da stunt sie unze an die vesper,
daz alle die swester
daz gesanch anvîengen
v̄ ir tagezit begîengen.
so chom geflogen Gabriel,
der gotes engel vil he*r*:
er braht ŏh ir daz himelbrot,
daz er der ivnchfrŏen bot:
daz noz sie mit kivshem libe
div nie wart ze wibe.

---

fehlt BC*S*. 84 daz] da B churs] churs da B*S*, gebete C. spreche C 87 den sanc angevingen C 89 geflogen *fehlt* B 90 vil *fehlt* B 91 ouch BC*!* 92 enbot B

163, 34 neheniv *1193* da *164, 7* here

ûz sîner hant in die ir:
anders âz si niht vil.
swaz man ir gap ze spîse,
daz îlte diu maget wîse
armen ellenden
in die stat senden.
al diu samenunge,
alte unde junge,
die wurden dô wol innen
der tougenlîchen minne
die si mit den engeln habete.
si selbe ez wol verdagete,
doch was ez unverborgen:
daz enmahte si niht besorgen.

Sâlige swester wonten dô
in Salomonis templô:
die wâren dâ gehôhet,
sît sint si gar zestôret.
nu habent ez besezzen
rîter vil vermezzen:
die werent ez mit crefte
vor der heidenschefte.
dô diu cheiserinne,
diu erwelte gimme,
zuoversiht der werlte,
ir den sal erwelte
dâ si wolte erschînen
bî den heiligen wîben,
dô lobte si unsern herren,
daz er sie sô verre
ûz den andern erhuop,
daz si senftlîchen truoc
alle die arbeit
die si zuo gewonheit
hêten gesprochen under in.
niemen mahte den ir sin
errechen noch ergrunden.

1396 daz gehilt C 98 senden *S.*] ze (zu C) senden BC 99 al] allen B 1400 alten B, alt C 1 inne B*S.* 2 tugentlichen minnen C 3 den engeln] den egelen C, dem engel *S.*, *vgl.* videbant cum ea angelos loqui *Pseudo-Matthäus cap. VII* hatte C 3*f.* habet : verdaget B 6 daz chunde B*S.* 7 Heilige C 9 do C*S.* 10 sider C 12 ritter B*S.*, rittere C mezzen B 13 crefte B*Sch.*] kreften C*S.* 14 non B 15 *Raum*

A	D
	anders aze sie niht vil,
	als ich ivh bewisen wil:
Swaz man ir gab ze speise,	swaz man ir gap ze spise,
daz eilte div magt weise	daz ilte div maget wise
armen ellenden	den armen ellenden
in die stat ze senden.	in die stat senden.
alle div samenunge,	al der frŏen samnunge,
alte vñ iunge,	bediv alte v̄ iunge,
die wurden wol innen	di wrden do wol inne
der tougenlichen minne	der tŏgenlichen minne
die si mit dem engel habte.	die sie mit dem engel habete.
si selbe ez wol verdagte,	sie selbe ez wol uerdagete,
doch waz ez niht verborgen:	doh was ez unverborgen:
daz kvnde si niht besorgen.	daz enmahte sie niht besorgen.
Sælig swester waren do	**S**æligen swester wonten do
in Salomonis templo:	in Salomonis templo:
die waren gehohet,	die waren da gehohet,
seit sint si gar zestoret.	nu sint sie gar zestoret.
nu habent ez besezzen	sit habent ez besezzen
riter gar vermezzen:	riter vil uermezzen,
die wærent ez mit chreften	die ez werent mit chrefte
vor der heidenschefte.	uor der hæidenschefte.
Do div keiserinne,	mit den was div maget rêine,
div erwelte gimme,	also daz sie stæte schêine
wolde beleiben	
bey den reinen weiben,	
do lobt si vnseren herren,	
daz er sey so verren	
ovz den andren erhůb,	
daz si ane trůb	
mit grozzer arebeit	zaller slahte arbeit
gedultechleichen leit	die sie ze gwonheit
gepresten vnder in.	heten gesprochen under in.
nieman moht ir sin	niemen maht den ir sin
errechen noch ergrunden.	errechen noh ergrunden.

---

für Initiale B 18 ir] div B, di ir C *S. B. s. 231* 19 daz C 22 also v'ren C 23*f.* erhube: *Reimwort unleserlich, der Raum reicht für* truge B, *vgl. § 3 b* 24 daz] da B senfticlichen C 25*f.* al die arbeite: gwonheite *S.* 25 erbeit C 26 ze B 27*ff.* hatten gesprochen und nimant enmochte den iren sin erkunden noch ergrunden C 28 den ir] ir B, ir den *S.*

1230 heidenscheften *1243* erreihen

si îlte si alle schunden
ze gotes dieniste,
ze der êwigen gniste.
si was âne allez wandel
kûscher denne ein ander;
ir neheiniu was sô wîse.
si âz die gotes spîse,
die ir der engel brâhte.
neheines ubeles si gedâhte;
an der guote was si stâte
in geistlîcher wâte.
vasten unde wachen
daz enmahte si niht gemachen
bleich oder truobe:
des wunderôte gnuoge.
daz beste hête si erchorn;
ouch huop si deheinen zorn,
die zuht si umbegurte:
der bôsen antwurte
newolte si niht geruochen.
schelten unde fluochen
daz was ir seltsâne:
der sunden was si âne.

ir hûsgenôzinne
die starhte si in der minne,
ze bezzerem teile,
ze sâlden unt ze heile,
daz si die ubermuote
ersluogen mit der guote
unt allez unreht vermiten:
alsô lûterlîche site
lêrte si diu suoze.
nu bittet daz wir sie muozen
alsô an geruofen
daz si in der uns geschuofe
in unser teil gewinne,
daz er uns enzunde in sîner minne!

1430 si ilte zu allen stunden C 31*f.* dienste : geniste B, dinst : genist C 32 zu BC 34 danne di andern C 35 neheine B, keine C, nehein *S*, 36 aze B 41 vasten unde wachen *S. B. s. 232*] wachen und vasten BC 42 daz mohte si B, des moht su C 44 wundert genuge BC 46 ŏch hube B, ia d'hub C in keinen *bis* nimm'mere 1538 C³ II 47 zuhte B

A	D
si eylte si alle schunden	sie mante sie zallen stůnden
ze gotes dienst vñ sinem lobe,	werben nah gotis hulde.
dem si lak stetichleichen obe.	
	sie was ân alle schulde
ir denhein waz so weise.	gut, wolgemůt, milt v̄ wîse.
si az die gotes speise,	sie lebet der heren spise
die ir der engel prahte.	die ir der engel brahte.
denheines vbels si gedahte.	neheines arges sie gedahte.
	kivsche, diemůt vnde stæte
	die dri tvgende sie hæte
vasten noch wachen	mit den andern uzerchorn.
daz chunde sey niht gemachen	nit, hohfart v̄ wiplich zorn
bleich noch trůbe:	vant an ir neheine stat.
dez wundrot genv̊ge.	wand nie frŏe so hohe getrat
	ze sælden v̄ ze eren gliche,
	des ist hivte ir lop so riche.
	die zuht sie umbegurte:
	fluchen v̄ bose antwrte
	muste ir sin unerchant;
	sie was ân der sunden bant.
	uasten oder wachen
	daz enmahte sie niht gemachen
	misseuar noh trube:
	des wnderot genuge.
ir housgenozzinne	alle ir husgnozinne
die sterktes in gotes minne,	die starhte sie in der minne,
daz si ir vbermůte	daz sie die ubermůte
erslv̊gen mit ir gůte	erslugen mit der gute
vñ allez vnreht vermiten:	v̄ allez unreht uermiten:
mit so reinem siten	ze also luterlichen siten
lerte sei div sůzze.	cherte sie div suzze.
nu bit daz wir sey mv̊zzen	nu bittet sie daz sie uns můzze
alsus an gerůfen	
daz si in der vns geschv̊ffe	
an vnser tail gewinne	wider cheren uon den sůnden
vñ vns erzunde mit siner minne!	v̄ an ir minne erzunden!

---

49 der wolt C 53 ir ... schen husgenozen C 54 strachte B, sterkten C in] an B 58 mit ir C 59 vnrechte B, vnrech C 60 als BC siten C 61 larte C siv B di suzen C 62 si sehen muzen C 63 so innechlichen (innechlîch *S.*) an rufen B*S*. 66 daz er in ... enzvnde sine mīne C

1256 sterktes!

Hête ich eine zungen
diu als ein wâfen clunge,
gesmidet ûzer stâle,
diu mir die rede gâbe,
ja ne mahte ich christenlîcher schar

niemer gesagen gar,
wie sich diu maget zierte
gen dem himelischen wirte,
der sie gemahelen scholte
unt samt ir bûwen wolte
durch sîne barmunge.
eines sites si begunde
den weder wîp noch man
vor ir geburte nie vernam:
swer daz kint gruozte,
daz si daz gelten muoste,
sô sagete si gnâde
ir schephâre
(si blicte hin ze himele),
daz ir diu werlt hie nidene
senftiu wort zuo sprach
sô si ir blîde an sach.
swenne aver si den gruozsal
scholte bieten uberal,
si bat gezogenlîchen,
daz si got genâdiclîchen
an der rede vernâme
unt *guo*ten âbent gâbe
oder sâligen morgen
den liuten *die* mit sorgen
in der werlte bûwent
und im iedoch ge*trû*went.
dannen chom uns diu gwonheit,
daz *wi*r liep unde leit
ûf sîne gnâde schuln ergeben
der uns verlihen hât daz leben.
gelernet haben wir *dâ*bî,
swer uns gruozende sî,
daz wir im alsô schô*ne*

1467 ich nv C ein zunge B*S*. 68 ein wafen] daz eisen (ysen C) BC*S*. chunge B 69 vz stahele C 70 div rede B 71 do enmocht C 72 nimmer B, keine wis C 73 sich] si C 74 gegen B, gein C 75*f.* sold : wold B 76 samt B*S*.] bi C wonen C 77 duch B sin B*S*. 78 siten C 80 geburt B*S*. 84 irme C, dem ir B*S*., *doch vgl.* 641

A

Vnde het ich ein zunge
die sam ein wafen chlunge,
ich moht der christenlicher schar
niht gesagen gar,
wie sich div magt ziert
gen dem himilischen wirt,
der sei mêhilen solde
vn̄ in ir wonen wolde
von siner barmunge.
eines siten si begunde
den weder weip noh man
vor ir geburt nie gewan:
Swer sei grůzte,
vn̄ si daz gelten můste,
so sagt si dank sere
irem schepfere
(si plikte hinze himele),
daz ir div werlt hie nidene
semftev wort zv̊ sprach,
swer ir bleide angesach.
swan si den grůzsal
solde bieten vber al,
si bat gezogenlichen,
daz si got der reiche
an ir rede verneme
vn̄ gůten abent gebe
oder sæligen morgen
den levten die mit sorgen
dise werlt bowent
vn̄ siner genade getrowent.
dan chom vns div gewonheit,
daz wir lieb vn̄ leit
ǒf sin genade sulen geben
der vns verlihen hat daz leben.
gelernt hab wir da bey,
swer vns grv̊zzinde sey,
daz wir im schone

D

Nie wart so wol sprechender man
der ie uon buchen sin gewan,
daz ez tohte im einen
ze sprechen uon der reinen
165, 1 uollekliche nah ir werdicheit,
an die got sinen fliz leite,
als er sie gemæheln wolte
v̄ bi ir bůen scholte.
eines sites sie do begunde
den weder wip noh man chunde
noh uor ir geburte ie uernam:
swænnez also cham
daz sie ieman grůzte,
v̄ sie daz gelten můste,
so gnadet sie got zehant,
der ir heil so hete gewant
daz ir div werlte zusprah
senftiv wort da sis ansah.
swa sie aver den gruzsal
sholte bieten uberal,
sie bat herzeklichen,
daz sie got gnadeklichen
an der rede meinte
v̄ gůten abent bescheinte
oder sæligen morgen
den livten die mit sorgen
in der werlte bůwent
vn̄ im iedoh getrůwent.
danne chom uns div gewonheit,
daz wir bediv liep vnd leit
uf sin gnade shuln ergeben
uon dem wir han daz leben.
gelernet wir han dabi:
swer so uns gruzende si,
daz wir im also schone

---

87 wort.. | si sprach C 88 bilde BC 89 wem C aue B den] daz B*S*., iren C 91 si bot C, do bat si B*S*. gezogenlic.. *Ende von B* 94 abvnt C 98 doch C

1301 gelert

got biten lônen
unt irdischem schîne
der *êren* verzîhen.
si was mit guotem willen
senfte unde stille:
einen gedanch si habete,
ob si ze vil geredete,
†daz si von . . sprich
verwandelôte sich,
ez enwâre vil nutze.
si *liez* ir antlutze
vil selten erlachen.
ir enmahte *an* allen sachen
niemen gebesten:
ir tugent be*gu*nde ir este
vil wîten gebreiten.
die mit armike*ite*
wâren bevangen
unt siech gewesen lange,
sô si sie geruorten,
die craft si dannen fuorten,
daz *sie* niht enswar:
darumbe chêrten sie dar.
nu biten *wir* die hêren,
swâ wir an der sêle
⟨ze tiefe⟩ *sîn* verwundet,
daz ir daz sî gekundet,
daz si den *ge*ist ziere
unt uns erledige schiere
von aller *un*crefte,
unt daz si bî dem hefte
den van selbe *ch*êre,
daz wir schiech werden niemer mêre.

Dô si begunde wahsen,
dô wart si an dem vahse
schône unt an dem lîbe
vor irdischen wîben.
ein herre hiez Abiathar,
der chêrte sînen muot dar,

1507 irdisschen 9*f. nach* A? 11 den *oder* ein, *für* einen *kein Raum* 11*f.* het : geret 12 ab 13 ursprich *nach* D *oder* ubersprich (*für* ub'sprich *reicht der Raum*), *aber doch wohl entstellt:* uberspriche, *Reimwort von* 1514 *verloren, vielleicht* ubersprícke : dicke? *M.* 14 v'wandelt 15 ez wer den 20 ir iugent 30*ff.* in so grozen eren wo

A	D
got biten ze lone.	wnsken daz gotes lone
	vnt dem irdiskem schine
	der eren uercihen.
si waz sempft vñ stille,	si diente got ane wanch
selik vñ milde,	v̄ hete einen gedanch,
	ob sie ze vil redet,
	daz ez lihte ir scædet,
	v̄ daz sie uor urspric*h*
	an ir mûte verwandelt sic*h*,
si waz vil gar nutze.	iz en wære uil nutze.
si liez ir antlutze	sie liez ir anlutze
vil selten erlachen	vil selten erlachen.
wan in rehten sachen.	*m*an iah ir an allen sachen
Div reine vñ div bêste	ie der tugende besten;
begunde ir tugende êste	die begunden ōh esten
weite ze breiten.	v̄ vil witen umbe vahen.
die mit arbeiten	
waren bevangen	
vñ siech gewesen lang*e*,	di siechen die sie ersahen
so si sey gerûrt,	v̄ sie angerurten,
div kraft sey vmbegurt.	die chraft sie danne fvrten,
	daz sie niht mere swar:
	darumbe cherten si dar,
Nu bite wir die heren,	wand sie da gnade funden.
swa wir an der selen	nu ruche sie unser wnden
ze tief sein verwundet,	bedeken mit ir gûte,
daz ir sey daz gekvndet,	
daz si den geist zier	
vñ vns erledige schier	
von aller vnchreffte,	
vñ daz si bei dem hefte	daz wir uzer gotes hûte
den vanen selbe chere,	iemer komen so uerre
daz wir niht schiech werden.	daz uns des tiefils gwalt iht werre.
Do si wachsen begunde,	**D**o sie wahsen begunde,
do wart si an der stunde	do wart sie in kurcer stunde
so schone an dem leibe	an dem hare v̄ an der lich
verre vor andren weiben.	uber elliv wip so wætlich,
Ein herre hiez Abiathar,	daz ein herre hiez Abiathar
der cherte sinen mût dar,	der wante sinen mût dar,

---

wir and^{s} sele..n v^{s}wunt : gekvnt   37 selber   38 sich C   39 *bis* wenken 1628 C^{2} 634—723   42 irdisschem wibe   44 karte

1304 bieten *F.* *165, 20* urspriche : siche *165, 22* wan *1316* langē *165, 27* unser *undeutlich.*

daz er die maget gewunne
sînem lieben sun ze wunne.
der ⟨vil⟩ kindische man
der was ouch ir genôzsam;
der vil rîterlîche degen
wolte si êlîchen nemen
âne valsche minne
durch erben gedingen.

diu frouwe daz niht verdolte;
si sprach, daz si niht enwolte
iemer man geruoren.
werltlîch ungefuore
dûhte sie sô michel:
si wolde wesen sicher
vor mannes gebende
unz an des lîbes ende.

dô bôt er miete grôze
sînen genôzen
die des tempels phlâgen,
daz si die maget gâben
ze chonen sînem chinde:
des bat er die gesinden.

er bôt in golt daz rôte
unt dingete vil genôte
daz silber vil wîze,
daz si im hulfen mit flîze.
sîn edele gesteine
daz was im allez veile;
er bôt die breiten borten
unt flêhte mit den worten,

1546 lieben sun] libe 47 *vgl. § 66* 48 gehorsam 49 ritterliche 52 gedinge 54 niht *zu streichen?* 55*f.* und nimm' man

A	D
daz er die magt gewnne	wie er die maget gwnne
sinem lieben sune.	sinem lieben svn ze wnne.
der was ein kindischer man	der vil kindiske man
vñ der frowen genozsam,	der was ŏh ir gnozsam.
ein vil riterlicher degen;	165,35 der herliche degen
der wolde sei ælichen nemen	gerte sie mit bete erwegen,
an alle falsche minne	daz sie in ruchte minnen
durch erben gedinge.	durh erben gedingen.
	der e hete er hinz ir gedaht,
	doh wart div rede niht uolbraht,
Div frowe daz niht endolde;	wand div frŏe des niht uerdolte;
si sprach, daz si niht wolde	sie sprah, daz sie nien wolte
immer man gerůren.	166,1 iemer man geruren.
wer*l*tlich vngefůre	daz werltliche ungefure
devhte sey so michel:	duhte sie so chumberriche
si wolde wesen sicher	daz sie gerne friliche
vor mannes gebende	lebet ane mannes gebende
immer vnz an ir ende.	ůntze an des libes ende.
	got einen hæte sie erwelt,
	dem si lip mit sele selt,
	5 daz sie wǽre sin div v̄ sin brv̊t,
	er bediv ir herre v̄ ir trůt.
	div antwrte was ungemah
	dem bittel vnde gesprah
Er bot schatz grozen	alle sin genozze.
sinen genozzen	er bot in mîete groze,
die des tempels pf*l*agen,	die des tempels pflagen,
daz si ir ane legen.	daz sie niht scholte betragen,
	sie næmen die maget gute
	uon dem swærem můte
	10 den sie ir habte furgesat:
	darumbe gehîez er v̄ bat.
er bot in vil genote	er bot in golt daz rote
silber, golt rote	unt dingete vil gnote
	mit dem silber wizze,
	daz sie im hulfen mit flizze
vñ ædel gesteine:	
daz waz im allez vaile,	

---

gewinnen w'ltlichē gefrurē 57 ez duchte 60 biz/unz lides 65 zukoufen 66 daz gesinde 68 gedingte 72 in 74 flehte *B.* s. *158*

1339 riterlich'! *1344* daz si! *1346* wertlich *1353* pfagen

daz daz kint lustsam
sînem sune wurde undertân.
diu miete erwegete ⟨si alle,⟩
ez begunde in wol gevallen:
si rieten algelîche
unt schunten grôzlîche,
daz si vil gerne tâte
swes sie der edele herre bâte.

Dô sprach sant Marîe:
got hête enzundet sîe
mit bezzerem muote
in engelischer huote;
si sprach mit zuhte guoter:
‚nu weset ungemuote!
lât varen ditze spil,
wan ich niemer enwil

deheinen man gewinnen
ze werltlîchen dingen!
ir enschult mich niht reizen.
ja hân ich got entheizen
mîne sêle unbewollen:
mac ich daz ervollen,
daz ist der beste rât
dâ mîn gedinge ane stât.‘
dô was ein bischof under in,
der was sîn flîzec durch gewin,
durch die gâbe mâre,
tiure unde swâre,
diu was im geheizen;
er sprach: ‚du scholt mich lâzen
dir die wârheite sagen,
der enwil ich niht verdagen:
got selbe gap Adâme,
sô wir an der schrift vernâmen,
Evam ze wîbe:
wâren von ir lîbe
⟨wir alle niht⟩ ensprungen,
alte unde junge,

1577 diu miete erwegete] di mite er wegete C, dâ mit weget er *B. s. 212* 78 in allen 79 retten 80 kunten 82 des si 87 mit guten zuchten, *vgl. W. s. 175* 88 weset nicht 89 lazet var dise 92 w'tlichen 94 hab 96 erwllen 1600 umme gewin 1 gebe *B. s. 137*

A

daz daz kint lustsam
sinem sun wurde vndertan.
da mit erwægt er si alle,
ez begunde in wol gevallen:
si rieten alle gelich
vñ schunten groz*e*chlich,
daz si gerne tæ̂te
swez sey der herre bête.

Do sprach sant Mareie:
got het enzundet sey,
vil reine vñ vil stête
in geistlicher wæ̂te;
si sprach in grozzer gůte:
,weset vngemv̊t!
lat varen ditze spil,
wan ich nimmer wil
denheinen man gewinnen
ze wer*l*tlichen minnen!
ir sult mich niht reitzen.
ich han got geheizzen
min sele vnbewollen:
mak ich daz ervollen,
daz ist der aller beste rât
da min gedinge an stât.'
Do waz ein pyschof vnder in,
der was sein fleizzek durch gewîn;
der sprach: ,ich wil dir sagen,
der warhait niht verdagen:
got selber gab Adâmen,
als wir an der schrift vernamen,
Evam ze weibe,
vñ weren von ir leibe
die levte niht ensprungen,
die alten vñ die iungen,

D

umbe daz kint des er gert,
daz ir sin sun wrde gewert
nah rehte ze elichen dingen.
div miete began in gelingen:
do rieten sie algliche
v̄ schunten grozliche,
daz div frŏe tæ̂te
swes sie der herre bæte.

Do sprah sænte Marie:
got hete erzundet sie
mit reinegerntem mv̊te
in engelisker hûte:
,wes mv̂et ir ivh, herren min?
lat ditze umbescheiden spil sin,
wand ich niemer man gwinne
ze werltliker minne!
ir ne schult mih niht reizzen.
ia han ich got entheizzen
min sele unbewollen:
mag ich daz eruollen,
daz ist der beste rat
da min gedinge anstat.'
Do was ein bisgof vnder in,
der was sin flizich durh den gewin;
er sprah: ,frŏe la die rede stan!
ich sage dir wie ez ist getan
umbe die rehten warheit,
als uns div buch hant geseit:
div e ist got liep v̄ genæme,
wan er selbe Adame
frŏwen Euam gap ze wibe:
wæren wir uon ir libe
alle niht ersprungen,
bediv alte v̄ iungen,

---

2 tuw^{s} 5 warheit, *vgl. § 67* 6 der] di 7 selber adamen 12 alt und iūgen

1364 grozchlich *1376* wertlichen

sô wâre diu werlt ôde,
ringe unde brôde,
sone ruofte niemen an got.
frouwe lâ dînen spot:
nim den man ze dîner ê,
daz ez dir ze sâlden ergê!
volge den liuten:
gebir gotes trûte
kint alsô reine,
diu gotes êre meinen!
als ⟨uns⟩ ze himele ist gâch,
also schulen ouch hernâch
unser nâchkomen tuon.
daz ist der beste wîstuom
des wir mugen erdenchen:
du scholt uns an der bete niht enwenchen.'

1614 geringe, *vgl. § 31b Anm.* blode 15 so enrife 16 laz ab ez ist din 20 gebe der gotis trûten C, gebir die gotes trûten *B. s. 37* 21 di kint 27 den wir immer mugen e. 28 scholt — enwenchen *Sch.*] ensalt — wenken

A	D
so were div werlt o̊de,	so wære div werlte ode,
chlein vn̄ blo̊de,	chranch, ringe ṽ brode,
so rieffe ⟨nieman⟩ ane got.	sone rufte nîemen an got.
vrowe la dinen spot:	fro̊e la uarn dinen spot:
nim den man ze diner ê,	nim den man ze e,
daz es dir ze heile ergê!	deiz dir ze sælden erge!
volge den levten:	uolge uns ane widerstrit,
gebir gotes trouten	wan dir got sinen segen git
kint also reine,	ṽ fro̊de mit lieben kinden!
die gotes dienst mainen!	an den soltu heil vinden,
als vns ze himel ist gach,	daz du mit den reinen
also sulen hernach	sin ere můzest mêinen.
vnser nachkomen tůn.	daz ist der beste rat
daz ist der bêste weistům	der uon mannes sinne gat,
des du dir kanst erdênken:	v des wir megen erdenchen:
vnserem râte solt dv dich lênchen.'	nv solt dv uns an der bete niht wenchen.'
D*es* antwurt in auer ⟨do⟩	**D**es antwrte im ave do
rosa in Jericho,	rosa in Jericho,
div magt also liehte:	diu maget also lieht:
‚ich volg ev mit nihte.	‚ichen volge iwes nieht.
ir sagt mir von Adâme	ir saget mir uon Adame
daz er Evam næme,	daz er Euam næme
	uon der gotes hende:
	daz tet er ane wende,
doch genoz des Abel	doh gnôz mere Abel der gůt
siner keusche hel,	daz er beleip an kivskem můt,
do er daz opfer fure trůk	do er daz opher furtruch
vn̄ in sin prv̊der erslůk,	vn̄ in sin bruder sluch,
danne er bewollen wære,	denne ob er gemeiliget ware,
vor sinem schepfere.	uor sinem schepfære.
got eylte im ze geben schone	got ilte im geben ze lone
zwo guldeine krone:	zwô guldine chrône:
von der marter eine,	uon der martir êine,
die ander daz er reine	die ander daz er rêine
vn̄ vnbewollen was:	unt unbewollen was:
da von sin sele genas.	daz ist da er mit gnas.
Helyas der weisage,	Helyas der gotes man,
als ich vernomen habe,	als ihz vernomen han,
der lebt cheusche hie nidene:	
des wart er ze himele	

1393 kein vil! *1409* Do *1415 f. ursprünglich* doch genôz Abêle sîner kûsche mêre

A	D
von den englen gefueret,	der wart ze himel gefvret,
durch daz er vnberůret	durh daz er uuberuret
was von allen weiben.	was uon allem mæile.
	im wart getan ze tæile
	div gnade div iemer stat:
got liez an im scheinen	damit uns got erzaiget hat
daz er die chevscheit	daz er die kivskeit
mit siner gotheit	mit der liehten gotheit
wil vnderstozzen.	gerne wil under stozen.
nv hat er frevde grozze	nu hat er frŏde grozze
besezzen vñ michel ære	v̄ eren vil erworben,
an leibe vñ an sele.	swîe der lip ist noh un-erstorben.
	des ruchet ivwer bete lan,
	wand min mvt ist sogetan
	daz ih stæte beliben schol.
	got der weiz min herze wol,
Ich sage ev minen willen:	min ahte v̄ minen willen,
ir mohte*t* æ gepillen	daz ir ê mæhte*t* billen
daz wazzer ovz dem steine,	wazzer uz dem steine,
æ ich mich sein vereine.'	e daz ih dehein brode meine.'
Bey han*den* si sich viengen,	Zehante sie sih viengen,
von der rede si giengen.	uon der rede sie giengen.
an dem kindischen weibe	an dem kindisken wibe
heten si ze neide	heten sie daz ze nide,
daz si was so veste,	daz sie was also ueste:
die schoniste vñ div beste.	darumbe zurnten al die geste.
	sie furen als sie tobeten,
	ein teidinch sie gelobeten;
Si gebuten ein concilium,	sie gebutten ein gesende,
was si darume mohten tůn,	daz sie chomen an ein ende,
daz Maria div mære	ob Maria die mære
als vngevolgik wære.	so ungeuolgich wære.
do der gesprochen tak	*d*er gesprochen tach
an ir hochzeit gelak,	an einer hohzite gelach:
ein michel volk chom dar.	do chom michel menige dar.
ir pyschof hiez Abiathar,	der bisgof hiez Abiathar,
der grůzte sei an der porten	der gruzte sie an der borte
mit den gotes worten.	mit dem gotes worte.
er stůnt ovf eine grêde,	er stunt uf eine grede
die hende rekte er bêde	v̄ hub uf sin hende bede
gen dem himilischen sal.	gegen dem himelisken sal.

1437 wil! *1442. 167, 19* mohte A, mæhte D, *vielleicht* er *statt* ir *1445* han/ *167, 27 Initiale*

A		D
ein stille gebot er vber al;		eine stille gebot er uber al;
er sprach: ,nv horet alle,		er sprah: ,nu horet alle,
wie ev daz gevalle:		wîe iv daz genalle,
Maria div schone		daz Maria div schone tut:
div wil den fursten honen.		niemen ist so edel noh so gut,
		so riche noh so tîvre,
		daz er ir gezem hîvre.
swer ir ze weibe gêrt,	167,35	swer ir ze wibe gert,
daz ist ir vnwert.		der scheidet dannen ungewert.
si chan niht genesen,		sine trvet niht genesen,
si mvͦzze meit wesen.		sine mûzze maget wesen.
wir haben hie vrowen vil gezogen,		wir haben frŏen vil gezogen,
kvnige tohter vn̄ herzogen,		kunige tohter v̄ herzogen
		der herlichen slahte,
		daz uns nie dehe*i*niv in der ahte
		also vil ie gemûte,
		und iedoh vil grozer gûte
	40	ze rede waren worden
		uon allen ir uordern:
daz nie denheine wart so herte	168,1	deist ein michel herte.
noch sich also gewerte.		des guten Aaronis gerte
ich man evch weise diet,		der man ih alle dise diet,
wie got einen streit schiet,		wie er den grozen strit schiet,
do die ewarten		do die gotes ewarte
vnder in zeworfen haten:		under in zewrfen harte:
Aaronis gertte gab plůmen,		div gerte wart wider grûen,
lauben vn̄ grůnen		begunde lŏben v̄ blvͦen
begunde si in der arke.	5	in der heiligen arche.
got mak noch starke		got der mak noh sam starche
sin wunder erzaigen.		siniv tŏgen erzæigen.
wir sein auch sein aygen,		div werlt ist sin æîgen,
		der menniske sin hantgetât;
		an im reht v̄ gnade stat:
daz bedenchet wol!		daz bedenchet alle wol!
ich sag ev waz hie tůn sol		ih sage iv wie nu tvn schol
alle dise menige:		disiv menige algemeine,
got mit sinem segene		daz got die warheit bescheine
der sterke evch da zvͦ,	10	v̄ sinen willen dabi:
daz er daz selbe zeichen tů		
allen disen weiben		die von elichem bande vri
die chomen sein ze ir zeiten.		sin komen an den tac hivte,
Arme vn̄ reicher		

1474 kviginne *167, 39* deheniv *1480* vnd^s! *1493 ursprünglich* allen ungehîten, *vgl. Reimst. s. 79*

A	D
der bringe morgen igelicher	der ieglicher uor dem livte
eine gerte.	bringe morgen sin gerte.
der got der sey gewertte	der got der sie gwerte
bei Aarones zeiten,	bi Aaronis ziten,
⟨. . . . .⟩	nu wir siner gnaden biten,
der zaige vns ovf der erden,	der lazze uns werden schin,
wen Maria sule werden.'	wes Maria brvt schul sin,
	v̄ erzæige mit gewalte,
	wer ir von siner gebe walte.'
vil michel wart ir schal,	**M**ichel wart do der schal,
der rat geviel in vberal;	der rat gevîel in vber al;
ez iahen weip vn̄ man,	do iahen sie gemæinliche,
div red were lobesam,	div rede wǣre lobliche,
si behielten sin gebot.	sie behielten gerne sin gebot,
si dingten an got,	v̄ dingoten hinze got,
die ane weip waren,	die da waren ungehit,
ir venie si do pflagen.	daz er schiede selbe den strit.
div naht douhte sei vil lank,	div naht duhte sie zelanch,
si heten manigen gedank.	v̄ heten mangen gedanch
	vmbe die maget wolgetan,
	wer sie ze wibe solte han,
Als ⟨er⟩ gegert habt*e*,	wand sie al der werlte behagete.
des morge*n*s do ez tagte,	do ez des morgens tagete,
	der bisgof nam dehein friste,
	er chom ze uorderiste.
die alten vn̄ die jungen,	die richen v̄ die iungen
hey wie si zv̊ drungen!	uaste zu im drungen,
mit pfelleiner wat,	wol gebadet, wol gechleit,
der besten die div werlt hat,	als daz ware lie*t* seit:
waren si gewirdet	
vn̄ reilich gezier*e*t,	
igelicher mit šinem geverten.	grozlich was ir geuerte.
si brahten alle gerten	sie brahten schone gerte
lange vn̄ slehte.	lange vnde slehte.
do merkte vil rehte	do marhte vil rehte
menlich die seinen.	aller mannekliche die sine
an der selben weilen	v̄ wante der magede gewert sin.
ir igelicher het wan,	ir ieglicher hetes wan,
daz div magt lustsam,	doh solt ez anders ergan.
daz kint also schone	
in seine gewalt chome.	
Die armen vmbesazen	die armen umbesæzen

1502 wen] wes *F.*, wem *M.* *1504* in! *1513* habten *A*, al si gerne habeten *F.* *1514* morges *168, 25* lieht *1520* geziert

A	D
die torsten niht gelazzen,	die getorsten niht uerlazzen,
die ledige levte waren	die ledigiv livte waren,
si mûsten dar gahen.	sine mûsen gebaren
	als man in von hove gebot.
	do kom durh die selben not
Do chom ein greiser man,	uf den tach ein grise man;
harte vorht er den pan;	so harte forhte er den ban.
der was Josep genant,	Joseph was er genant,
der ist wol bechant;	der ist uns ôh wol erchant,
	so wir an den bûchen
	sinen namen wellen suchen.
der was ein witebere,	der was ein witewæ̂re,
alt vñ swære,	alter, gut v̄ gewære,
blôde sines leibes.	brode sines libes.
der gerte niht weibes:	der engerte niht wibes:
der brahte ein chleines gertlin	er braht ein chleinez gertelin
durich die gehorsam sein.	durh die gehorsam sin.
daz reis also kurze	daz ris also churze
daz het er ab der wurze	daz het er ab der wrze
gezerret gare vnwæ̂hen,	gecerret harte unwæhe,
daz si da bey sehen	daz div werlt dabi sæhe
daz er niht het willen	sin gemûte niene stan
zv̊ werltlichen dingen.	nah frôden noh vf liebes wan.
alle die da waren,	
die daz gebot vernamen,	
die gaben ze hofe	die gerte gaben sie zehofe:
die gerten dem pyschoffe:	die enphiench der bisgof
die enpfienk der æwart.	
der pischof sich do gart	
in die englischen wât.	v̄ garte sih in die heren wât.
ze himel er do sûchte rat.	ze himele suhter den rat.
do gienk er also schone	do giench er also schone
zv̊ dem tysche frone,	zu dem tische frone,
daz er da erfunde,	daz er da erfunde,
so er verrist kunde,	so er uerriste chunde,
ob dem altare,	ob dem altære,
wie si solten gebaren.	waz gotes wille wære.
Nu vernemt alle besunder	**N**u uernemet alle besunder
die manikvalten wunder,	div manchvaltigen wnder,
die got dem volke erzeigte	div got der diete zeiget
daz sein gemv̊te neigte	div ir gemvte næiget
ôf sein maisterheit!	under sine mæisterschaft!
do der pyschof sin hende preit,	do der bisgof vor der lantschaft
	ze himele hub sine hende,
	do nam ez gut ende.

A	D
mit zehern wart er begozzen,	mit zæheren was er begozzen,
sin herze was beslozzen	sin herze wol beslozzen
in der waren minne.	in der waren minne.
do chom div gotes stimme,	do chom div gotis stimme,
si sprach: ,in miner ordenunge	
wil ich dise samenunge	
miner genaden niht verhelen.	sie sprah: ,ih wil dih gewern
ich wil die menie geweren	ṽ ŏh dise menige niht entwern
dez si mich gebeten hat:	des sie mih gebeten hat:
mir ist dein geistlicher rat	mir ist gelichen din rat.
ane zweivel wol gevallen.	nu hab daz in diner ahte,
nv legt die gerten all*e*	daz dv die gerten hinaht
zvo dem heiligen tůme	zu dem heilctum rv̊wen legest
vn̄ lat sei ligen vnze frů!	*unt* sie morgen wider gebest:
morgen nemt sei widere,	
so zaig ich ŏz dem himile	
ev den man so gůten	so zæige ih iv den man so gůten
de*r* Mariam sol behůten:	der Mariam scol behuten:
den ich dar zv̊ han erwelt,	dem ih die ere han beschert,
ein toube von sinem stabe vert:	ein tube uon sinem stabe vert:
div hebt sich ze fluhte	div heuet sih ze der grufte
vn̄ swinget sich in die lufte,	vnd swinget sih in di*e* lufte,
daz sei nieman mak gesehen.	daz sie niemen mak gesehen.
dem sult ir alle iehen	dem schult ir alle des iehen,
daz er die magt suezze	daz er die maget sůzze
vor iwer mehelen mv̊zze.	uor iv gemaheln můzze.
daz sag dem levte,	daz sage du dem lîvte,
daz ich daz gebevte!'	daz ih daz wil ṽ gebivte!'
Nv růget evch selbe damit,	**N**u rv̊eget ivh alle damite,
daz got aysliche sit	daz got die svntigen site
an vns so starke schevhet	an uns so harte schivhet
daz vns sin stimme flevhet,	daz uns sin stimme flivhet,
div vnsren vordren sâgte	div unser uordern ofte erschein,
swaz si mit andaht fragte*n*.	wan des ist zwiuel nehein.
	do uon dem bisgofe here
	eroffent wart div lere
	die er got mit diemůt angwan,
	do frŏet sih wip ṽ man,
Als der ander morgen rot	vnd als der morgenrot
der vinstren erde lieht gebot,	der vinstirn erde lieht erbot,
	daz al div werlte erluhte,
	die menige do zit duhte

1582 allen *169, 15* untze *1588* de *169, 19* div *1596 vielleicht* iu ermehelen *Sch.* *1604* fragte

A

sí mûsten hin ze hofe gân
vñ alle ir gerten da enpfan.
do gab man den hersten
ir gerten al zem ersten.

Joseps gert*e* chleine
div was gevallen eine:
von den andren si entslaif,
daz sey der pischo*f* niht begraif.

Do schamten sich die fursten
der frevel vñ der geturste,
daz si mit hohferten
puten dar ir gerten.
swie wol si got erkanden,
vñ weren si immer da gestanden,
si heten daz vrkunde
an ir denheiner funden.
Josep der gotes trŏt
der floch die rede vñ auch die prŏt;
er douhte sich so nider,
er suchte niht wider
sine gertte zenpfahen.

D

daz sîe ze houe giengen,
ir gerte wider enpfiengen.
ze eriste gap man den richen,
den der arme mûzze entwichen,
v̄ darnah den smæhen.
sie sprachen, swa sie sæhen
daz zeichen mit den ŏgen,
daz wolten sie glŏben.
Josebes gerte div chleine
div was ueruallen eine:
uon den andern sie gesl*ei*f,
daz sie der bisgof niht begreif.
do wanten sie algemêine,
nv in daz zeichen niht erschêine,
ez chome uon ir sunden
daz got wære erwnden
siner grozen barmunge.
sie w*a*nten herze v̄ zunge
dimûtekliche an in,
daz in div tube erschin
div in da was geheizen.
sie rowe daz sie gemeizzen
die schonen gerte hæten.
nu ruche er sie beraten,
der al die werlte wiset
vnt sîn warheit briset
mit rehte v̄ mit gûte:
der gefrŏe ir gemute.
ia erschameten sih di fursten
der frauel daz sie getorsten
dar gebieten ir gerte.
si erkanten ir herte
v̄ chlagten ir missetat,
daz sie in hohvertiger wat
gotes tŏgen wolten sehen,
daz mit diemut mûz geschehen.
Josep der gotes trut
der floh die rede vnt die brut;
er duhte sih so nidere
daz er nîen wolte widere
sin klêin gerte enpfahen.

1611 gerten *169,36* geslief *1614* pischof *169,39* wænten

. . . . . niht wandeln sîniu wort.
nu suoche eine cleine gerten dort,

1925—28 C^2 724—727 25 *etwa* got wil niht 26 kurcze

A	D
do si ir niht ensahen,	do si do niht ensahen,
do sprachen si vil drate:	sie sprachen mit einem mvnde:
,wir sulen vns baz beraten.'	,wir schuln des himels urchunde
	noh herzeklicher suchen,
	ob des got welle ruchen,
	daz wir gesehen siniv tŏgen.
	er ist gnadich, deist vnlovgen.'
Abiathar der pyschof	Abiathar der bisgof
der hiez do ouf den freithof	der hiez do uf den frithof
die chreftigen scharen	alle die menige entwichen
alle gemainlich varen:	v̄ betten inneklichen.
si baten ir schepfere,	
daz er in genedik were.	
eine gienk er in daz goteshovs,	ein gienger in den sal,
die levte treib er dar ŏz.	daz livt stunt hievor uberal.
sich selben gart er sâ	selbe gart er sih sa
in zwelf tintinabula.	in zwelf tintinnabula
er zoch an sine brust*e*	v̄ in die heiligen wat
daz edel chirchgeruste,	die Moyses gebrvefet hat,
daz got wol gezam;	niht uon mennisken sinne
	wan als im div gotes minne
	gebot v̄ uorgetihte.
	als sih der herre berihte
	got ze flegen in dem gwante,
	erwelte mirren er brante,
	tymiama v̄ wirŏh.
heizz*e* wainen er began.	sin sunde wêinter ŏh
	so heize uor dem altære,
	daz des himels rihtare
	geruhte bewisen in,
	der bediv gnade unde sin
	al der werlte teilet
	v̄ die sundare heilet,
	swa er die rivwe gesiht,
	wand im der barmunge giht
	ensamet himel v̄ erde
	v̄ dienent im so werde.
Do chom ein engel geflogen,	Do chom ein engel geflogen,
er sprach ,ia seit ir niht betrogen,	er sprah: ,ia birt ir niht betrogen,
got wenket niht sinem wort.	got enwandelt niht siniv wort.
nv sûch ein chleine gerten dort,	nu svche ein chleine gerte dort,

1641 brust *1644* heizzen

diu dir ist enphallen:
diu erfrouwet . . . .

† . . . si im von der wîze
die vederen muosten glîzen.
dô wart ein chradem grôzer (1385)

1928 ervreuwet 1971–75 C² 728–32 71*f. vermutlich entweder* daz im *oder* daz si im *und* sâhen *statt* muosten 73 thradē

A	D
div da leit vervallen:	div dir ist enpfallen:
div verriht den zweifel allen,	div chumet ze frŏden in allen,
	swie harte sie iv nersmahet.
	als sie Josep enpfahet,
v̄n sehet den zwei mit evren ovgen,	ir geseht div gotes tŏgen
dar an die gotes tougen!'	mit fleisklichen ŏgen.'
Do si die chleinen rûten	Do er die chleinen rute
allenthalben gesůchten,	allenthalben suhte,
in der arken er sei vant.	in der arche er sie uant,
er nam sey zehant	er nam sie froliche in die hant.
vn̄ drank ovz ze der chirchture.	*do* drang er uz der chirhtur
die gerten zaigt er da fure;	v̄ zeigte die gerte her fur;
er sprach: ‚Josep, gotes kint,	er sprah: ‚Josep, gotes kint,
die engel dir holt sint,	die engel dir gnædik sint,
die eil*ent* an dich zaigen:	sie ilent an dih zeigen:
dise gerte ist din eigen.	disiv gerte ist din eigen.
nv sovme dich niht mere:	nu sûme dih niht mere:
wir enpfelhen dir di*e* magt here.'	wir bevelhen dir die maget here.'
Joseph erchom vil sere do,	Josep erchom do harte,
daz mit louten worten so	daz mit so lûtem worte
in der pyschof ane rief.	der bisgof in anrîef.
sine ⟨gedanche⟩ waren tief.	sin gedanche waren tîef:
do enpfienk er ziterinde	er zwiuelt waz er tæte,
von des herren hende	v̄ wes got willen hǽte.
daz grv̊ne plůnde reis.	doh enpfieng er daz ris.
sein part was lank vn̄ greis.	sin bart was im lanch vnd gris.
er were gerne entwichen,	
sein sorge waren michel,	
die bewainot sein not.	weinen begunde er durh not,
Als er die gerten ovf pot	v̄ als er die gerte ufbot
vor weiben v̄n vor mannen,	uor wiben v̄ uor mannen,
ein tovbe swank do dannen,	ein tube swanch do dannen,
ein vil wunnechlicher vogel:	ein vogel so wolgetan
der swebte bey dem swipogen,	daz sin got must ere hân:
daz si in alle sahen.	der swêimet ein wile da
darnach begunde er gahen	vnd hub sih danah sa
gen des himels trone.	gegen himel hin wider,
er waz den vollen schone.	danner chomen was her nider.
man hort ein schal grozzen	Do wart ein chradmediker scal
von seinen housgenozzen,	von dem livte uber al:

170,36 do / do *1661* eilten *1664* div *170,40* warte *1675* des beweinot er *F.* *171,8* chradmendiger *Lexer 1,1701*

von sînen genôzen:
si . . .

A	D
wan es sey selzêne	si lobten got genot.
dovhte vñ harte zême.	wie harte sie wnderot,
waz sol ich mere sagen?	daz enkan iv niemen gesagen.
Joseph begunde chlagen,	er êin muse wol chlagen,
daz er in alten tagen	daz er in alten ziten
den chvmer solde tragen.	des kindes scolte biten.
ein herze er doch gevienk,	ein herze er gevîe,
fur den pischof er do gienk.	fur den bisgof er gie
do trůk de*r* pideminde man	v̄ leint sih uber sin chruken.
eine chruchen fraissam,	
daruber mûst er sich lênchen.	
er bat sei*n* got gedenchen,	er bat sin got gehuken,
daz si in alle liezzen	daz sie in alle liezen
seines alters geniezzen,	sines alters geniezen,
vñ in des niht endwungen,	vnt in des niht endwngen,
daz er die maget iungen	daz er die maget ivnge
in seine gewalt nǽme,	in sinen gewalt næme.
wan ez im niht zême.	er sprah, wie er ir gezæme.
Do trosten in die herren,	**D**o trosten in die herren,
es moht im niht gewerren,	im enmæhte niht gewerren,
noch er niht trovren solde.	warumbe er truren scolte?
swaz got stiften wolde,	swaz got stiften wolte,
dem mohte nieman widerstan,	daz mæhte im niht wider stan.
wan er wurde vngehorsam.	wolt ab er des strites nîen lan,
	des muser wol enkelten:
	sie heten freisket selten,
	swer wider dem garte
	ware strebende harte,
	ezen kome im ze ungemah.
er bat auer mit minnen,	Joseph in aber zusprah:
mit fleize von allen sinnen,	‚swære ist mir ivwer gebot:
daz si in sein begǽben,	des begebet mih durh got,
seinen siehtom ane sehen.	wand ih ir vnwirdik bin.
	ichen han die ivgent noh den sin,
	daz ih ir wol gedienen mege,
	div in so grozzer pflege
	komen ist an disen tach.
	got weiz wol daz ih enmak.
	nu sehet min unchraft an!'
	der bisgof antwrten began,
Der bischof bat in horen,	er bat in ein wile horen,
er sprach: ‚wil dv zestoren	er sprah: ‚unde wil dv storen

1695 de *1698* sei

unt wil du âne sunde
samet ir iemer bûwen
in gotlîchen triuwen,
daz mahtu wol geleisten:
du bist des hûses meister

2016—20 C[2] 733—37 17 mit

A	D
daz dir der engel gebot,	daz dir der engel gebot,
daz ist der ewige tot.	daz ist der ewige tot;
ia zaiget daz mægedein	damit mustv uerlorn sin.
ir herze vñ allen iren sin	ia zeiget dir daz magedin
mit ware*m* vrchvnde,	des himels urkunde,
vñ wil dv ane sunde	v̄ wil du ane sunde
mit ir immer leben,	samet ir iemer bůwen
in reiner cheus*ch*e sweben,	in gotlichen trivwen,
des hast dv gůte stat,	so maht du wol genesen
wan ovch ir wille da zv̊ stat.	v̄ maht des hus*es* wirt v̄ meister wesen.
	schaffez drinne swie dv wellest!
	daz du vns din alter zel*l*est,
dich hilfet div chrenche niht.	daz gefrumet dir chleine.
gotes genade vñ sein lieht,	niemen weiz wan got eine,
der werlde schepfere,	wes er hab an dih gedaht
wesse wol wer dv were,	do er dir die tvben braht.
do er an dich gedahte	er wesse wol wer du wære.
v̄n dir die touben brahte.	sin lôz daz ist gewære,
	sin urchunde warhaft.
	nu geswîge diner unchraft
dv solt gedenchen daran,	v̄ gedenche wol daran,
wie weilen die zwene man,	wie zwene herliche man,
Chore vñ Abyron,	Dathan vnde Abyron,
weilen verworhten ir lon,	wilen uerworhten ir lon,
daz si an die gotes tougen	daz sie an die gotes tŏgen
niht wolten gelouben.	niht wolten gelŏben!
	nv mache die rede niht ze lanch,
	la den strit, volge uns ane wanch:
tů vns daz ze liebe:	gemæhel mit frolichem mvt
mehel die vrowen schiere,	die maget edel v̄ gut,
æ wir den hof rŏmen!	e wir den hof růmen!
dv solt dich niht lenger soumen.'	du scholt uns niht lenger sumen.'
Do sprach der einvalte:	**D**o sprah der einualte:
,got mit sinem gewalte	,got mit sinem gewalte
der weise mich des besten,	der bewise mich des besten,
wan wie so ich weste	wan swie so ih weste
daz ich die sele moht ernêr*n*,	daz ich die sele mæhte ernern,
waz solde ich bezzers gern?	waz scholt ich tivrers gern?
ich wil ev sagen minen sin:	ich wil iv sagen minen sin:
wan ich ein sundere pin,	wand i*ch* ein sundære bin,

1720 allē! *1721* waren *1724* cheuse *171, 35* husse *171, 36* zelest
1746 wie! *1747* ernêren *172, 9* ihc

disem magedîne
mit bescheidener rede

minen mahelschaz geben:
sô si zuo ir jâren chome,
in mînem hûse gewone

2062—66 C² 738—42 64 mine gemehelsc^{h}az gebe 65 so] als 66 unt in *M*. .

A

alt vñ vngezeme,
waz hulfe daz ich sey næme?
ez ist vmich denhein frume.
ich han hêrliche svne,
vil vermezzen degen*e*,
die mir got gesegene:
die sint hochgeboren,
ze eren wol erchoren.
ich wil an diser weile
disem magedeine
minen mahelschatz geben
mit bescheiden reden:
so si zv̊ iren iaren chome
vñ in minem house wone,
so schowe si alle div chint
die von mir chomen sint:
an swelhem minem chinde
si die tugent vinde
daz ez ir gevalle,
des sey wir fleizzek alle,
daz si zv̊ dem chere:
des mak si baz ære
dan mein gewinnen.
mit solhen dingen
in min hous ṽ in min hůt
*en*phah ich dise magt gůt.'

Als si die rede vernamen,
die fursten alle chamen
nach sant Mareien,
der edilen vñ der freien;
die latten sei ovf den freithof:
si sprachen, daz der pischof
sei wolde besprechen
vñ ir ere zechen.
di*e* magt in dem chloster
daz reine kint si trosten;
si zierten wol ir gewant.
die herren nâmens an die hant

D

alt ṽ ōh ungezǽme,
waz hulfe mih daz, ob ih sie nǽme?
ez ist umbe mih nehein frum.
ich han ave erliche svn,
vil wolgetane degene,
die mir got gesegene:
die sint gůt ṽ wólgeborn,
zallen sælden erchorn.
an die wil ih ir raten
vnd wil ez nor iv stæten,
daz ich ir mit bescheidener rede
minen gemahelschatze gebe:
so sie zir iaren bechome
ṽ in minem huse gewône,
so schowe sie elliv div kint
div mir uon got uerlihen sint:
an swelhem minem kinde
sie die tugende vinde
daz ez ir wol genalle,
daz dienen wir alle,
daz sie zu dem chere:
des mak sie frum ṽ ere
baz denne an mir gewinnen.
daz ist ōh al div minne
der ich iemer dar gemůte:
alsus enpfahe ich sie in mine hvte.'

Als div rede was getan,
die herren hiezzen gan
nah sante Mærien,
der guten ṽ der frien;
die ladeten sie uf den frithof:
sie sprachen, daz der bisgof
sie wolte gesprechen,
ir ere gerne zechen.
die frowen die ir waren bi,
nu ez also komen si,
die rieten ir algeliche,
daz sie tǽte froliche
swes man an sie mvͦte:
daz wrde ir gewant ze gůte.
uf stunt do div rêine,

1755 degen *1762* bescheidener rede *F.* *1776* ephach *1785* div

A		D
		sie gie zuhtekliche v̄ seine
vn̄ fůrten sei an den rink.		den herren bisiten
ir sele vn̄ alles ir dink		fur die herscaft an den rinch witen
daz enpfalich si got tevre.		v̄ beualh sich got tiv̂re;
si bat daz er si stevren		sie sprah: ,herre, du mih stîvre
mit dem heiligen geiste gerůchte,	172, 35	mit dem heren geiste din,
swaz rede man an sey sůchte,		daz min antwrte muze sin
daz si an ir antwurtte		werde v̄ unbesprochenliche.'
besprochen iht wur*te*.		do gebot der bisgof riche
Der pischof stůnt in der mitten,		al die menige swigen,
die levte sweigen hiez er bit*ten*.		unnvtzen chradem uermiden.
		die maget enpfieng er wol:
		sie neig im als ein frǒe scol.
do stůnt si sam ein plůme,		da stunt sie sam div blůme,
div an der wise grůne		div an der wise grůne
scheinet ovz dem dorne:	40	ir liehten schîn uerre sprenget.
sam stůnt daz kint da vorne.		die werlt het des wol verhenget,
si levhtot als div sunne:		daz diu rede gelenget wære,
ez waz ir aller wunne		darvmbe wand div werde v̄ div mære
daz si di*e* schǒnen vrowen	173, 1	gab in frǒde v̄ ǒgenweide:
ane solten schowen.		die sælde hete sie beide
		an der schone v̄ an der gute.
		dar under stunt ab ir gemv̂te
		niender me wan eine ze got
		v̄ zallem sinem gebot.
Do sprach der pischof weise:	5	der herre hub an v̄ sprah:
,dv solt ze Paradeise		,frǒe, din ere v̄ din gemah
immer gotes kint sein.		wellen wir mit dir ahten.
nv sprich, liebes magedein:		nv solt dv reine betrahten,
		waz gotes wille daran si
		v̄ ǒh unser rat dabi.
daz zaichen daz hie geschen ist		daz zeichen daz da geschehen ist
daz wil daz dv denheine frist		daz wil daz du neheine frist
dich ǒf habest	10	noh dehein ufscub habest
vn̄ lenger iht entsagest,		v̄ dih niht lenger entsagest,
dv mv̂ssest werden hie ze stet		dune werdest hie ze stete
durch gotes gebot vn̄ vnser bet		durh unser aller bete
Josebes gemahele.'		Josebes gemahele.'
do vielen ir die zehere		do vielen ir die træhene
von den wangen ovf die wat.		ab den hufeln an die wat.
si sprachen: ,sein ist chain rat,'		sie sprachen: ,sin ist dehein rat:

1796 wurde *1798* biten *1805* div *1815* mvͤsset

A	D
daz si sich wol gehabte	wer schol daz wenden v̄ chlagen,
noch niht widersagte.	daz got selbe ruchet antragen,
	der an niemen missetvt?
	nv sage frôe dinen mut!'
Do sprach div schône lilye:	**D**iv maget antwrten began:
,*got der* het in himile	
gesetzet sinen stûl	
vn̄ in daz paradeis fůr,	,got der den eristen man
do er den ersten man	uz læime gebildet hat,
ouz layme bilden began,	v̄ des tronus inme himele stat,
der beschůf der werlde vmechreiz,	der ôh geschuf den witen umbechreiz,
der allev dink wole waiz,	elliv dinch er wol weiz;
	wir mugen in nihtes uerheln,
	niht uersagen noh uersteln:
wan aller herzen tougen	aller herzen tôgen
blůent vor sinen augen,	div sint uor sinen ôgen;
der laitet des meres vnde	des tîefen meres unde
vn̄ daz abgrunde,	ioh daz uinster abgrvnde,
erde vn̄ luft	erde v̄ lufte sint im diensthaft
vn̄ der helle gruft:	v̄ erchennent sine chraft:
er mit sinen chôren	der ruche mih erhoren;
gerůche mich erhôren,	sin gebot shol ich niht storen,
wan ich daz vrchunde	wand ich daz urchunde
von sein selbes munde,	uon sin selbes munde
von seinen genaden nemen wil.	enphangen han v̄ nemen wil.
hie ist herschefte vil,	hie ist ôh herschefte vil,
die wil ich niht verzeihen.	der beidiv bet v rat
got růche mir erzaigen	uon rehte mir ze volgen stat,
mit sein selbes veste	
swaz mir sei daz beste.	
Ich han denheinen willen	swie ich doh niemer gewînne
noch nimmer wil gewinnen,	můt ze werltlicher minne,
daz ich mit cheinem maile	daz ich mit deheinem mæile
miner sele vertaile.	min sele uerteile,
meinen magtom sol ich herten,	noh minen magetům verwerte.
doch seit ich ab der gerten	ich sah abe der gerte
die toube sach fliegen,	mit samet iv die tuben fliegen:
so wil ich niht betriegen	des wil ich niht triegen
daz himelische zaichen.	daz himiliske bôchen.
meinen sin wil ich reichen	min herze můz ich brôchen

1824 got der] der got A, der got der *F*. *1843* verzîhen : erzeigen *sicher nicht ursprünglich, ich vermute* die wil ich niht verseinen

A	D
in ewer aller rat:	in ivwer aller rat:
swer mich ze hute bestat,	swêr mih ze hute bestat,
deme wil ich sein gehorsam.	dem bin ich gerne undertan
	mit dienste, daz wizzet sunder wân.
mines leibes ich nieman gan,	mins libes ich niemen gan,
	da belibe ich stætik an.
alten noch iungen	ob mirz got ver*l*ihet,
ze chranker wonunge,	der nieman nihtes uerzihet
ze sundegen sachen:	des man mit rehte an in gert,
daz kan nieman gemachen.'	da wrde ŏch ich niht entwert.'
Dise rede douhte sev lobelich:	**D**iv rede duhte lobelich:
do sprach mennechlich,	des iah aller manneklich,
si were eben genůk.	ir antwrte div ware gůt,
ir leip si also wol trůch	ir sin mit wisheit behut.
daz sei die levte diche	
musten ane blichen.	
Do hete der alte	do hete in sinem gewalte
einen mehelschatz behalten,	einen gemæhelschatze der alte,
ein guldein vingerlein:	ein guldin vingerlin:
daz enpfienk von im daz magedein	daz enpfie sie uon der hant sin
miten in dem ringe.	enmitten inme ringe.
daz volk begunde singen	daz uolch an dem tâidinge
des reichen gotes ære.	uor frôden singen began.
si wolten dannen cheren,	sie wolten cheren dan,
ze herbergen reiten;	ze herbergen riten;
der alte pat sey peiten,	der alte bat sie biten,
er sprach: ‚nv solt ich venien	er sprah: ‚nu scholt ih min uenige
fur alle dise menige:	fur alle dise menige
	vil billichen suchen,
	ob ir es wolte*t* geruchen.
die herren die nv hie sint	die herren die nu hie sint
die sehent wol daz ich daz kint	die sehent wol daz ich ditze kint
selbe niht mak bewarn:	selbe niht mak bewarn:
ich můz reiten vñ var*n*	ia můz ich riten v̄ uarn
dvrich min sache weiten;	durh mine sache witen;
wie mohte danne erbeiten	wie mæhte danne erbiten
disev magt zeme,	disiv maget schone,
vnze ich wider chæme?	untze ih ie wider kome?

1857 im Original wohl in den iuwer aller rat *173, 34* hute *durch Flecken fast unleserlich, aber sicher nicht* hilfe *H.* *173, 38* verzihet : uerzihet *1881* ich! *174, 7* wolte *1886* varen

A	D
	sine wære mit ir gespiln,
	anders můste sie beviln
	ṽ betragen miner uzverte.
	nu helfet mir daz ich beherte
nv gebt vns ze hůte	mit bete ir ze hůte
funf vrowen gůte	fumve ivnchfrôen gůte,
ovz diser samenunge,	
edel vñ iunge,	
kevsche vnde piderbe;	kivsche, gewizzen ṽ biderbe;
die antwurt ich her widere,	die geantwrte ih iv widere,
swan ir sein niht welt enberen:	swenne ir sin niht welt enbern.
des sol der pyschof mich geweren.'	des schol mih der bisgof gewern
	durh ivwer aller minne:
	so bin ih wol gestîvret hinnen.'
Do sprachen die gůten chnehte,	**D**o sprachen die guten chnehte,
si solden in mit rehte	*man* scholt in uon rehte
geweren des er sei bat,	gewern swes er bæte,
seit er gevolget hat.	nu er in geuolget hæte.
si hiezzen die kvniginne	sie hiezzen die kuniginne
selbe darinne	selbe welen darinne.
welen die ir geviele*n*.	do nam sie die liebesten vnder in,
do nam div maget ziere	hinze den sie truch ir sin:
eine div hiez Rachel,	einiv was Rachel genant,
div waz zv̊ den tugenden snel;	der alle tugent waren erchant;
Rebeka hiez div ander,	div ander Rebecca hiez,
div was ane wandel;	die nehein gůttæte uerliez;
Sepfora div dritte hiez,	Sephora was div dritte,
di*e* si niht hinder ire liez;	div hete reine site;
Abygea hiez div vierde,	Abigea hiez div vierde,
die was ane falsche girde.	div lebet ane alle girde
	werltliche*r* sunden
	ṽ giench vngebunden,
	wand sie ir hete furgeleit
	ze beliben mit der kivscheit.
die fumfte hiez Svsanne,	die fvmften nant man Susanne,
div můste mit ir danne.	div muste ir volgen danne.
michel wart daz wainen,	michel wart daz weinen,
do si sich můsten schaiden.	do ez cham an daz scheiden,
Mareien schidunge	uber al die samnvnge.

174, 18 wan *1905* geviele *1912* div *174, 27* werltlichen

A	D
tet aller samenunge	div Marien schidunge
gar inrechlichen wê:	têt in herzeclichen we:
si sprachen daz si nimmer mê	sie sprachen daz sie niemer me
	die reinen uberwnden,
	noh ir gliche funden
in disem yrdischen tal	uber allez irdische tal.
ir geleiche funden vber al.	die frowen chuste sie uberal
	174, 35 daz insigel rehter gvte:
	ir zvhten gehal ir gemvte.
	daz ir gesinde ŏh urlŏp nam,
	als ez den mageden gezam,
	mit zuhteklicher svzze.
	zu des bisgofes gruzze
fur den pischof si trat,	Maria dennoh getrat:
vrlovbes si bat,	urlŏbes sie in gebat
hin fur die phalze frone	daz er ir gebieten scholde.
mit den vrowen schone.	die herren heten sie holde:
	40 die wnsketen ir al geliche
	sælde vnd frŏde riche,
	daz sie die hie gewnne
	v̄ hernah des himels wnne.
	175, 1 sie neig in v̄ cherte dan
	mit den frŏen ioh mit dem man
	der sie wol bewarn chunde
	v̄ *sie* ŏch meinet ane sunde.
vber al daz gevilde	sie fure uber daz geuilde
in englischem bilde	in engeliskem bilde
ze Josebes herberge	ze sinen herbergen.
si heten ane erge	wîe mahte iemer werden
vil gůt gevertte,	5 loblicher geuerte,
wan sei got gewerte	wand sie got bediv gewerte
seines reiches vn̄ seiner ære,	siner hulde v̄ al der eren?
da si wonent mit frevden immermere.	nv ruche sie zu uns cheren
	sin gnade den sie trvch:
	wil sie, so han wir heiles gnuch.
Div stat heizzet Capharnaum	Ein stat hêizet Capharnaum,
vn̄ stozzet an des meres drum:	div stozzet an des meres drum:
da sazzen reiche levte.	da sazzen richiv lĭvte.
Capharnaum sprichet ze devte	Cafarnaum chivt ze divte
villa speciosa:	10 uilla speciosa.
si leuhtet sam dev rosa	sie lůhte sam div rosa
vor den andren steten.	ob anderen steten.

174, 39 hete *175, 3* sie] es, *l.* ez?

A

dar was Josepf gebeten:
ez waz in sinem lande.
boten im do sande*n*
zwene fursten reiche:
si enbuten im minnechlichen,
ob er sey mohte gesprechen,
si wolden mit im zechen
vm ir schef die waren zebro*st*en:
die chunde er wol chosten,
waz dar ovf gienge,
so man ez an vienge:
er kunde in rehter weile
schef vn̄ gal*e*ien
vil wol bereiten
mit sinen arbeiten.
die mehtigen herren
baten in ferr*e*,
daz er můste zv̊ in varen,
noch mohte sein niht gesparen.
An dem andern morgen
hůb er sich ovz mit sorgen
der heilige patriarch;
er pat die vrowen stark,
daz si Mariam behůten
durch ir selbes gůte.
er begunde sey bit*t*en,
daz si sey in die mitten
⟨nahtes⟩ legten
vn̄ ir mit fle*i*zze pflegten.
sein gesinde hiez er fur sich gan:
er gebot daz si vndertan
der edelen vrowen wêren,
vn̄ allez daz verbæ̂ren
daz si niht wolde schowen:
daz lobte ime man vn̄ vrowen,
daz si ir wolden dienen
durch sein gebot vn̄ durch ire liebe,
die weil er wære vnder wægen.
er bat daz der gotes segen

D

dar wart Josep gebeten
uon richen fursten zwêin.
des waren sie worden ennêin,
daz ir ieteweder nah im sande:
ia was ez in sinem lande.
ir schef waren in zebrosten:
daz chunder wol chosten,
waz sie dar uf tæten.
so uerre sie in baten
daz er in muste uolgen,
doh was sin herze erbolgen,
daz er nah solhen eren
uon sinem huse scholte cheren.
iedoh must er hengen,
erne mahtez niht gelengen.
an dem andern morgen
hub er sih uz mit sorgen
der heilige patriarche;
die magede *f*leget er starche,
daz sie an Marien hůte
stæte wæren durh ir gůte,
nahtes bi ir lægen,
mit trivwen ir pflægen.
sin hiwische hiez er fur sih gan,
v̄ gebot daz sie undertan
siner frŏen wæren,
unde allez daz uerbæren
daz sie leides ermante.
sin svne bat er ŏh zehant
in ir dienste gerne stan.
,nu můz ich ivh', sprah er, ,lan
die wile ich bin underwegen.
der milte gotes segen

1946 sande *1951* zebrochen *1956* galaien *1960* baten / baten ferren *175, 20* pfleget *1969* biten *1972* ir! flezze

an ir chirchgeruste,
sô si werches geluste,
daz si durch alte minne

⟨si⟩triuwen brâhten inne
an dem ir garwe,
daz si die manigen varwe
sprankten an diu bilde,
daz die lewen wilde
unt die trachen swebeten daran,
beidiu vogele unde man,
diu mislîchen merwunder
unt allez ⟨daz⟩ chunder
des diu werlt phlâge,
daz ⟨daz⟩ daran lâge.
die priester santen ouch dar
wol gezinnelôten har,
daz si in ze helfe spunnen,
sô si beste kunden.
dô wart ir strît vil grôz:
die frouwen wurfen ir lôz,
wâ der purper unt diu sîde
scholten belîben,
welche des wert wâre,
daz si daz beste nâme
unt darane worhte.
den rûhen har si vorhten:

2365 *bis* niht 2458 C^2 743—836 65 chirgirdiste 66 so] wanne 69 gegerbe, *vgl. § 31b Anm.* 71 sprengeten 72 leuwen 75 di

A

sei alle behûte.
er schiet von dan mit laidem
mûte.

Templi pontifices
die bedahten sich des,
warume sechs magedein
also mv̊zzik solden sein.
Si sanden den edelen weiben
purper vñ seiden,
varbe maniger hande
zv̊ dem chirchgeruste,
so sey werches geluste,
daz si des begunden,
so si beste chunden.
die priester sanden auch dâr
wol gepursten hâr,
daz si den spvnne*n*
zv̊ der chirchen gezierde vñ wunne.
do wart ir streit groz:
die vrowen wurffen ir loz,
welihen purper vñ die seiden
vnder in solden beleiben,
ovf swelich daz loz quême,
daz si daz beste nême
vnde dar an worht*e*.
den rouhen har si vorhten:

D

hab ivch alle in siner hûte.'
do schied er dan mit trurigem
mute.

Templi pontifices
die berieten sih des,
warumbe die sehse magedin
also muzzich scholten sîn.
sie santen den edelen wiben
purpuram unde siden,
coccum v̄ bisse.
sie enbutten in gewisse
bediv sælde v̄ hei*l*,
v̄ daz sie in hulfen eintei*l*
an ir chirchgeruste,
so sie werches geluste.
sie baten durh die alten
minne,
daz sie ir chunstigen sinne
zaigeten an dem garwe
v̄ die manigen uarwe
sprankten an div bilde,
daz die lewen wilde
vnd die draken swebten daran,
bediv uogel v̄ man,
div m*i*slichiv merwnder
unde allez daz chunder
des div werlte pflæge,
daz daz daran læge.
die pfaffen santen ŏh dar
wol gezinnelohten hâre,
daz sie in ze helfe spunnen,
so sie beste kunden.
do wart ein strit vil groz:
die frŏen wrfen ir loz,
wa der purper vnt die siden
uon rehte scholten beliben,
welhe under in gezæme
daz sie daz beste næme.
den ruhen hare sie vorhten:
daz sie daran iht worhten,

---

manige 76 alle 79 santen] sante er 80 gezinnelot 83 stit 85 purp^{s}! 90 den] di

175, 34 heile : einteile *175, 40* mieslichiv *1999* spvnne *2007* worhten

des wolte ieglîch magedîn
gerne uberk worden sîn.
do geviel daz lôz an daz kint
dannen alliu wîp sint
gezieret unt gesegenôt,
daz die sîden gruone unt rôt
in ir handen beliben:
alsô wolte si gesigen,
daz die andern spunnen den har.
diu vil wênige schar
diu enlie daz niht âne nît:
daz verweiz in der engel sît,
daz si durch unminne
sie hiezen kuniginne,
wan si von rehten schulden
hête gotes hulde.

der engel der die spîse
ûz dem frônen paradîse
sant Marîen brâhte,
do er an den schimph gedâhte

den die magede hêten under in,
er wolte erschrechen ir sin:
in allen er erschein,
lieht als der goltstein;
er sprach: ‚ez ist ein wîssage
daz ir ze spotte wellet haben:
ir werdet des wol innen,
daz si keiserinne
uber al die werlt wesen muoz:
sô wirt ouch iu des tûsches buoz,
so gesehet ir vil gereite
die rehten wârheite.'

dô vorhten si der râche,
mit zuhten si sprâchen,
si wolten ez gerne buozen:
si buten sich ze der kuniginne fuozen.

2394 da von 96 daz si di 99 di har 2401 enliz 2 d[s] engel in daz seit 3 ir minne 5 schulde 9 sente 10 schinph 13 in allen gâhen? *s.* *§ 69 d* 14 ein goltzein *M.* 15 ich wil uch wissage, *vgl.* non erit sermo iste in fatigatione missus, sed in prophetiam verissimam

A

do geviel daz loz ovf daz kint
von dem alle vrowen sint
gezieret vn̄ gesegenot,
daz ir seiden grv̊ne vn̄ rot
in ir handen beliben:
also sach man sei gesigen,
daz div ander schar
mûste spinnen den har.
daz beleip niht ane neit:
daz verwaiz in der engel seit,
daz si denhein vnminne
heten gen der kvniginne,
wan si von rehter schulde
hete gotes hulde.

der engel der die speise
ovz dem fronen paradeyse
sant Mareien brahte,
als er an den schimpf gedahte

den si heten vnder in,
er wolte erschrechen ir sin.
in allen er erschain,
lieht als ein goltzain;
er sprach: ,ich wil ev sagen:
die ir ze neide welt haben,
ir werdet des wol innen,
daz si keiserinne
al der werlde wesen mûz:
so wirt evres neides pûz.'

do forhten si di*e* rache;
mit zuhten si sprachen,
si wolten ez gerne pûzzen,
vn̄ puten sich zv̊ ir fvezzen.

D

des wolt ieglich magedin
vil gerne uberk worden sin.
Do geviel daz loz an daz kint
dannen div guten wip sint
gesæliget ṽ gesegenot,
daz die siden grune ṽ rot
in ir handen beliben:
also wolte sie gesigen,
daz die andern næmen den hare.
div vil wenigiv schare
div enlîe daz niht ane nit.
daz wart ŏh in uerwîzzen sit,
daz sie durh unminne
hiezzen sie ir kuniginne,
div uon rehten schulden
was in gotes hulden,
ṽ div der eren chrone treit,
iemer mvter vnde meit.
Der engel der daz himelbrot
tæglichen ir ze tiske bot,
do er an den schimpf gedahte
den die magede heten
under in,
den schimpf er ze ernest brahte.
er began schreken ir sin:
en allen gahe*n* er erscheine,
lieht als der tak gemeine;
er sprah: ,ez ist ein wissagen
daz ir ze spotte wellet haben:
ir werdet des inne,
daz Maria keiserinne
uber al dise werlt wesen mûz:
so wirt iv des tuskens pûz,
so ir gesehet vil gereite
die unverborgen warheite.'
die frŏen harte erschrikten,
do sie den engil an erblikten
ṽ sinen zorn ersahen.
mit uorhten sie iahen,
sie wolten wandeln vnd buzzen,
ṽ butten sih der guten ze fuzzen.

---

prophetatus *Pseudomatthäus VIII* 18 zu keiserinnen *l.* Maria *nach* D? 19 alle di 20 getusches 21*f.* gereit : warheit 22 gerechten

2027 vnder! *176,21* gahes, *oder in statt* en *2037* si *aus* di div

Nu hôret, lieben, dise sage:
an dem anderen tage
diu kamere des ⟨wâren⟩ sunnen
diu gie zuo ir brunnen
an des hoves ende
unt twuoc ir reine hende.
aller triuwen liehtvaz,
do si eine wîle dâ gesaz
unt anders niemen bî ir was,
ein engel lûter sam ein glas
der chom ze ir geslichen;
er bat sie wesen sicher
vor aller slahte leide:
froude unde weide
unt daz êwige leben
daz wolte got von ir geben,
teilen unde spenden
den armen ellenden,
die der tievel hâte
⟨. . . . .⟩ verrâten.
er sprach, ez muose chomen ein lieht,

daz enmahte in der vinster nieht
lenger sîn verborgen:
si wâre diu alle sorge
mit dem ole der barmunge
linden begunde.

do si aller gerniste
von geistlîchen listen
mit im geredet hâte,
do verbarc er sîn gewâte,
bêdiu ougen unde munt,
daz si in an der selben stunt
niht . . . .

2429 kamerer 32 vil reine 33 ein licht vaz 34 gewas 35 da enwas 45*f.* di der tuvel hatte u'raten, *etwa* ze sunden verrâten, *vgl.* 3167*ff.* 47 muz 48 h' in 51 oley 52 linderen 53 geruste 56 v'warf

A	D
Nv horet di*se* sage:	Nu horet, liebe, die sage:
an dem andren tage	an dem andern tage
div vrowe der sunnen	div kamer des waren sůnne
gienk zv̊ einem brunnen	div gie zu ir brunne
an des houes ende;	an des houes ende
do tuůk si ir hende.	vnt deẘch ir reine hende.
aller æren liehtvaz,	do sie ein wile da gesaz,
do si eine weile da gesaz	aller trivwen liehtuaz,
vn̄ ander nieman da waz,	176, 35 unt anders niemen bi ir was,
ein engel louter als ein glas	ein engel lvter sam daz glas,
der chom zv̊ ir geslichen;	mit grozer gute beuangen,
er bat sey wesen sicher	der chom zu ir gegangen
vor aller slahte laide:	v̄ bat sie wesen ân leide:
frevde vn̄ weide	gnade, frŏde v̄ wêide
vn̄ ewiges leben	wolte got mit ir geben
daz wolde got von ir geben.	v̄ daz ewîge leben
	aller werlte: daz scholte sie glŏben.
	er saget ir uon den gotes tŏgen,
er sprach, ez můste chomen ein lieht,	177, 1 daz ir schiere chome ein lieht,
daz moht in der vinster niht	daz lange in der vinster niht
lenger sein verborgen:	mæhte sin uerborgen:
si were an alle sorge	sie wǽre div alle sorgen
mit dem ŏle der barmunge.	mit der barmunge ole
lieben ir sein rede begunde.	linden begunde v̄ senften wôle;
	sie wære div die ellenden
	wider heim scholte senden
	zu ir rehtem uaterlande,
	danne sie mit der sunden bande
	komen uon des tieuils rate.
do si aller gernist	do sie aller gerniste hæte
von geistlichem list	der rede gehoret me,
mit ime gereit hête,	der engel der mit ir e
do barik er sein gewǽte,	sprachte v̄ bi ir stunt,
pede ougen vn̄ munt,	er uerbarg ŏgen vnde munt,
daz si in zv̊ der selben stunt	sin antlutze ioh den schîn;
mohte sehen weder vinden;	also spilt er mit der kvnigin
Sus spilt er mit dem kinde:	als man pfleit mit den kinden,
	daz sie sin niht chunde vinden:
des nam sey miche*l* wunder.	des began sie wnderen sere
si het ez gerne erfunden:	unde iedoh des dinges mere

2041 disev *2048* da! *2071* michels

. . . . kort,
daz er dar widere quâme,
daz si sîn ein ende vernâme.

Hie gêt ez an den ernist:
nu muget ir aller gernist
iuwer herze hôhen,
die senften rede hôren,
daz aller bes*te mâre*

2470—77 C^{2} 837—44 72 neme 73*f.* ernst : gernst

A	D
	daz er hete ir furgeleit
	uon der chumftigen warheit.
div rede douhte sey ze tief.	div rede duhte sie ze tîef,
ir gedanche schriben einen brief	ir herze darunder nien slîef:
in des herzen tolde:	sie gedahte waz er meinete,
si gedahte daz si wolde	v̄ daz erz baz bescheinete,
ze einem anderm male	des wolte sie in gerne bi*t*en,
den liehten engel vragen,	so er nah sinen siten
ob er si hete so bechort	
daz er verlæzzenliche wort	
zv̊ ir gesprochen hete.	
si dahte, ob siz gelebte,	
daz er dar widere quæme,	anderstunt zu ir kame,
daz si sein antwurtte næme.	daz sie sin ein ende uernæme.
Hie get ez an einen ernist:	**H**ie gat ez an den ernest:
nv mvgt ir aller gernist	nu mûget ir aller gernest
ewer herze hôhen,	mit liebe v̄ willigen oren
die semften rede horen,	die svzzen rede horen
daz aller beste mære	v̄ daz aller beste mære
daz dem sundere	daz deheinem sundære
wart ie gekvndet,	ie wart gechundet,
seit Adâm wart verschundet.	sit Adam was uerschundet.
Ein burk heizzet Nazare*t*;	Ein burch heizet Nazaret;
in einer gegent si stet	in einer gegende sie stet
div heizzet Galilea:	div genant ist Galilea:
vnser vrowe div waz da,	unser frŏe div was da,
div himilischiv kviginne	aller tûgende gimme,
div hæte hous da inne.	sie hete hûs dar inne.
do het verzurnet der reiche got	nv was ŏh komen div zit,
vnde wolte vber der werlte not,	daz got des viandes nit
vber vns vil armen	niken wolte an uns armen
sich genedichlich erbarmen	vnd sich scholte erbarmen
vn̄ die helle zestoren.	uber alle sin hantgetat.
er erwelte ŏz seinen choren	do wart erwelt uon sinem rat
zv̊ siner botschaft	zû der fronen botschaft
einen engel, *der die* kraft	ein engel, der die chraft
seiner gotheit	v̄n die gnade siner gotheite
zv̊ der maget preit:	der reinen bræhte v̄ furpreite:
der ist geheizzen Gabriel,	Gabriel ist er genant;
die gotes kraft chvndet er;	uon dem han wir in erkant,

2075 im Original vielleicht tolbe *,Tiefe, das Innere' zu* telben ,graben' *L.* *177,16* bitten *2093* Nazareht *2106* der die *F.*] d' het die

nider zuo der erde;
er vant die gotes werden
in einer kemináten:
dar in sô gienc er dráte.
die chleinen sîden si span,

daz werc daz si dâ worhte
daz sleif ir ûz den handen:
des boten si niht erkande.
der vorhte er ir gebuozte;
nu hôret wie er sie gruozte:
,Ave Marîe,
die dîne bruste frîe,
die . . . .

2501—5 C² 845—49 1 erden 2516—23 C² 850—57 17 sleich 18 enkande 19 di vorchte 21 maria

A	D
	der Leuiathanes drozzen
	mit dem cruce hat beslozzen.
er fůr frôlich	do fur er froliche
ovz dem himelreich	uz dem himelriche
nider zv̂ der erden;	nider zu der erde,
er vant die gotes werden	da div gotes werde
in einer keminate:	saz in einer keminaten,
dar in gienk er drate.	mit suzzem werche beraten:
vil chleine seiden si span,	die chleinen siden sie span,
die si an dem lozze gewan,	die sie anme lozze gewan,
do ander daz gesinde	do die anderen den hâre
den har můse spinnen.	musen spinnen furwâre.
Also michel wart der glast	also michel was der glast
den der englische gast	den der engelische gast
von gotes augen brahte,	uon gotes ŏgen brahte,
daz div mait sich vberdahte;	daz div maget sih uberdahte,
ir leip erchom so harte:	
si begunde in ane warten	
mit vil micheler vorhte;	v̄ daz̄ werch daz sie da worhte
daz werk daz si worhte	daz lie sie uon grozer uorhte
daz slaif ir ovz der hant:	slifen uz den handen:
des poten si niht erkant.	des poten sie niht erchande.
der vorhte er ir gepůzte;	der sorgen er ir gebuzte;
nv horet wie er sei grůzte:	nu horet wie er sie grůzte:
‚Aue Maria,	178, 1 ‚Aue, got gruzzet dih Marie,
die deine wambe freya	div uon allem meile bist frie.
die wil got besitzzen	aller gnaden bistu uol,
mit geistlicher hitzzen.	wan *Ch*rist uon dir komen schol.
ein vollev genade dv bist:	unser herre ist mit dir,
ia wil der himilische Christ	er minnet dih, daz glŏbe mir,
von dir werden geborn:	vn̄ hat dih darzu erchorn
dar zv̂ hat er dich erchorn.	daz er uon dir werde geborn.
er wil bei dir beleiben.	bi dir wil er beliben,
du pist ob allen weiben	gesegentiv ob allen wiben:
gesegenet vn̄ geweihet,	
wan dir alles daz neiget	
daz sich kan verstân.	dir niget swaz sih chan uerstân.
dv solt ze brontbette gan	du scholt ze brutbette gan
in dem himele *o*bene:	in dem himele obene:
des wirst dv ze lobene.'	des wirdes tu ze lobene.'
Div maget begunde denken,	Div maget begunde denchen,
die augen nider senken;	div ovgen nider senchen;

178, 2 crhist *2147* ebene

schiere bringen einen sun,
der in gnâde wil tuon;
er wirt geheizen Emanuêl:
dehein muoter gebirt niemer mêr
deheinen *sun sô guoten*:

2547—51 C² 858—62   48 in] ur

A	D
si mohte niht betrahten	sie nam ez in ir ahte,
noch envollen geahten,	wie daz werden mæhte,
wie dem grvͤzzen mohte sein.	v̄ wîe dem gruzsal wære.
trŏrik stv̊nt daz magedein.	trurik stunt div gewære.
Der engel troste sey aber sa:	der engil trost sie aue sa:
‚dine sorge du verla!	‚din sorgen du uerla,
gesegent bistu vor allem weibe:	beste aller wibe!
got hat in deinem leibe	got hat in dinem libe
im erwelt einen sal;	im erwelt ein sal;
dv solt der werlde vber al	du scholt der werlte uberal
schiere pringen einen svn,	bringen einen sun,
der in wil genade tûn;	der in gnade mak getun;
Er wirt gehaizzen Emanuel:	er wirt genant Emanuel
denhein mûter gebirt nimmer me	v̄ der heilant Israhel.’
denheinen svn so gûten:	
des entroure niht dein gemvete.’	
Div magt die vorhte verlie,	**D**iv maget die vorhte uerlie,
ein baldes herze si gevie;	einen guten mût sie geuie;
ir selbes chevsche si an sach,	ir selber kivsche sie ansach,
zvo dem engel si do sprach:	ze dem engel si do sprah:
‚ich kan mich niht versehen,	‚ia ne han ich niht betrahte,
wie daz mvge geschehen	wie daz ergen mæhte
daz ich kint gebêre	daz ich kint gebære
vn̄ doch maget wêre.	v̄ iedoh maget wære.
ich pin chomen an dise stunt	ich bin so komen an dise stunt
daz mir ist vil vnchunt	daz mir ist vil unkunt
mannes geverte:	mannes liebe v̄ geuerte:
mit fleizze ich mich des werte,	mit flizze ih mih des werte
als ich wil immer tûn.	v̄ ŏh iemer gerne tûn.
von wev chome mir der svn	wanne kome mir der sun?
den dv mir hast gekundet?	
wie sere mich des wundert!’	dez muz mih nemen wnder.’
Der engel ire antwv̊rte:	sa an*t*wrten begunder:
‚du solt an der geburte	
denheines zweive*ls* pflegen,	‚du scholt neheines zwivels pflegen,
wan der himilische segen	wand der himeliske segen
vn̄ der heilige geist	unt der vil heilige geist
wirt des chindes volleist.	der wirt des kindes uolleist.
die tugende oberiste	des oberisten tugent v̄ maht
zeigent dir die liste,	gezæiget dir wol die ahte,
wie ez mugelich sey	wie im daz mugliche si

2182 des! *178,24* anwrten *2185* zweives

A	D
daz er dir wone bey:	daz er dir also wone bi:
mit seines geistes towe	mit sines geistes tǒwe
beschat er dich vrowe	bescâtewet er dih frǒwe
vñ furdert dich da zv̊.	v̄ gefurdert dih darzů.
ez waz ovch geordent frů	iz wart geordent vil frů
daz ez also werde,	daz ez also scholte ergan,
æ himel vñ erde	e div erde begunde stan
îe geschaffen wurde.	v̄ der himel swebende wrde.
selik ist div purde,	sælich ist div burde
daz wůcher deiner prust	v̄ der wcher diner bruste,
an aller svnde gelust.'	wan dih sunden nie geluste.'
Als er daz wort hete gechvndet,	**A**ls div rede was ergangen,
div vrowe wart enzundet	div frǒe wart beuangen
mit rehtem gelouben.	v̄ erzunte mit rehtem glǒben.
ovf hůb si die augen	ufhub sie div ǒgen
gen der himilischen reste.	gein der himilisken reste.
ir gedinge was so veste;	ir gedinge was so ueste;
si sprach in ir gemuete:	sie sprah mit diemůte:
,got mv̊zze mich behv̊ten.	,got gnade mir, der gůte.
als ich dich herre hore jehen,	als ich dih herre hore iehen,
also mvezze mir geschehen:	also můze mir geschehen:
al nach deinen worten	
wil ich genade warten:	
dv bist der pote frone.	du bist ez der bote frone.
nv mv̊zze dir der lone*n*	nu geb er dir daz ewige lone
der dich her hat gesant,	der dih ze mir sante
dem allev herze sint erkant.'	v min herze erkante.'
Do sprach der engel amen.	do sprah der engel amen.
von des gelouben samen	uon des glǒben samen
wart si zestet swanger.	wart sie zehante swanger.
got somt ez niht langer	got ensûmet ez niht langer:
mennisch ze werden	ia iltet zware
durch vns ovf der erden.	durh die armen sundære
	die menniskeit an sih nemen.
	do mahte im wol gecemen
	div herberge also reine,
	sin můter v̄ mæit al eine.
	der wîte er niht uerlie,
	do er zu der enge gie:
der den himel vil groz	der den himel uil groz
v̄ al die werlt besloz,	v̄ die werlt ie besloz,

2203 gechvndet! *2216* lone

A

der chom mit voller ære
zv̊ der magt here;

da mit er zaiget
daz der himel was geneiget
zv̊ yrdischer molden.
daz lieht waz vnbescholden
in di vinster gevarn,
doch seinen schein chvnde er bewarn.

Der weisagen meister
bewert mit seinem geiste
daz seine knehte
gepredigt heten rehte.
Nv frev*t* sich Esayas,
daz er weilen chvndinde waz
der maget vnbesprochen;
der himel ist entlochen,
da div kvnigin*n*e
nv gebivtet inne.

D

der suchte im ein chleine stat:
dar hat er sin gecelt gesat,
v̄ wart doh geminnert nîe,
da in div gůte enpfie:
sin gewalt stunt ebenriche,
sin magenchraft ewîcliche,
ioh wart div menniskeit
gehohet non der gotheit:
div gotheit ungeswachte
die menniskeit anerlachte,
do got menniske werden ruchte
durh mennisken den er suchte.
er leit an fleiskliche brunne
durh allez mannes chunne,
daz er nah champfes site
mit dem viande strite.
da wart der himel genæiget,
als uns div scrift zæiget,
zů der erde; daz ergie
do in unser frŏe umbevie
mit mæitwesentem libe.
div nîe wart ze wibe,
sie ist mit der erde gemeinte,
zu der sih alsus uereinte
der himel ioh des himels wirt.
sie ist div ân leit gebirt,
der engil frŏde, der werlte heil,
maget ân ende, můtir ane mei*l*.

Der wissagen herre
hat bewâret daz uon verre
alle sine chuehte
heten uorgeseit rehte.
nu frŏet sih Esayas,
der ez wilen chundent was,

2229 wart erzeiget *F.* *179, 22* meile *2239* frevte *2243* kvnigine

sich frouwet der kunic Davît,
sô er an ir fuozen lît,
daz von sînem chunne
solh êre ist gerunnen.
Aaron mit sîner gerte
der lobet wol ir geverte,
wan er sie vor diute
den ebrêischen liuten.
nu giht der kunic Yessê
der maget wîz alsam der snê,
daz von sînem geslahte
niht bezzers chomen *mahte.*
sîn lampvel zeiget Gedeôn,
daz deste bezzer sî sîn lôn.
. . . vor . en . . g . . . . . .
. . . . magedîn.
wie si alle zuo dringent,
die langen brieve bringent
die si von ir tihten:
nu ist chomen zuo gesihte
daz si wîlen frumeclîche schriben,
nu sehent si si ane digen
alle engelische schar;
nu vingerzeigent si dar.
die magede habent sich an sie
die si meineten ⟨hie⟩,
sant Margarête
unt alle die ir hêten
deheinen dienist erboten:
die sint nu gêret von gote.
wie michel menige mit ir gât,
swâ si sitzet oder stât
in dem himelrîche!
si lobent si alle glîche,
die diet ûz allen zungen

2647—81 C² 863—96 48 wanne er an ure suze glit 49 kūde 50 sulche v^snumen 52 lobte 54 erhaften 55 sprichet 56 di magt als 64 di di 67 biwilen frumelich 71 *Initiale* meide huben 72 meinete 75 kein dinst 77 michel] himel 81 die] d^si, diu *L.*, *B. s. 76.* allen *B. s. 76*] aller

A

Sich frevt der kvnek Dauid,
so er an ir fůzzen leit,
daz von seinem chunne
ist solich æ̂r gervnnen.
Aaron mit seiner gertte
lobt wol ir gevertte.

Nv giht der kvnik Jesse
der magt weiz alsam der sne,
daz von seinem geslehte
niht pezzers chomen mohte.
sein lampvel zaig*et* Gedeon,
daz dester pezzer sei sein lon.

wie si alle *zuo* dringent,
die langen briefe si ⟨bringent⟩,
die si selbe tiht*en*;
nv ist chomen zv̊ der slihten
daz si hie bevore schriben;
nv sint si beliben
an englischer schare
vnde vingerzaigent dare.
Die magede habent sich an sey
die sei minten hie,
sant Margrete
vñ alle die ir heten
denheinen dienst erboten:
die sint nv geæret von got*e*.
wie michel menige mit ir gât,
swa si sitzzet oder stât
in dem himelreiche!
si lobent sey alle geleiche.
vor ir ist der engel wunne
mere dan îeman sagen chunne.

D

sih frŏet der kunich Dauit,
der ŏch daz urchunde git,
daz uns uon sinem chunne
bechome solhe ŵnne.
Aaron mit siner gerte
der lobet wol ir geuerte,
wand er sie uor dûtte
dem hebreiskem lîvte.

Gedeon den schapære furtreit,
den daz nahttŏ uermêit,
wand er ir zaichen furet
div nie wart beruret.
Die herren der alten e
waren ir wnskente me
denne lebens oder libes,
wand sie des eristen wibes
val scholt undervahen:
die gnade sie uor sahen.
des gerten sie ie der suzzen,
daz got ruhte grůzzen
die werlte mit ir geburte
v̄ mit des kindes geinwrte.
nu sint gewert furware
die guten v̄ die sundære,
die guten ir chrone,
iene der barmunge frone,
wand niemen ist so svnderiche,
wil er buzen herzekliche,
im si ŏch gnade beschert,
daz er dem tievil wirt erwert.
des haben wir manek urchunde
uon sin selbes munde
der durh uns ist geborn,
daz im nieman werde uerlorn,
niewan der da missetrůwet,
v̄ den sin schulde niht gerivwet:
daz ist div frŏde gemeine
die uns brahte div maget reine.

2255 zaigte *2257* zwene *2259* tihtent *2270* goten

dâ habent die hûsgenôze
mandunge grôze;
dâ fliuzet cynamôme,
balsamus smecket schône

under allen den gesellen:
ir sanc ist ebenhelle.
nu wil ich der geswîgen
die von disem lîbe
mit êren sint gesundert,
wan mich des niht enwundert,
daz si die *frouwen gerne sehen*
unt ir ze keiserinne jehen.

2695–2726 C^2 897–926 95 husgenozen 2700 ur gesallt ist ob in allen 2 zu disme liben

A

Da flivzzet zinamon,
balsamus da smeket schon

vnder den gesellen snelle:
ir sank ist eben vn̄ helle.
Nv wil ich der gesweigen
die von disem leibe
mit eren sint gesundert,
wan mich niht enwundert
daz si die vrowen gerne sêhen
vn̄ ir ze keiserinne iêhen.

D

180,1 Swer uon der gůten sprechen wolte,
vil sinnes er haben scholte,
dazu tugent v̄ gute,
daz er mit reinem gemute
ir lop mæhte geuahen:
daz ist mir leider unnahen
durh min suntliche burde;
doh gedinge ich daz got wrde
menniske dvrh die armen,
v̄ der da wolte erwarmen
uf mægetlicher bruste,
ein sundarinne div chuste,
div tŵch, div trukent im sin fůzze
v̄ gesteich zu sinem gruzze,
ioh daz sie gewan sine hulde:
sus wart div schuldige âne schulde
v̄ div swarce wol getân:
des dinge ŏch ih sunder wân
so uerre daz ich ernen*de*
ze sprechen etewenne
uber mich uon der heren
div kunigin ist der eren;
doh erfurhte ihz so sere,
daz ich die rede abchere
v̄ wende des herzen ŏgen
ioh mîn ahte uon den tŏgen,
von dem riche, von der herschefte,
uon der sůze, von der trutschefte
der muter mit dem kinde,
welh der hof ist, welh gesinde,
welh ir werdikeit ane ende.
swen so got dazu sende,
der scribe daz ob er mege:
ez ist harte uz minem wege,
wand ir lob ist so ahtich,
ir gnade also mahtich
daz sie girdekliche ansehent
die engel v̄ ir iehent
iemer ze keiserinne.
nu helfe sie uns durh di minne
di got selbe zu ir hat,
und durh den gnadigen rat

188, 12 ernenne

wir armen ligen in der nôt
unt enwizzen wanne uns der tôt
begrîfet ungewarnet;
diu sêle danne garnet
swaz der lîcham hât gefrumet:
wê wie ubele uns daz chumet!
daz wir ir dienen selten,
des muozen wir enkelten.
nu biten wir den gotes sal,
daz si daz tiure gruozsal
des engels an uns bedenke,
unt swâ wir gewenken,
daz si verchiese den zorn.
ja wâren si sâlic geborn,
die ûz ir herzen tiefe
ûf ir gnâde riefen.
nu flêgen wir die getriuwen,
daz si uns iteniuwe
von allen houbetsunden
unt *ûz dem abgrunde*

. . . . unt gereite:
do si in ir kintheite
neheinen wuocher gebar
unz si verwarte gar,
unt ouch vor alter bîbet,
nu ist ir brust gewîhet;

ez ist ir liebe ergangen:
diu frouwe ist kindes swanger

2710 ez danne 12 bekumet 13 ir] un 15 nu bitet di gotis bruth und den sal 16 si daz] si da 20 jo si! 23 vlehen

A

wir arme ligen in der not
v̄ wizzen niht wan vns der tot
begreifet vngewarnet.
div sele vil lange arnet
swaz der leip hat gefrvmet:
hey wie vbel vns daz chvmet!
daz wir ir dieneñ so selten,
des mv̊zze wir enkelten.
Nv bite wir den gotes sâl
gemeinlichen vber al,
daz si vns bedenke,
swa wir an ir wenchen,
daz si verchiese den zorn.
ia were er selichlich geborn
der ovz dez herzen tieffe
an ir genade rieffe.
Nv flege wir *die* getriwen,
daz si vns mv̊zze enriwen
von hauphaftiger svnde
vn̄ ŏz dem abgrunde
erledige alle sele
durch ir svnes ære!
,Ich mv̊z dir sagen mêre,'
sprach der engel here,
,ein chreftiges zeichen,
daz mûz dein herze waichen:

Deiner niftel dink Elizabet,
wie genedichlich daz stêt!
ich sage dir berait:
swie si in ir kintheit
denhein wůcher nie gebar,
vn̄ si hat verzweifelt gar,

doch ist ir lieb ergangen:
si hat ein kint enpfangen

D

den er de*r* werlte hab getan,
daz wir die sunde werden âne.
ia ligen wir in der not
v̄ enwizzen wenne uns der tot
begrifet ungewarnet;
div sele danne garnet
swaz der lip ie gefrumet.
sælich der wol chumet
uf daz tæidinch swâre,
daz er die uogetinne mære
mit dienest erworben hat:
des mak da werden rat.

,Ich muz dir sagen mere,'
sprah der engil here,
,ein chreftigez zæichen,
daz din herze schol weichen,
ze bezzerunge cheren,
div gotes tŏgen leren:
din niftel Elysabet,
ir dinch frolichen stet
nah wnske v̄ gereite:
do sie in ir kintheite
nehein wcher gebar,
untze sie uerwarte gar
v̄ in daz alter getrat,
nu hat sie an der gnaden stat
got selbe gesetzet
v̄ ir leides ergetzet.
wol ist ez ir ergangen:
sie ist mit kinde beuangen;

---

24 iteniuwe] nu v^{s}nuwe 2737—71 C^{2} 927—959 40 unz *(so!)* daz si gezwivelte gar 41 bidemt

180, 25 d^{e}n *2303* die die *2318* unze *F.*

unt ist nu worden berhaft:
ja maht ouch dû die gotes chraft
an ir schouwen deste baz:
mugelîch ist im allez daz
daz er gebiutet unde wil:
er ⟨tuot unt⟩ zeiget wunders vil.
nu ist der sehste mânôt
daz sîn zeswe daz gebôt,
daz diu alte wambe
einen vorboten dem lambe
muose gewinnen,
der sîn kunde bringe.
diu durre ist worden viuhte,
sîn gnâde wîten liuhte
nâhen unde verren:
er ist meister aller ⟨knehte unt⟩ herren.'

Dô diu himilische maget,
als uns Lucas saget,
gesmachte unt bechorte
von Gabrielis worte
der oberisten suoze,
si gedâhte daz si gruozen
Elysabethen scholte
unt sich des frouwen wolte,
daz ir sô was gelungen
an der gotes barmunge,
daz si *muoter scholte wesen*

unz an des berges ende

2746 io 49 daz] waz 50 bezeiget wund' 51 der] di 54 sime lamme 55 muze 56 sîn (uns) kunde bringe *M.*] unkundet vinden C, in kunde vinden *B. s. 52* 59 nahen] witen 60 *Ergänzung nach B. s. 25* 66 *f.* do gedachte si an daz gruzen daz elysabethen scholte 2784—2817 C^2 960—91

A		D
vn̄ ist worden perhaft:		div alte get nu perhaft:
ia maht dv auch die gotes kraft		so groz ist div gotes chraft,
an ir schowen dester baz:		die mahtv schŏen deste baz:
mvgeleich ist im alles daz		muglich ist ime allez daz
daz er gebivtet vn̄ wil:		daz er gebivtet v̄ wil:
er tůt vnde schaffet vil.		er tut v̄ zeiget wnders vil.
Nv ist der sehste manot,	181,1	nu ist der sehste manot,
daz sein zesewe daz gebot,		daz sine zeswe daz gebot,
daz ir altev wambe		daz div trurige wrde getrœste,
einen vorboten dem lambe		div betwngen belœste,
můste gewinnen,		
der im kvnde die minnen.		
Div durre ist worden fevhte,		div durre wol gesegente.
div wůste ist worden levhte		so hat er sin gebe geregente,
nahen vn̄ verren,		wand er von gwalte lihet
von chnehte vn̄ von herren.'		des ŏh diu nature uerzihet.'
Do div himilische maget,		**D**o div himiliske maget,
als vns Lvcas hat gesaget,		als uns Lucas saget,
gesmakt vn̄ gechorte		gesmachte v̄ bechorte
von Gabrieles worte		uon Gabrielis worte
der oberisten sv̊zze,		der oberisten sůzze,
si gedahte daz si grv̊zzen		sie gedaht daz sie mit grůzze
Elyzabeth solde		ir niftel sehen scholte
vn̄ sich des frewen wolde,		v̄ sich des frŏen wolte,
daz ire wole was gelungen		daz ir so wol gelunge
von gotes barmvnge,		an der gotes barmunge,
daz si muoter solde wesen		daz ŏh sie můter scholte wesen
vn̄ eines kindes genesen.		vnt kindes genesen,
		div alte v̄ diu spæte,
		div sin uerzwiuelt hæte.
si eilte vil gewisse		do hub sich uon heime
da si ir niftel wesse.		div edel v̄ div reine
ŏf einem berge si saz:		gêin dem berge da si saz
vnser vrowe wolte vme daz		(unarbeitsam duhte sie daz)
ire vart niht lazzen.		uber die steinherten strazze.
die vil scharffen strazzen		ir gůte cham ez cemâzze,
vn̄ die vil herten staine		daz sie die lieben sæhe
die mohten die vil reinen		vnde mit ir got uerjæ̂he
denheinen weis erwenden,		siner wndere, diu so riche,
vnz si an des perges ende		so groz sint unt so trostliche.

180, 43 gebivte *2327* manod *2333* worde *2343* wolde *2346* barmvngē *2356* div reine *2357* deheiner wise *F.* *2358* enden

ir niftelen si besprach.

dô si si êrist an gesach,
si gruozte sie mit triuwen:
seltsâne unt iteniuwe
wurden ⟨ir⟩ diu mâre
diu dâ geschehen wâren.
si kuste die hûsfrouwen
mit lachenden *ougen*,
mit h*erzen*lîcher minne.
die mit der kuniginne
wâren dar gegangen,
die wurden ouch wol enphangen.

Elisabeth diu guote
erkante in ir gemuote
von den gotes tougen,
daz al der werlde frouwe
ir ze hove was bechomen:
si enhête ez ê nie vernomen
von mennischen zungen;
der sie dô wolte stungen,
der kunde si wol gelêren
die chumftigen êre:
daz was der heilige geist,
rehter dinge volleist,
der alle froude chundet:
der hête si ouch enzundet.
sâ wart si wîssage vol:
si rette schône unde wol
mit sante Marîen,
diu vor allen wîben
den segen muoz hôren
den niemen mac verstôren;
si sprach cum magna você:

2786 zu dem ersten an sach   91 *steht vor* 88, *aber mit Umstellungszeichen*   93 herzlîcher *B. s. 94*   98 di erkante   99 den] d^s 2800 aller d^s 1 kumen   3 menschlich^s 4 do] da   6 kunftigen   11 sa] zuhant   wissagens

A	D
ir niftel besprach.	als sie ir nifteln do gesah,
	grozer frŏde nîe gescah
	frŏen Elisabete
do si ⟨si⟩ erst an gesach,	denne sie an der stunde hete.
si grûzte sei mit triwe:	sie kusten sih mit triwen
selzene vñ niwe	v̄ begunden itenîwen
wurden ir div mǽre	div seltsænen mære,
div sprach div seldenbere.	waz gnaden an in wǽre
Si kuste die housvrowen	
mit lachinden ovgen	
vñ mit louter minne.	beidenthalp ergangen.
die mit der kviginne	do wrden ŏh enpfangen
waren dar gegangen,	mit liebe stæter minne
die wurden auch wol enpfangen.	die geuerten der kuniginne.
Elyzabeth div gûte	Elisabeth diu gute
erkante in ir mv̊te	erkant in ir gemûte,
von den gotes tougen,	daz da fur ir ŏgen
daz al der werlde vrowe	uon den gotes tŏgen
ir zehovs waz bechomen:	div Christes muter mære
si het ez ǽ niht vernomen	v̄ des himels brut komen wǽre:
von mennischer zvngen;	daz ensæit ir mennisken zunge,
der si wolde stungen,	wan div gotes stunge
der kvnde sei wol geleren	kunde sie wol geleren
die kvnftigen ere:	uon den chumftigen eren:
daz was der heilige geist,	daz was der heilig geist,
rehter dinge volleist.	rehter dinge uolleist,
	der alle gnade chundet:
	der hete ŏh sie enzundet.
si wart weissage vol:	sa wart sie wisheite uol
si rette schone vñ wol	v̄ began reden so wol
mit sant Mareien,	uon der muter ioh dem kinde,
der edilen vñ der freien;	der allez himels gesinde
si sprach cum magna uoce:	rihtet v̄ wiset.
	sie wart uon ir gepriset
	hoher denne ie wibes name
	gestige, als iz ir gezâme.
	sie rîef mit lûterre stimme:
	,owi aller frŏen gimme,
	wa han ich geuordert die ere?
,mich mv̊z wundren immer me,	des mûz mih wndern sere,
wan ich des wirdik wurde,	wie ich des wirdich wrde,
daz du mit solher purde	daz du mit solher burde

2365 div

A

mir ze house chomen pist?
dv treist den heiligen Christ,
můter vnsers herren.
was mak mir nv gewerren,
nv dv mich hast beschowet?
von dir wirt gefrowet
Adâmes geslehte,
vn̄ ob ich dir nv rehte
mohte gedienen
und dich wol gelieben,
daz têt ich von herzen gier
nieman so willeclich so dier.'

Elizabeth div alte,
nv hŏrt waz si zalte,
wie der gotes âtem
hete sey berâten.

si sprach sant Mareien zv̊:
,min lieber sun spilt harte frů
in des leibes kamere.
seit wir hie ze samene
sein chomen ane neit,
daz kint ist immer seit
mit frevden bevangen.
mohte er her ovz gelangen,

D

mir zehuse komen bist?
du treist den gnædigen Christ,
meîtmůter unsers herren.
waz mak mir nů gewerren,
sit dv mih hast beschŏet,
wan uon dir wirt gefrŏet
allez Adames geslæhte?
nu scholt ich dir, ob ich mæhte,
uon rehten schulden dienen:
des gunde ich fur mich niemen.'

Elisabeth div alte,
nu horet waz sie zalte,
wie der gotes atem
sie hete beraten,
der div broden herze erchert,
div sin gnade durh uert:
er uerdultet vinster nehein,
want swa er ie erschein,
da heten *v*rlovp die sunde
v̄ entwichen an der stunde.
in flivhet elliv achust,
werltliche liebe, svntlichiv glust.
der sælig, den er besitzet,
ist sa gelerte, sa gewitzet
ze guter stæte, ze stæter gůte.
er git reinez gemute,
todes vorhte, gotes minne,
rehtes girde, rehte sinne.
der geist also here
hiez die frŏen mere
sprechen wider die mæit
uon der suzzen warheit;
sie sprah ir lieplichen zů:
,min sůn spilt al zefru
an minen brusten zware;
er ist fro v̄ frŏdenbære.
sit wir zesamen komen sin,
v̄ du mir den gruzsal din
ruch*test* erbieten, kuniginne,
sit bin ich worden inne

2396 gefrewet *181, 42* fur dich? *182, 5* ŏrlovp *182, 15* ruchste

A	D
er enpfienge dich kvniginne.	daz sih daz kint ruret,
grozzer sint seine sinne	ṽ ez div liebe umbefuret
danne sein leip sey:	gegen diner werdikeit.
der heilige geist wont im bey.	des hat in div gotes wisheit
swie er bei minen rippen	bewiste: swie er dih nîen sihet,
bowe die engen krippen,	der herschefte er doh gihet,
er erchennet wol den heilant,	div dir ze teile ist getan,
der dich des wirdek vant,	als ŏh ich des mich enstan.
daz dv eine soldest sein	er erchennet wol den heilant,
mŭter vñ magedein.	der dih des wirdige vant,
den leip er allen rŭret,	daz du eine scholtes sin
div frevde in vmbefŭret.	muter vnde magedin:
moht er den mvnt erheben	daz zeiget er mit dem spi*l*,
vñ dir rede gegeben,	des im div nature nîen wil
dv vernæmest an seiner stimme,	uerhengen mit der stimme:
wie er dich hat in sinne	daz tut er dir ze minne.'
vñ den hailant mære,	
seinen schepfêre.'	
Daz was sant Johannes:	**D**az was sante Johannes:
in dem bovch freut er sich des	ungeborner uerstunt er sih des
bei seiner mŭter herze*n*,	bi siner muter herzen,
daz von dem tevren merze	daz uon dem tivren mercen
die waisen ovf der erden	die sundære ṽ die notigen
gefrevt solden werden.	dem tieuel scholten angesigen,
	ṽ daz div m*a*get komen was,
	div des kindes sit gnas
	den nie sunde betwanch,
	ṽ an de*r* der gotes gedanch
	ioh sin gute ruwen wolte,
	ṽ d*iu* ein blume sin scholte,
	da aller geiste beste
	inne hete reste.
do der gotes toufer,	do der gotes tŏfære
der vorlaufer,	ṽ sin uorbot mære
die brust het genomen	was ce sinen iaren komen,
vñ ⟨was⟩ ze seinen iaren chomen,	als wirz han uernomen,
er we*i*sot ovf den hailant	er zæigete an den heilant,
mit dem vinger vñ mit der hant,	den uns got vater sante,
daz er mit seinem troste	daz er mit sinem troste
di*e* christenheit erloste,	die christenheit erloste,

182,23 spile *2435* herze *182,28* mæget *182,29* dem *182,30* der *2440* *nicht* der sîn! *2443* wesot *2446* div

daz wir dem tievel an gesigen
unt von des meres wâge
ze dem vesten ⟨lande⟩ muozen gâhen.

D*az ander* l*iet* hat *ende,*
nu sol *âne m*issewende

2930—34 C² 992—96 32 vesten lande] besten C, vesten *B. s. 52* 34 sol] . . l . . b, *wohl* sol ouch, *vgl. § 65 c*; wil ich *ergänzt Bartsch*

A

daz daz lamp an alle maine
sein fleisch vn̄ sein gepaine
an daz chrevze wolte legen
vn̄ allen sunderen wegen.
dar nach chom der weissage
zv̊ dem hailigen pade,
da er den herren tovfte
den Jvdas verchoufte.
do wart der himel ŏf getân:
ein toube so lussam
die sach er fliegen vn̄ sweben
vn̄ horte sey vrkunde geben
sant Marien kinde,
daz wir sulen vinden
in frŏlichen genaden,
da wir sein zv̊ geladen.
Ich wil an disen stunden
niht vollechlichen kunden
sant Johannes ere:
ich furhte, ich verchere
daz liet von vnser vrowen:
div gerůch ane schowen
vnser pet vn̄ vnser dig*e*
vn̄ helf vns, daz wir an gesigen
des argen tiefels vnden
vnde allen vnsren svnden.
Amen!

Daz *ander* liet hat ende,
nv sol an missewende
daz *dritte* werden gesaget
von der div ovf habet
die svnder in ir hůte
mit mv̊terlicher gůte.
Nu wil ich ev beschaiden,
waz ir die iuden zelaide
frumten vn̄ rieten.
von der verworhten diete
so lait si iteweizze vil:
die warhait ich da von wil
kvnden vn̄ mæren
vn̄ mit der schrift bewæren.
wir sagen ev von der weile

D

v̄ daz er meil nie gewan.

als er in do tŏfen began,
der himel sih ob im uf tet:
im ze eren da ze stet
ein tube here vf im erschêine,
der nie glich wart dehêine:
die sah er ob im sweben
v̄ horte got urkunde geben
sende Marien kinde,
daz er der si, da man vinde
gnade div niemer zegat,
v̄ des riche ane ende stat.
Ich en wil an disen stunden
niht gantzlichen chunden
sænt Johannis ere,
untze ich daz liet furchere
in unser frŏen minne,
ir ze lobe, mir ze gwinne.

Daz ander lieth hat ende,
an daz dritte ich wende
min sinne v̄ min zůnge,
allen den ze bezzerunge
die unser frŏen minnent
v̄ ir gnaden sinnent.
nů wizzet daz ich iv bescheide,
waz der kuniginne ze leide
gefrvmte v̄ geriet
div ubel ivdiskiv diet.
sie leit itwize vil:
die warheit ich dauon wil
chunden v̄ mæren
vnde mit den heiligen bewæren.

2469 dige *L.*] digen   *2473* eine, *vgl. zu 2578*   *2475* ander

. . . . zestôren
des swarzen vâlandes nît,
nu si uns die volleiste gît?
eine rede wil ich breiten
fur alle die christenheite:

*wîplîch*e sorge:
daz kint, daz ê verborgen
was in ir lîbe,
daz kumet ze kurzer wîle
von ir gnâdiclîchen.
diu sorge muoz entwîchen
unt alle unchraft bôse,
d*ie* Even *getelôse*

2958 C^2 997—1001 60 si] so volleist 2973—80 C^2 1002—9 73 sorgen 78 *dem Raum nach* wichen

A	D
daz zvo dem ellenden weibe	
der engel wart gesant,	
vnz ez wart bewant	
daz si den hailant gebar.	ih sage iv wie sie Christ gebar:
die rede sult ir gar	die suzzen rede svlt ir gar
an dem dritten liede hôren.	an disem liede horen:
wie mohte daz zestôren	die enmak niht zestoren
des valantes neit,	des bittern viandes nit,
ob si vns volleist geit?	nu si uns die uolleiste git.
eine rede wil ich praiten	
vor aller christenheit*e*:	
die hertze einvalten	div herze der einualten
sulen sey wol behalten,	div schuln sie wol behalten,
wan ez also war ist	wande sie also wâr ist
sam daz der heilige Christ	so daz unser heilant Christ
von sant Marien wart geborn,	uon der magede wart geborn,
vñ nie ir chevscheit wart verlorn.	v̄ ir kivscheit nie wart uerlorn.
Swelich weip dise driv liet hat,	Swelh wib div driu lîet hat,
so si ze keminaten gat,	so sie ze keminaten gat,
in ir zesewen hant bevangen,	in ir zeswen beuangen,
si leidet niht lange	sie lidet unlangen
weipliche sorgen:	kumber uon dem sere,
daz kint, daz æ verborgen	wand in unser frǒen ere
waz in ir leibe,	
daz kvmet in kvrzer weile	
von ir genedichlichen.	gnist sie kindes gnædeklichen.
div vnkraft mûz entweichen	die sorgen muzzen entwichen
vñ alle sere bose,	v̄ div unchraft also bose,
div Even getelose	die Even getlose
in dise werlde gesant,	in die werlte gesante,
do si gotes niht erkant,	do si gotes niht erkante
do si vñ ir man	v̄ mit dem gnadelosen man
wurden vngehorsam.	uon gote uallen began.
In ir namen sul wir gesigen,	
von der witzzen wirt geschriben,	
daz si ane lait	
gebar der al die christenheit	
von dem tode hat enbunden	
mit seinen fumf wunden.	
dester wirs wart ir nie,	
do si des ersten in enpfie.	
si hete semfte genv̊k	
al die weile si in trûk.	
an allen siehtom si waz,	

2494 daz! *2498* christenheit

niemen kunde getriegen.
die got ûz allen liuten
erwelte im zeiner brûte,
unt die sô hât gekindet
daz si niemer meil gewinnet.
mahte der sunne sprechen,
dehein sîn dinc gezechen,
der wunschte daz er wâre
sô schône unt ⟨sô⟩ genâme
als diu liehte maget ist.
hête diu mâninne list
oder mahte si gekôsen,
si wolte die himelrôsen
mit schône ubertreffen.
si sundert von dem heffen
den vil lûteren wîn
. . . .
. . . .
. . . .
dannen die sêle ersturben,
ob ir vergezzen wurde,
diu uns den arzât gewan
der uns den siechtuom benam.
hie schult ir wizzen under diu:
swâ disiu buochel alliu driu
⟨werdent behalten⟩,
diu maget wil des walten,
daz dâ nehein kint
werde krump noch blint,
⟨noch⟩ niemer werde geborn
daz êwiclîche sî verlorn,
sine welle ez selbe fristen

3004—3364 C² 1010—1370 6 zu ein^s 8 meil *M.*] me, *doch ist tiefergehende Verderbnis wahrscheinlich* 9 sunne *B. s. 156*] sun gesprechen 11 wnste 14 mâninne *B. s. 156*] manige 16 enmohte *M.* 18 dem] den 20ff. *völlig entstellt*: und daz gute olei daz uns heilet unser sere di uns geslagen hat di schare; *ein Reim* wunden : sunde *oder steckt*

A

do si des herren genas.
des mv̊zzen si geniezzen
die sich ie verliezzen
an ir helfe here,
vñ auch immer mere
vnz an den iungisten tak,
wan si gewenken niht e*n*mak.

Nv sult ir wizzen vnder dev:
swa dise liet allev drev
werdent behalten,
div magt wil des walten,
daz da denhein kint
weder chrump noch blint
nimmer wirdet geborn,
noch æwichlich werde flor*n*,
si welle ez selbe fristen

D

Swa diu buchel driv sint behalten,
div maget wil des walten,
daz da nehein kint
werde krumb noh blint,
v̄ da niemer werde geborn
daz ewikliche si uerlorn,
sine welle ez selbe fristen

---

schâchære *hinter* schare? *M.* 23 dannen] da von 24 ob] ab 25 arzt 27 *Initiale* diu] u 32 werde] wed', *vgl. W. s. 161* 33 ⟨unt daz⟩? *M.* werde] wirt 35 sine] si selber

2538 emak *2546* floren

zuo dem jungisten,
so der lîp mit manigem sêre
scheidet von der sêle.
swelich wîp reine
niht hât wan daz eine,
des ist zwîvel nehein,
si geniezze ⟨sîn⟩ etlîch teil,
sô ez ir gât an die nôt:
die maget vliuhet der tôt.
in swelhem hûse diu schrift gelît,
der engel in mandunge gît
die dâr inne bûwent
unt ir des getrûwent.
von sant Marîen unt von gote
wart geheizen unt geboten
allen frumen wîben,
daz si ez abe schrîben
unt senden ez ze minne
in dem umberinge
verre unde nâhen,
dâ man ez gerne enphâhe
durch der magede liebe,
daz man ir daran vorhtlîche diene.

Diu maget sant Marîe
geruoche die namen drîe
†umb uns armen bitten,
daz uns ir sun gesetze

zuo der zeswen an den rinc,
sô daz grôze teidinc

ze aller jungiste wirt,
unt der hêre hûswirt
mit zorne beginnet scheiden
die lieben von den leiden,

3037*f.* ser : sel 41 des] daz keine 42 si genist etteliche teile 46 manunge 50 si d'wllent (erwelent *B. s. 12*) daz gebote 54 in dem v . . . / meringe C, ze dem frône mêringe *B. s. 76* 56 epfahen 57 meide

A	D
ze der zeit iungisten,	an dem aller ivngisten,
so der leip mit sere	da diu sele den lip uerlat
schaidet von der sele.	v̄ ez an den iamer gat.
Swelich weip reine	
niht hat wan daz eine,	
daz ist zweifel denhein,	
si geniezze sein etlich tail,	
vnde gewinne hail	
in ir noten mail.	
von sant Mareien vn̄ von got	
haben die vrowen daz gebot,	
daz si niht beleiben,	
si haizzen ez ab schreiben	
die ez mvgen vol enden,	
vn̄ gerůch*en* ez ze senden	
verre vn̄ nahen,	
da man ez welle enpfahen	
durch der magede liebe,	
vn̄ daz man daran ir diene.	
Div magt sant Mareye	**D**iv here maget sente Marie
gerůche die namen drey*e*	geruche die namen drie
an vns armen letzen,	umbe uns armen bi*te*n,
daz vns ir svn setze	daz wir mit reinen siten
	di hulde muzzen erwerben
	v̄ ir helfe so wir ersterben
	v̄ gnade an der urstende,
	so al div werlte hat ende,
zv̊ der zeswen an den rinch	da sih hebet daz tæidinch,
an dem grozzen taidink,	daz groze gerihte v̄ der rinch,
	den nîemen enpfliehen mach,
	wân der eine der den tak
	hie wol vorbesorget hat.
	owi waz trostes *im* dazu gat,
	als daz urtæile wirt,
	v̄ der uorhtliche huswirt
swanne got beginnet scheiden	mit zorne beginnet scheiden
die lieben von den leiden,	die lieben uon den leiden,

58 man] ma 61 bite 61 *f. sicher entstellt; ein Reim auf* digen *oder* dicken : gericke? *M.* 63 rehten hant an] in 65 jungest
2562 gerůche *2568* drey *183, 27* bitten *183, 33* eim

sînin kint von den chnehten,
die sundâre von den rehten,
die ubelen von den guoten:
dâ ruoche Christes muoter
vaste helfende wesen,
daz ir holden genesen,
unt vil manige diuwe
die mit grôzer triuwe
nu ligent an ir fuozen.
wer mahte uns baz gebuozen
der tôtlîchen vorhte
unt swaz wir ie geworhten
in getelôsen sinnen?
ze dem selben teidinge
gesitzet si bî sîten
dem kunige der sô wîten
rîchsent mit gewalte.
da enwirt niht ûf gehalten
al des wir ie gedâhten.
daz wir hinnen brâhten
âne buozze unt âne bîhte,
daz gestât dâ niht sô lîhte
sô wir uns gedenken:
wir ne mugen dâ niht gewenken.
aller herzen tougen
der enmugen wir niht verlougen.
wir muozen dâ behucken
swaz wir ie zerucke
sunden hie gewurfen.
die der frouwen dâ bedurfen
unt ir helfe gerne sehen,
die schuln ir dienistes phlegen
in dirre werlt sô schône
mit geistlîchem dône
in ir kindes minne:
wellen wir die vogetinne
niht hie gestâten,
sô wirt ez uns dort al ze spâte.

3070 sundare] sundert er 72 da schol danne 75 dytwe 79 di totliche 82 zu den selben teydingen 83 bi d' siten 85 rihtet 86 da] daz 87 allis daz 89 bůz 90 ez d' gat 91 bedēken 95 ie da buke 97 hie] ie 99 sehent 3100 dinstes gerne pflegen 2 geistliem 4 wellen] wol 6 dort ist ez zu spete

A

sein kint von den knêhten,
die svndere von den rehten:
da rûche si vns ze wægen
vñ immer æwichlichen pflegen.
Amen!

D

siniv kint uon den chnehten,
die sundære uon den rehten,
die ubeln uon den guten!
da ruche div gute behuten
alle die sih nu dazu mûzzent,
daz si *si*e mit dienste
grûzzent.

gut ist uns der gedinge
ze dem notlichem tæidinge,
wan da gesitzet sie bi siten
dem kunige der so witen
richsent v̄ gebivte*t*
dem himel, der erde, dem livte.
al des wir ie gedahten,
daz wir hinnen brahten
ane bûzze v̄ ane bihte,
daz gestat da niht lihte,
als wir uns gedenken:
wirne mugen da niht gewenken.
aller herzen tǒgen
megen wir niht uerlǒgen.
uns kûmet da ze gehucke
swaz wir ie zerucke
sunden hie gewrfen.
die der frǒen da bedurfen
v̄ ir helfe gerne da sehen,
die schuln ǒh ir nû iehen
ze kuniginne mit dienste.
daz wirt in dort daz liebeste,
ob sie hant ir minne:
wellen ave wir die voitinne
niht gewissen hie mit stæte,
so wirt ez uns dort al ze spæte.

2578 dahinter von anderer, aber sehr ähnlicher Hand daz ist daz and' *183,38* se *183,41* gebivte

III.

Daz dritte liet heve ich hie an:
als die rîter zuo dem van
vaste muozen sîgen
in dem volcwîge,
⟨sam schuln⟩ wir zuo dem sternen
fluht haben gerne,
der daz christenlîche her
schône leitet uber daz mer
werltlîcher schanden.
si lediget ouch von banden
die riuwigen sêle
durch ir sunes êre.

nu gehuget wol, mîn liebiu kint,
diu sant Marîen holt sint
unt sie vaste meinent,
sô si ir sunde weinent:
gedenchet wol wie wir haben gesaget,

daz diu êwige maget
Josêbe wart gemahelôt,
unt daz si ⟨muoste⟩ durch nôt
volgen unde hengen,
unt wie darnâch unlenge
Joseph was dâheime,
unz er bî des meres reine
ze Capharnaum chêrte,
da er sîne junger lêrte

zimbern grôze chie*le*,
daz si niht zevielen,
als die wintstôze
daran be*gu*nden bôzen

3107 heb 7*f.* ane : vanen 8 rittere 10 volke wigen 11 wir] wer st'ne 12 habent 13 cristenlichiz 14 leitte 16 ledigete ouch

A

Daz *dritte* liet hebt sich hie an:
als die riter zv̊ dem van
vaste mvzzen seigen
in dem volkweig*e*,
sam sul wir zv̊ dem sterne
fluht haben gerne,
der dem christenlichen her
schone leuhtet vber mer.

Nv gedenket mine kint,
die sant Mareien holt sint,

waz wir han gesaget,
daz div ewige maget
Joseph wart gemehelot,
vñ daz si můste vor not
volgen vñ hengen,
vñ wie darnach vnlenge
Joseph waz da haim,
daz er zv̊ dem mer gemain
bey Capharnavm cherte,
da er seine iunger lerte

zimbern grozze kyel*e*,
daz si niht zevielen.

D

Daz dritte liet heve ih ane:
als die riter zu dem uane
uaste můzzen sigen
in allen uolchwigen,
also schulen wir zu dem sterne
fluhte haben gerne,
der daz christenliche here
bringet uber der sorgen mere
uz des tieuels bande
zu dem frŏderichem lande,
da got selbe ist der sunne,
ist der tak, ist div wnne,
die nehein trube chrenket
ṽ niemer gewenchet.
nu gehuget wol, liebiv kint,
die sente Marien uolgende sint
ṽ sie uon herzen meinent,
so sie ir sunde weinent:
gedenchet wol wie ich han gesaget,
daz div ewige maget
Josebe wart gemæhelot,
des sie hengen muste durh not,

ṽ wie er mit ir was da heime,

untze er bi des meres reine
ze Capharnaum cherte,
da er sîn ivngere lerte
uon meisterlichen sachen,
wie sie scholten machen
die notuesten chiele,
der chraft nien lihte ceuîele

---

von dē 19 gehuget] gebuwet mine liben 20 sante 25 Joseph 28 unt wie] daz 30 wanne h^s zu der meide reine 32 iung^{s}n 35 winsto^{z}ke

2579 ander *2582* volkweigen *2599* kyelen

ûf des meres unden:
den list er wol kunde.
der vil alte brûtdegen
⟨der⟩ was gewesen under wegen
drî mânôt unt ein halbez jâr,
unz er gefrumete vil gar
des in die fursten bâten
die in geladet hâten.
darnâch wart er ⟨des⟩ enein,
daz er fuore wider heim
in die burc ze Nazarêt,
diu mit grôzem lobe stêt
in sant Marîen guote:
dar truoc in sîn gemuote.

Sîn hîwisch unt diu magedîn
hiezen in willechomen sîn:
er wart vil wol enphangen.
dô stuont ez unlange
unz er des wart inne
an der kuniginne,
daz si lebendigez kint truoc:
do gewan er leides genuoc.
vil michel wunder in des nam,
wie sie scholte dehein man
iemer haben uberkomen,
diu bî *der* spîse wart gezogen
diu ir von himele wart ges*an*t
in der engelischen hant.
der vil einvalte man
⟨der⟩ hête gedanc unde wân,
daz si mit bôsen sachen
ze solhem ungemache
wâre verrâten.
die frouwen in alle bâten,
daz er sich wol gehabete
unt mâzlîchen chlagete.
si sageten ir unschulde
unt swuo*ren* bî gotes hulde;
diu vil geistlîchen wîp
diu but*en* *sêle* unde lîp,

3138 er wolte kunden 39 alt 41 mandē 42 unz] wanne 45 in ein 47 nazareth 49 guote] *l.* huote? *Sch.* 51 Sin gesinde 52 hiezen] di h. in] si 55 unz] wanne 57 ein lebendingez 58 er] h^{e}

A

Der vil alte proutdegen
der waz gewesen vnder wegen
drey manod vn̄ ein halbes iar,
vnz er bereite gar
des in die fursten baten
die in geladet haten.
dar nach wart er des en ein,
daz er fůre wider haim
in die purk ze Nazare*th*,
div mit grozzem lobe stet
in sant Mareien hůte:
dar trůk in sein gemv̊te.

Sein gesinde vn̄ daz magedein
hiez in willechomen sein:
er wart wol enpfangen.
do stůnt ez vnlangen
vnz er des wart inne
an der kvniginne,
daz si ein lebendes kint truk:
do gewan er laides genůk.
michel wunder in des nam,
wie sei solde denhein man
immer haben vberchomen,
div die speise het genomen
div ire von himel was gesant
in der englischen hant.
der vil ainvalte man
der hiet sorge vn̄ wan,
daz si mit boser sache
ze solhem vngemache
wer⟨e verr⟩aten.
die ⟨vrowen⟩ in alle paten,
daz er sich wol gehabte
vn̄ mezlichen chlagte.
si sagten ir vnschulde
vn̄ swůren bey gotes hulde,

D

uf den hohen unden,
so die winde unsitten begunden.
der alte brûtdegen
der was gewesen underwegen
drie manot vnd ein halbez iâr,
untzer gefrumet vil gar
des in die herren baten
die in geladet haten.
darnah wart er des ennêin,
daz er fure wider heim
in die burch ze Nazaret,
div mit grozzem lobe stet
in sente Marien gute:
dar truch in sin gemûte.

Sin hiwisch v̄ div magedin
hiezzen in willikomen sin
mit frolichem anpfange.
do stunt ez unlange
untzer des wart inne
an der heren kunginne,
daz sie lebentigez kint truch:
do gewan er leides genuch.
harte wndert in daran,
wie sie iemer dehein man
scholte han uberkomen,
div bi der spise was gezogen
div ir in engelisker han*t*
uon himel wart gesant.
der uil einualte man
der hete uorhten v̄ wan,
daz sie mit boser sache
ze solhem ungemache
wære uerraten.
die frōen in alle baten,
daz er sih wol gehabete
v̄ mazlichen chlagete.
sie sageten ir unschulde
v̄ swren bi gotes hulde;
div geistlichen wip
butten sele v̄ lip,

---

60 dekeinē 65 einvaltig 68 zu sulchen ungemachen 71f. daz er mezelich clagete und sich wol gehabete

2609 Nazareht *185, 3* haute

daz nie man bechôme
zuo der magede schône
mit deheinem ungeverte,
noch si des nie gegerte,
daz si uber strâze gienge
unt iemen enphienge,
oder ie gesprâche dehein wort
weder hie noch dort
ze werltlîchem manne,
daz si von dannen
nôt scholte lîden;
sine mahten an ir lîbe
dehein wandel wizzen:

si hête sich ⟨wol⟩ geflizzen
sô tugentlîcher guote,
si kunde wol behuoten
ir êren manicvalte
⟨unt sich selben⟩ mit gotes gewalte.

Der alte mit dem barte
begunde sûften harte
sîn sêr unt sîn ungemach.
zuo den frouwen er dô sprach:
,waz trôstes muget ir mir geben?
ja muget ir selbe wol sehen
daz si kindes swanger ist.
warzuo schol der uppige list
daz ir mich wellet triegen?
ja betwinget sie diu wiege.
niemen ist sô tumber,
sô alt noch sô junger,

er enmuge die rehten wârheit
unt mîn vil inneclîchez leit
wol schouwen unde chiesen.
mahte ich nû verliesen
mit rehten dingen mînen lîp!
von herzen dûhte mich des zît,
daz ich nu tôt wâre.
wolte got in sîne gnâde

3177 daz nimant kome 78 maget 80 beg^{s}te 81 ub^{s} di 82 ie keinē man 84 wed^{s}! noch] da oder 85 zu keinē werltlichē manne 88 si mocht ouch 90 ⟨wol⟩ *Sch.* 91 sô *Sch.*] wol 92ff. si konde sich selb^{s}

A	D
daz nie denhein man	daz nie man bechome
chome zv̊ der maget lustsam	zu der magede schone
mit denheinem vngeverte,	mit neheinem ungeuerte,
noch si des nie gegerte,	noh sie des nie gegerte,
daz si vber die strazze gienge	daz sie uber strazze gienge
vn̄ iemen enpfienge,	unde iemen da enpfienge.
oder ie gespreche denhein wort	
weder hie noch dort	
ze denheinem werltlichem manne,	
von div oder danne	
si not solte leiden;	
si mohten an ir leibe	
denhein wandel wizzen:	sîene mohten an ir niht wandels wizzen,
si hiete sich geflizzen	wan sie hæte sih geflizzen
vil tugentlicher gůte,	wol so tugentlicher gůte
si kvnde wol selbe behůten	daz sie ir eren gerne hůte
ir ere manekvalde	v̄ sich selbe zaller stunde
mit dem gotes gewalte.	wol bewaren kunde.
Der alte mit dem parte	**D**er grise mit dem barte
begunde sevften harte	begunde suften harte
sein sere v̄ sein vngemach.	sin ser v̄ sin ungemah.
zv̊ den frowen er do sprach:	ze den frŏen er do sprah:
,was trostes mvgt ir mir geiêhen?	,durh got, wes welt ir iehen?
ia mvgt ir wol selbe sehen	ia meget ir selbe sehen
daz si kindes swanger ·ist.	daz sie kindes swanger ist.
warzv̊ sol der list,	waz schol der uppîge list,
daz ir mich welt betriegen?	daz ir mih so umbefůeret?
ia zaiget ez die wiege.	ich lie sie unberůeret
nieman ist so tumber,	v̄ han sie grozze funden:
so alt noch so iunger,	des bin ich mit leide gebunden.
er mvge die rehten warheit	owe mir dirre warheit!
vn̄ min inrechlichez lait	hie schult ir min herzeleit
wol schowen vn̄ kiesen.	alle scŏen vnde chiesen.
moht ich nv verliesen	mæht ich nv uerliesen
mit rehten dingen minen leip,	minen lip mit rehten zugen,
von herzen devhte mich des zeit.	e mich div liv̊te belugen,
	des duhte mich zit furware.
	owi wan ich tot wæ̂re,

wol gehute   ir eren manikvalt   mit des liben gotis gewalt   96 sufczen
97 sêr] leit   3200 selb^{s} 4 io

2664 wiegen

mîne sêle wider nemen!
waz mac ich ze antwurte geben
den unsern rihtâren?
die werdent uns gevâre,
sô daz kint her fur gât
daz sîner ê niht enhât:

sô muozen wir mit schanden
disen lîp verwandeln,
sô si mit den steinen
zepolent unser gebeine:
sô muoz mich riuwen diu vart.
daz ich ie sô alt wart,
daz muoze got erbarmen:
der bezeige sîne milte an mir armen!'

Die frouwen sprâchen im aver zuo:
,wir sagen dir herre, waz tu tuo:
habe vil guote reste,
daz ist dir nû daz beste.
wirf dîn leit zerucke,
unz got an dir gehucke
sîner barmunge,
unt er dir ledigunge
mit sînem trôste welle geben!

unt nâmest du uns daz leben,
wir mahten dir anders niht gesagen.
daz eine muosen wir vertragen,
daz sie der engel gesprach,
den si mit frouden an sach
diche unde ofte:
ob ir daz wol tohte,
des enwizzen wir nieht.
er was schône unde lieht.

3216 antwort 18 gevâre] gen'e 21 wir doch 30 tu scholt tu 34 wanne got andir gluke 36 unt *M.*] wanne dir *B. s. 57*] di 37 wolte 38 und nemstu uns allen 39 mugen 40 muzen 41 besprach 44 ob] ab 46 was] ist

A

wolte got min sele nemen!
waz mag ich ze antwurte geben,
so daz kint her fure gat
daz siner æ̂ niht enhat?

so mvͤzze wir mit schanden
disen leib veranden,
so si nv mit stein*en*
zepolent vnser gebeine.

daz mvͤze got erbarmen
vn̄ helfe mir vil armen!'

Die frowen sprachen im auer zvͦ:
,wir sagen dir herre, waz dv tů:
habe vil gůte reste,
daz ist dir nv daz beste,

vnz dir got trost welle geben.
vn̄ benêmest dv vns daz leben,
wir mohten dir anders niht gesagen.
daz eine můste wir verdagen:
daz sey der engel gesprach,
den si mit frevden ane sach
vil diche vn̄ ofte,
als ir daz wol tohte,
des enwizze wir nieht.
er waz schone vn̄ lieht.

D

daz ich daz unsælige leben
mit eren hete bege*b*en,
e mich begriffe diser schal,
der nu schiere uert uberal
uon miner ivncfrŏen,
als man beginnet scŏen
daz kint ioh die wîegen!
mulich ist div werlt zetriegen,
angestliche daz gerihte,
da zaller livte gesihte
daz unreht wirt eruarn.
wîe mak ich daz iemer bewarn,
wir enmuzzen da mit schanden
ersterben uon ir handen
die uns geværich sint beiden,
ez en ruche got scheiden
anders denne ich wæ̂ne,
der mich ein die sorgen âne
mit gewalte wol getæte,
ob er min gnade hæte?'

Die frŏen sprachen im aue zu:
,wir sagen dir waz tu tvͦ:
habe, herre, uil gute reste,
daz ist dir nu daz beste,
untze daz got din angest wende
v̄ dir sinen trost sende?

wand giengez uns an daz leben,
so enmæhten wir dir geben
nehêin ende mere
wan daz der engil here
der frŏen ofte erschein,
v̄ wrden ensamet ennêin
wir enwizzen welher tŏgen.
der rede ist unlŏgen:
âne in so wart nie dehein man
der sie ie bræhte daran,
daz sie iender uon uns quame
v̄ iemans wort uernæme.
der engil gesprah sie dicche;

185,27 begegen *2679* stein *2695* niht

der wârheit muozen wir jehen:
swaz hie wunders ist geschehen
an der brûte lustsam,
daz hât der engel getân.'
dô zurnte er alsô sêre;
er sprach: ‚ich wil niht mêre
vernemen iuwer kôse.
ez was ein man bôse
der iuch alle hât betrogen:
er was von himele niht geflogen,
er kom geslichen ûz der stete.
an sîne tumplîche bete
hât si ir muot gewendet:
des werden wir alle gehônet unt geschendet.'

Joseph im gedâhte,
des in got wider brâhte,
daz er wolte entrinnen,
ê sîn die liute inne
wurden alle glîche.
er sprach, er muose entwîchen
durch des lîbes angest,
unz er mahte langest
die marter ûf schalten,
diu sîniu lit behalten:
daz wolt er willeclîchen tuon.
er enkunde sînen wîstuom
an nihte baz erzeigen:
lêhen unde eigen
daz wolte er allez lâzen
unt kêren sîne strâze
dâ er sicher mahte sîn.
er beite unz daz mânschîn
des nahtes ûf errunne,
daz in gewîsen kunde
sô er sich erhuobe.
diu ougen wâren im truobe
von der tage menige:
in aller sîner gegene

3253 gekôse 57 stat 59*f.* hat si gewendet ir gemute des w'den wir geleidet und alle gescheidet 66 ich mûz 68 unz] wanne

A	D
	ze sinem liehtem anplicke
	frŏte sih ie div gůte
	mit reinestætem můte.
der warheit mvͤzze wir iehen:	niht anders han wir gesehen:
swaz halt wunders ist gesche*hen*,	swaz wnders hie ist geschehen,
an der prout lussam,	daz chumet uon des engels rat,
daz hat der engel getan.'	der sie ie besorget hat.'
Do zurnt er also sere;	Joseph der zurnete sere;
er sprach: ,ich wil niht mere	er sprah: ,ichen wil niht mere
vernemen evr gekŏse.	uernemen ivwer kose.
ez waz ein man bŏse	ez was ein man bose,
der evch alle hat betrogen:	niht des engels rat,
er ist von himel niht geflogen.	der ivch betrogen hat.
	er kom geslichen uz der stete;
	uon siner tumplicher bete
ze vbel hat sich ir můt gewent:	hat sie ir mut uercheret:
des ⟨werde⟩ wir alle nv geschent.'	des sin wir gehonet v̄ geseret.'
Joseph im gedahte,	**J**oseph im gedahte,
des in got widerbrahte,	des in got wider brahte,
daz er wolde entrinnen;	daz er wolte entrinnen,
æ sein die levte innen	e sin div lîvte inne
wurden gemainlichen,	wrden allichen.
so wolte er entweichen	er sprah, er muse entwichen
	durh des libes angest,
	untzer mæhte langest
	die martir ufschîeben.
durch den selben ruom.	
er wesse niht anders zetůn:	die gotwerden v̄ die lieben
	mit al siner habe wolter lan.
	daz duhte in baz getan
er wolt sein gůt lazzen	denne ob er des erbitte,
v̄ varen seine strazzen	daz er kumber mit ir litte,
da er sicher mohte sein,	wand ez unwendich muste sin.
als ŏf chome des manen schein.	do beiter untze der mænschin
	des nahtes ufgen begunde,
	dabi er den wech funde
	so er sich erhube.
	sin ŏgen waren im trube
	uon leides v̄ des alters swære,
	wand uber die gegende mære

---

69 schalten] gezalten 77 gesin 78 arweite wanne daz man sin (*so!*)
81 sô] wanne

2698 geschen *2716* ez *186, 27* leide? *L.*

was sîn galter nehein.
dô er des alles wart enein
unde vil genôte
sîne sache gordinôte,
an sînem bette er lac.
der got der alliu herze mac
von sorgen wol gefrîen,
derne wolte den kneht sînen
niht lâzen under wegen;
er hiez im kunden sînen segen
einen engel den er sande:
der vlouc vil îlande
in die kemenâten:
kunden unde râten
wolte er im daz beste,
ê er in wachende weste.
dô wacte er in alsô schône,
der gewaltige bote frône:
der ewangelista saget daz,
daz nie herre wurde baz
von troume enpunden.
wir mugen daz urkunde
an der messe wol hôren,
so die priester singent in den kôren.

Der engel sprach ze dem manne:
,dîn vorhte ist undervangen,
Joseph fili Davît:
dîn schephâre dir den trôst gît.
war woltest du hine gâhen?
ja scholtu wider enphâhen
dîne gemahelen reine.
niht langer dû enweine!
si ist ob allen wîben;
dir endarf ouch an ir lîbe
niht misselîchen:
du scholt daz vollecliche
⟨wizzen unt⟩ gelouben,
daz alle ir tougen
von dem heiligen geiste sint chomen.

ir chûsche ist ir niht benomen:

3285 alter 86 inein 90 h'czen 92 der wolte din' 94 kundigē 96 ilende 98 kundigē 3303 sagte 19 nie niht? *Sch.* 19*ff.* nicht misseleide du schalt des volleclich glouben 23 bekomen 24 ist] wirt

A	D
  do er vil genote seine sache ordenote, an seinem pette er lak. der got der alle herze mak von sorgen gefreien, der wolt den kneht seinen niht lazzen vnder wegen; er hiez *im* kvnden seinen segen: ein engel sant er dar.	was sin galter nehêin. als er des alles wart ennêin mit im selben v̄ genote sin sache geordinote, an sinem bette er gelach. der elliv herze wol mach uon sorgen belosen, derne wolte den frŏdelosen v̄ den reinen brutdegen niht lazzen underwegen; sinen engel er im sande, der in des gutliche ermande waz er tůen scholde, v̄ wes got beginnen wolde.
da er Joseph wart gewar, er wakte in also schone, der gotes pote frone: Der ewangeliste saget daz, daz nie herr*e* wurde baz von trouren enbunden sam Joseph ze den selben stunden.	
Der engel sprach zvͦ dem manne: ,dein sorge ist vndervangen, Joseph fili Dauid: din schepfer dir trost geit. war woldest dv helt gan? ia solt dv wider enpfan dine gemahelen raine. lenger niht en waine! dv solt endelichen wizzen sicherlichen, daz alle ir tougen sint ane lougen von dem heiligen geiste chomen. ir ist niht benomen	**D**er engel im do zusprah: ,hingelêit ist din ungemah, Josep kint Dauit: din schepfære dir den trost git. war woltestu gahen? du sholt wider enpfahen din gemaheln rêine. langer du nien wêine: sie ist ob allen wiben v̄ můz iemer beliben muter unde mæit here: got lihet ir die ere. daz scholtu wol gelŏben, daz allez ir tŏgen von dem heiligen geiste chumet, der ie reht v̄ gnade frumet.

2728 in *2734* herren

si muoz iemer maget sîn.
nu lâ des wesen guot schîn,
daz dich got erwelt hât
an den tougenlîchen rât!
diene ir iemer gerne
mit flîze unt mit êren,
als du sîst ir eigen:
des enscholtu niht geweigern.
den sun den si gewinnet
unt in die werlt bringet,
der wirt geheizen Jesus.
die sunde chan er alsus
leschen unde swenden,
daz die liute enmac geschenden
des tievels ruoge unt sîn clage
an dem jungisten tage.
die wârheit ich dir zelle:
er lediget von der helle
die sînen willen haben getân:
der himel ist in ûf getân,
unt allez daz der ie wart
daz ist gesegenet unt bewart
von sîner magenchrefte,
unt mit der hêrschefte
der niemer wirt ein ende:
dar mahtu dînen dienest wol wenden.'

Joseph der einvalte
niht lenger er entwalte.
sîn froude wart sô michel:
ja was er worden sicher
vor allem ungemuote
von des engels guote:
diu wunder hiez er schrîben.
unser frouwen sant Marîen
bôt er sich ze fuozen;
er sprach: ‚wie wol mich muozen
die sunde iemer riuwen,
daz ich die missetriuwe
ûf dînen lîp ie gewan

3326 nu laze daz gut wesen sin 38 mak gescheiden 41 stelle 42 ledigz uns von 45 der] da gewart 46 geseinet 47 mankrefte 50 dar] da din dinst bewēde 52 enwalte 54 io

A	D
ir reine chevscheit:	
si ist ein raine mait	
vn̄ mvͦz immer magt sein.	
da von tů din ere schein,	
wan sey got erwelt hat	187, 1 an den tŏgenlichen rat
zvͦ dem tougenlichen rat.	sin gůte dich erwelt hat.
	nu dien ir mit stætem mute
	v̄ habes in lieber hůte,
den sun den si gewinnet	wan der sun den sie bringet,
vn̄ in die werlt bringet,	den tievil er betwinget:
der wirt geheizzen Jesus.	Jesvs wirt er genant,
die sunde chan er sus	daz kivt ein heilant,
leschen vn̄ swenden	wand er die werlt hæilet,
den christen ellenden:	div mit sunden ist gemǣilet.
	uon der helle furet er die
	di sinen willen taten hie.
	der himel ist im undertan,
	ze sinem gebot muz er stan,
alles daz der ie wart	v̄ allez dazter ie wart
daz ist in siner hůt bewart	daz ist gesegent vnt bewart
von siner maisterschefte	uon siner magenchrefte,
vn̄ rehter hêrschefte,	v̄ mit der herschefte
der nimmer wirt ende:	die niemen kan uerenden:
da von deinen dienst im wende!'	dar scholtu din dienest wenden.'
Joseph der einvalte	**J**oseph der vil einualte
niht lenger er entwalte.	niht langer er entwalte.
sein frevde wart vil michel:	sin frŏde wart erhaben,
ia waz er worden sicher	sin herze sa entladen
von allem vngemůte	uon sorgen die er hæte.
von des engels gůte:	
die wunder hiez er schreiben.	
seiner gemahel sant Marien	do bot er sih drate
erbot er sich ze den fuezzen;	unser frŏen ze fuzzen;
er sprach: ,wie mich mvezzen	er sprah: ,wie wol mir můzzen
die sunde immer riwen,	min sunde stan ze rivwe,
daz ich missetriwe	daz ich die missetrivwe
ŏf deinen leib ie gewan	uf dinen lip ie gewan

2763 christen] armen *F.* *2773* allem!

umb deheinen *irdischen man*

flouc ez wîten under in
von gazzen ze gazzen.
die juden viengen ze hazze

3364 umme 3406—10 C² 1371—75 8 begonden hazen

A	D
gen denheinē yrdischen man.	umbe dehein irdisken man.
der engel mir gesagt hat	der engel mich bewiset hat
wie ez vrowe vm dich stat.'	wie ez umb dih frŏe stat:
	du bist ein insigele
	des keisers uz dem himele,
	der dih hat gemæhelot
	durh aller sundære not.'
der magede herze sich erhůb;	Div mæit sih frŏen began;
si wesse wol daz si trůk	ir sælde die sah sie an,
den trost aller heiligon:	
des seit si got dank vn̄ lon	
der potschefte frone;	sie wesse wol die gnade frone:
hinz himel naik si schone	do neik sie im also schone
durch vil manik zaichen.	der sie geschuof ze den eren:
die zeher begunden waichen	an sin lop begunde sie cheren
ir brust vnbewollen;	bediv zunge ṽ ir sinne;
si sprach: ‚ia mak ervollen	sie sprah: ‚ia mak div gotes minne
vnser herre vil wol,	an mir wol uolbringen,
des ich immer wesen sol,	als ich han gedingen,
swaz er gebevtet vn̄ wil:	swaz er gebivtet ṽ wil:
er mak mir genade geben vil.'	er git mir mandunge vil.'
Die in daz hŏs chamen	Die zu der rede quamen,
vn̄ dise rede vernamen,	do si daz wnder uernamen,
alt vn̄ ivnge,	
zesamen si sprungen	
vn̄ lobten den hailant,	starke lobten sie den heilant,
der seine zesewe vn̄ seine hant	der sine zeswen hant
het gepraitet vber sie.	hete gerihte uber sie.
merer frevde div wart nie	grozer frŏde diu wart nie
an den bůchen geschriben.	under einem gesinde.
si begunden ane digen	uon der muter ṽ dem kinde
Christes sagerere.	div richen niwe mæ̂re
die starken niwe mere	die musen sie furware
muosten si bewainen:	uor grozer liebe bewêinen:
Maria vn̄ Joseph die beliben vngeschaiden.	also waren sie ungeschêiden.
Daz mere weite do cham	**D**az mæ̂re do uedere gewan
vm die vrowen lustsam:	uon der frŏen wolgetan:
ez solde niht verholen sein.	
ez flouk weiten vnder in	
von gazzen ze gazzen.	witen fur ez ze gazzen.
die ivden begunden hazzen	die iuden viengen ze hazze

2789 potschfte   *2813* chom

diu ungewonlîchen wort
umb den *geistlîchen hort,*

. . . . . in dem rîche,
daz man si steinôte.

3452—56 C^{2} 1376—80   52 rich

A	D
div vngewonlichev wort	div ungewonlichen wort
vm den geistlichen hort,	umbe den himilisken hort,
den div maget trvege:	den div rêine maget truch:
ez douht si vngefuege,	iz duhte sie ungefuge genuch,
wan si ez nie gesahen.	wand ez e nie wart uernomen.
si hiezzen Mariam vahen,	zesamen waren sie komen:
vñ Joseph den alten	do hiezzen sie behalten
hiezzen si behalten	die frŏen ṽ den alten·
vnz an den andern morgen.	untze an den andern morgen.
des si da heten sorgen,	des sie da heten sorgen,
daz hiet in niht geschadet,	daz wære in geschadet niht,
vñ heten si sinne gehabet.	ob sie hæten wistûmes iht.
die tumben æwarten	die tumben ewarte
erchomen der rede harte;	die erkomen harte
	uon der rede, do sie erschal,
	ṽ diu ivdenschaft uberal.
die pischof vñ ire fursten	die bisgofe vnt die rihtære
gewunnen die geturst*e*,	uerviengen sie mit swære,
daz si die maget here	daz sie die maget here
berefsten also sere.	rafsten also sere.
sundern hiezzen si siv do	sunderen hiezzen sies do
in ir concilio:	in ir nitlichem concilio:
vnser vrowe stûnt ainhalben,	einhalp stunt des himels brut,
Joseph anderhalben:	anderhalp der gotes trut.
also wurden si gestalt.	furgeleit wart in beiden
in wart vor gezalt	von dem uolke unbescheiden
manek fraise vñ zorn,	manich freise ṽ zorn,
wie si mvͤsen sein verlorn.	wîe sie musen sin uerlorn,
	ob sie deheiner sunden
	wrden uberwnden.
si begunden sey an vehten,	sie begunden sie anuehten,
daz von ir vnreht*e*	daz uon ir unrehte
div æ̂ were zeprochen,	div e wære zebrochen,
daz belibe niht vngerochen	daz wrde wol errochen:
	ob sie uor ir geslahte
	gerihten nîe*men* mæhte,
	sie satz*t*en in varlichen fvͤr
	die angestlichen selbchûr.
nach Moyses gebot,	ez hete in sinem gebote
daz in gesetzet were von got:	Moyses geuestent uon gote,
alle die vnælich	die an der e missetaten,
lebten in dem reich,	welh pûze sie dauon hæten:
daz man siv stainot.	daz in daz gerihte gemêine

2834 geturstcn *2846* vnrehten *188, 11* nîen *188, 12* satzen

si strebeten vil genôte
daz si dâ muosten ligen tôt:
des betwanc si doch nehein *nôt*.

A	D
si strebten vil genot	ertæilte die stêine
daz man siv bede tot.	v̄ den swæren tot mit schanden
⟨.	uon steinwerfenten handen.
	daz leiten sie in fûre durh nît,
	den der tieuil den sinen git
	die im underhorik sint,
	v̄ die uor ubele werdent blint
	an der gute vn̄ der warheit.
	diu tugentrichiv mæit
div magt vorihte niht daz,	eruorhte ir zenihte daz.
wan si îe baz vn̄ baz	sie troste ie baz v̄ baz
trost ir gemv̊te,	ir reines herzen stæte,
swas man sey gemv̊te.	swie genote ir diu diet tæte.
Joseph sein vnschulde pot:	Joseph sin unschulde bot:
er wart nie plaich noch rot	erne wart nîe bleich noh rot
von denhainer slahte vorhten.	uon neheiner slahte uorhten.
die ivden daz allez mar*h*ten,	die iuden alle daz marhten,
	daz sie bediv stateklichen
	uor armen v̄ uor richen
daz si vnschulden iahen,	ir unschulde iahen,
vn̄ si die warheit sahen.	swie sie die bernde wambe sahen.
Si heten eine gewonheit,	**S**i heten eine gewonheit,
div waz den schuldegen lait,	diu was den schuldigen leit,
ein vrtail fraysam:	ein urteile freissam:
ir lieber vater Abraham	ir alter uater Habraham
vn̄ ir vater Moyses	vnt ir herzoge Moises
die beweisten si des,	die bewisten sie des,
daz si des wazzers vnden	daz sie des wazzers unde
also segen chvnden	also gesegen chunden
vn̄ also tyeffe besweren,	vnde also tiefe beswêrn,
daz sich nieman mohte ernern	daz sie niemen mæhte ernern
die den trank namen	die schuldige dar chamen
vn̄ ihtes schuldik waren;	v̄ daz tranch genamen;
des si schuldik beliben,	mit leide musen die beligen
des si wurden gezigen.	die uon schulden wrden bezigen.
dike chom ez, der ez trank,	ofte gescah, swer iz tranch,
daz im div huf ŏz spranch;	daz im div huf uzspranch;
ofte sprungen im ŏz die augen,	im sprungen uz ioh div ŏgen,
swer da wolte laugen	swer da wolte lŏgen
seiner missetat	siner missetæte
die er begangen hat.	die er begangen hæte.
genůge lagen tot	genuge lagen da tot

2864 marekten

ja was diu urteile genamet
aqua zelotipiê,
den schuldigen tet si wê.
si drouten unser frouwen,
si wolten *daran schouwen*

3498—3502 C^2 1381—85 98 daz urteil genament 99 celotippie 3500 ez tet dē. schuldigē we tet ez *Sch.*

A	D
von des wazzers not.	durh des wazzeres not:
	sie forhten ez alle ensamet.
	ia was div urteil genamet
ez hiez aqua *ze*lotipie,	ein wazzer zelotipie,
den schuldegen tet iz wǣ.	den schuldigen tet sie wê.
si droten vnser vrowen,	Nu drŏten sie unser frŏen,
si wolten dar an schowen,	sie wolten daran scŏen,
wer der man were	wer der man wære
pey dem si daz kint gebære.	bi dem sie kint gebǣre.
Si droten Joseben	sie drŏten ŏch Josebe
auch an sein leben,	ze uorderist an der grede,
ob er niht wolte iehen,	wolt er schiere niht iehen,
er mv̊se fraise sehen	er muse iamer sehen
an sein selbes leibe.	ane sin selbes libe.
si fragten ob er ze weibe	sie fragten ob er ze wibe
het gehabt die magt.	hete gwnnen die maget.
der herre waz vnverzagt,	der herre was unuerzaget,
er sprach vil paltliche:	er sprah vil gnendekliche:
,daz wizze got der reiche,	,daz wizze got der riche,
	daz ich sin niht han getan
	noh nie willen gewan:
daz ich sey nie gerûrte	daz kint ich nie gerûrte,
seit ich sey haym fûrte.	doh ich sie heim furte.
ir wizzet wol waz ich rette,	ir wizzet wol wes ich gedahte,
vñ wes ich willen hette.	do man mirs zubrâhte.
ze Capfarnaum waz ich gevaren,	ze Capfarnaum was ih geuarn,
ander min dink bewa*re*n;	da muse ich ander dinch bewarn;
do ich chom wider haim,	do ich chom wider hêin,
dise sorge mir erschain,	disiv sorge mir erschêin,
die ir selbe kieset.	die ir nu selbe chieset,
ist daz ir mich verlieset,	unt ist daz ir mih nu flieset,
got mak mit seinem gewalte	got mak die sele behalten
mein sele wol behalten.'	v̄ ruche des ⟨. . . . . . .⟩'
Die vil herten Jvden,	**D**ie ersteinten iuden,
die Mariam ane lugen	die unser frŏen anlugen
vñ ir ære fûrten vaile,	v̄ ir ere furten ueile,
si eylten die vrtayle	die ilten die urteile
segen mit fleizze,	segenen mit flizze,
daz si ir iteweizze	daz sie die itwîzze
mv̊sten bewæren.	musen da bewæren.
vil wulfein gebaren	mit wlfinen gebaren
trûgen si gemaine	raizete sie algemêine

2889 lotipie *2910* bewarn *189, 12* des libes walten *H.*

dô wolten si wesen vil gewis,
daz si mit grozem schalle
ze spotte in wurde allen.
Davides kint Josêp,
alse dâ geschriben stêt,
der gerte neheiner friste:
er tranc zem êristen
âne sorge dar fur:
erne vorhte niht daz er verlur
lîp oder sêle.
er gedâhte an die lêre,
die im der engel zuo sprach
dô er in jungiste sach:
diu froute sînen gedanc.
dô huop er ûf unde tranc
eine schenke grôze
vor sînen hûsgenôzen:

dô stuont er âne wende.
si wîsten in bî der hende
umb den altâre siben stunt:
dannen schiet er wol gesunt,
daz nehein urkunde
lugelîcher sunden
an im wart erfunden:
do begâben in die wuotenden hunde.

Dô gienc ez an unser frouwen:
diu stuont mit spilnden ougen

mitten in dem chreize;

3544—3816 C^2 1386—1658 45 valle 46 gespotte 3547—3646 E 47 *Initiale* E ioseph CE 48 als C 49 beg'te C dehainer vrist E 50 *ursprünglich* dranc *nach* D? zu dem ersten C, zemerist E 51 dar fur *Sch. B. s. 100*] er dar wer C, dar zv E 52 ern wolte niht also frv̊ E 53 v'liesen lip od' sele E 54 io gedach .. er C, er dahte E 56 in

A	D
ovf die vrowen raine;	der nit uf die vil reine.
si sahen sei an mit hazze.	
do gesegent wart daz wazzer,	do der brunne was gereit,
aqua potacionis,	
do wolten si sein gewis,	
daz si ze schalle	
vñ ze spote wurde in allen.	
	Josep, als daz buch sæit,
Joseph gert denheiner frist,	der gerte neheiner friste,
wan er trank ze fordrist:	wand in got selbe wiste:
ane sorge er dar fůr.	er drauch ane sorgen darfur,
er dahte niht daz er verlu*r*	erne uorhte niht daz er uerlûr
leib oder sele.	den lip oder sin ere.
er gedaht an die lere,	er gedaht an die lere,
die ime der engel zv̊ sprach	die im der engel zusprah
do er in ze leste sach:	do er in ivngiste sach:
daz troste seinen gedank.	diu frǒte sinen gedanch.
do hůb er ovf vñ trank	do hub er uf unt *t*ranch
eine schenche grozze	froliche uor in allen.
vor seinen hǒsgenozzen:	sie wanten in nider uallen
	v̄ uerderben da ze stete,
	iedoh got gnadeklicher tet*e*,
	der die sîne niemer uerlat
	unt in an den noten bigestat.
er belaib ane missewende.	Do stunt er ane wende;
si namen in bei der hende	sie furten in bi der hende
vñ fůrten in vm den alter siben stunt:	umbe den altære sibenstunt:
von danne schiet er wol gesunt.	dannen schîed er wolgesunt,
	daz nehein urkunde
	luglicher sunde
	an im wart erfunden:
	so gnas er uor den hunden.
Do gienk ez an vnser vrowen:	**N**v get ez an unser frǒen:
div stůnt mit spilinden ougen	da maht man wol schǒen
	spilntiv ǒgen, frien mût.
	uon gote was sie so behut
mitten in dem kraizze;	enmitten inme chreizze:

---

fehlt C zu i . . geste C, mit vnfrǒden E 57 sine C 59*f.* groz : vor sime husgnoz E 61 *Initiale* E 62 derwischten C 63 umme C, umbe E alter CE 65 kein C, dehein E 66 lugenlicher funde C 67 wrde funden E 68 vergaben C 69 *keine Initiale* E

2936 verlure *189, 24* dranch *186, 26* tet

diu scheltwort alsô heize
diu wâren ir linde als daz tou,
wan sie bôsheit nie gerou
die si mit mannen ie begie:
den willen gewan si nie.
der bischof redete mit ir:
,daz urkunde kiesen wir
an dîn selbes lîbe:
nu sage wer dich ze wîbe
mit schanden habe gemachet!
des dîn ouge lachet,
des mahtestu baz weinen.
du muost den man zeigen,
unt muost die steine lîden
die Moyses solhen wîben
sazte an den buochen.
du nemaht uns niht versuochen,
daz dû geturrest lougen:
daz du hâst gefrumet tougen,
daz schînet an dir vorne
von dem gotes zorne.'
diu maget im antwurte
mit gezogenlîchen worten
(jâ hête si die zungen
in suoze rede betwungen);
si sprach: ,ich enhân des niht getân
daz ich tôdes habe wân.
got weiz wol mîne schulde,
unt hân ich sîne hulde,
sô muoz mîn rât werden:
erne lât mich niht verwerden.
hân aber ich gesundet,
daz ich sô bin enzundet
mit werltlîchem viure,
sîn gnâde ist sô tiure:
daz mac er wol erzeigen.
swer die sêle wil gemeilen,
der endarf den valschen sin
niht lâzen an in.

3572 als E 73 diu *fehlt* E d' tou C 74 di bosheit C 75 ie *fehlt* C 77 *Initiale* E 78 sehen wir E 80 nu *fehlt* E 81 habe] hat E 83 dv mahtes E 84 bezeigen C 85 muost *fehlt* E 87 di buch C 88 ne mah E, enda . . . C 89 *Initiale* E turrest C 90 gesundet has E 91 da vor.e C 93 im] in C, *fehlt* E antworte C

A	D
div scheltwort vil haizze	div scheltwort als heizze
waren ir linde als ein tav,	diu waren ir sam daz tŏwe,
die man ire fure plav.	wand sie daz unreht nie gerŏwe
	daz sie mit iemen îe begîe,
	ioh den willen gewan sie nîe.
der pyschof ret mit ir:	Der bisgof redet samet ir:
,daz vrkunde kiese wir	,die schulde kiesen wir
an din selbes leibe:	an din selbes libe:
nv sage wer dich ze weibe	sag an wer dich ze wibe
mit schanden habe gemachet	mit schanden habe gemachet!
vñ din ere beswachet!	des din ŏge lachet,
	des mahtestu baz wêinen:
	du wirdest ze tæile den stêinen;
dv mûst die pene leiden	die mûstu uor uns liden,
die Moyses solhen weiben	wand sie div e solhen wiben
gesatz*t* hat an den bůchen.	ertæilet an den buchen.
dv endarft vns niht versůchen,	du maht uns niht uersuchen
daz dv geturrest laugen:	mit ualslichem lŏgen:
daz dv getan hast taugen,	daz tu hast gefrûmet tovgen,
daz scheint an dir vorn	daz schinet an dir zware:
von dem gotes zorn.'	din reht hilfet dir undare.'
Si begunde im antwurtten	Diu maget began antwrten
mit gezogen worten,	mit senftlichen worten
	(ja hete sie die zunge
	in suzze rede betwngen);
si sprach: ,ich han des niht getan	sie sprah: ,ich enhan des niht getan
darum ir mich sprechet an.	daz ich habe todes wan.
got waiz wol mine schulde,	got weiz min unschulde,
vñ hab ich sine hulde,	unde han ich sine hulde,
so mak mein rat werden:	so muz min rat werden:
er lat mich niht verseren.	erne lat mih niht erwerden.
han aber ich gesvndet,	han aue ich gesundet,
daz ich pin enzundet	daz ich so bin erzundet
von werltlichem fiwer,	mit werltlikem vîure,
sin genade sey mir tiwer.	sin gnade ist so tivre
	daz erz wol mak erzeigen.
	swer sih ze sunden wil neigen,
	derne darf den ualsliken sin
	niht uerlazzen an in.

95 io CE hête si die] hatte sin C 96 suoze] selhe E 97 des] selhes E 98 des todes E 99 weiz min un . . hulde C 3600 gotis hulde C 2 er enlezet C, er lat E d'sterben C, v'derben E 3 *Initiale* E 4 sô *fehlt* E 6 tiure] gehiure E 8 vnraînen E 9 den falk (*so!*) sîn E

2963 gesatz 2972 sprehet

sich selben er betruge,
swer mit im deheine lugen
wolte beherten.
erne lie mich nie verwerten
von mannes unzuhten:
daz wil ich hie gerihten
aller dirre diete,
wil ez got gebieten,
die mich hôrent unde sehent,
daz si des hernâch jehent,
daz got der sterkere sî.'
daz wazzer daz ir stuont bî
daz huop si alsô hôhe
unt tranc ez alsô schône,
sô vil daz si des jâhen
die daz gerihte sâhen,
daz sies genuoc dûhte.
ir antluzze ir dô lûhte
michel baz danne ê:
ez entet ir niender wê.
si enliezen sie niht stên:
si muoste sibenstunt gên
umb den altâre;
do erzeigten ir gebâre
daz sie niht enswar.
daz volc daz was ⟨komen⟩ dar,
gesamenet von nîde,
daz neic dem heiligen magedîne.

Do bedâhten sich die herren,
daz si alze verre

die maget hêten getriben.
dô si an allen ir liden
ganz was bestanden,
swie si doch erchanden

3611 selb^s C truge E 12 deheiner luge E 14 mich *fehlt* C niht E verserten? *Sch.* 15 von] mit C 16 daz] des C 17 *Initiale* E 17f. dy^{e}t: gebi^{e}t C 19 mich] ez E gehorent und gesehent C 19f. sehen: jehen? *Sch.* 20 des *fehlt* C 21 sterker CE 22 daz ir *fehlt* E dabi E 23 sv sach geîn des himeles hohe E 24 unt] do E ez] sv E 25 so vil *fehlt* E des] alle E 27 sies] si sin C 28 ir do] schone C 29 michels C

A	D
	sih selben er betruge,
	swer mit im dehein luge
	190, 15 gedæhte beherten.
	erne lie mich nie uerwerten
swaz ich mit mannen ie begie,	uon îemæns unzuhten:
dafur wil ich rihten hie,	daz wil ich hie gerihten
	allem disem gesinde.
	div urteil ist mir linde,
	wand die mih hiute hie sehent,
	hernah sie des iehent,
daz ich der vnschuldek sey.'	daz got der sterker si.'
daz wazzer daz ir stůnt bey	daz wazzer daz stunt ir bi;
daz hůb si ane twanch	20 nu hub sie uf unde tranch
ovf vñ tranch	ane stritlichen wanch
so vil daz si des iahen	so uil daz sie des iahen
die daz gerihte sahen,	die daz gerihte sahen,
daz sis genůk douhte.	daz sis alle gnuch duhte.
ir antlutz ir do louhte	ir antlutze ir do luhte
michel paz danne æ̂:	michels baz denne e.
ez entet ir ninder wæ.	ez entet ir niender wê.
si liezzen sey niht sten:	sie ne liezzen sie niht gesten,
si můste sibenstunt gen	sien muse sibenstunt gen
vm den altar;	25 umbe den altǽre.
do zaigten ire gebar	do erzaigeten ir gebære
daz sey niht enswar.	daz sie niht enswar,
	vnd ir ŏch arges nîen war.
	do begaben sies alle
	mit leide ioh ir sele ualle,
	daz sie die lieben gotes brut
	erbelget hæten uber lvt.
Do bedahten sich die herren,	Leide sahen in die herren
daz si al ze verren	v̄ uorhten inz gewerren,
	30 daz sie die maget here
	gemuten ie so sere
die magt heten getriben.	v̄ sie ze ihte heten getriben.
do si an allen iren liden	do sie an allen ir liden
ganz waz bestanden,	gantze was bestanden,
swie si doch erchanden	swie sie doh erchanden

30 niender] niht CE 31 liezen E 32 sine *B. s. 43* mvsten E 33 umme C, vmbe E altar C 34 ur di gebar C vñ zaigete da zware E 36 was komen] da was C, *fehlt* E 37 was komen witen E 38 heiligen *fehlt* E 39 erbarmten C, schameten E, erschameten *B. s. 107* 40 also E v'ren C 42 an] in E, *unleserlich* C 44 doch b .... den C

daz si truoc daz kindelîn:
von wannen daz mahte sîn,
des nam si wunder alle.
dô si sie ze schalle
âne schulde brâhten,
vil leide si ir gedâhte,
des heiligen Christes bluome:
diu wolte dô mit gefuoge
von dem teidinge
ir ganzen êre bringen.
si vorhte die vertânen,
daz si mit bôsem arcwâne
dannoch fuorten ir haz.
rihten wolte si baz:
dô swuor si manige eide,
die enwâren niht meine,
den grimmigen liuten
bî allen gotes trûten
unt bî allen d*en* boten
die ie kômen von gote,
die in dem himel*e* swebeten
unt êwiclîchen lebeten
unt dâ hête*n* reste
in der burge veste,
diu mit sternen als*ô* rôt
vaste ist genagelôt,
dâ nie ouge gesach
siechtuom noch ungemach
von deheiner unchrefte;
si s*w*uor der hêrschefte

bî der sunnen unt bî dem mânen,
d*az* si valsches âne
âne allen zwîvel wâre
werche unt gebâre
unt aller bôsen dinge
ûzen joch innen,
unt ir lîbes burde
nie bekuchet wurde
von deheines mannes gelphe:

3645 daz] ir E 46 von welchen dingen C, von wehen (*so!*) sculden E daz *fehlt* E gesin C sin *Ende von* E 48 schalle] val . . C 49 schult C 50 in gedahten C 51 dannoch gotes bluome *B. s. 52* 55 vorhtẽ C 58 wolten C

A	D
daz si trůk ein kindelein:	daz sie trvch daz kindelin:
von wev daz mohte sein,	uon wanne daz mohte sin,
des nam sev michel wunder	des nam sie groz wnder.
die iuden al besunder.	diu reine gedaht darunder,
Dannoch gotes plůme	
div wolt iren rům	
mit ganzen æren bringen	wie sie uon dem tæidinge
von den taydingen.	ir gantze ere scholte bringen.
si vorhte die vertanen,	ia uorhte sie die uertane*n*,
daz si mit argem wane	daz sie mit bosem archwane
dannoch vorhten iren haz.	dannoh furten ir haz.
rihten wolt si aber paz:	rihten wolte sie baz:
do sŵr si manige ayde,	
die waren niht maine,	
	do sŵr sie den grimmigen livten
	bi allen gotes truten,
	die ze h*i*mel heten reste
	in der gotlichen ueste,
	da nîe ǒge gesah
	sorgen noh ungemach
	uon deheiner unchrefte;
	sie sŵr bi der herschefte
	die got vater selbe hat,
	ze des gebote stat
	der liehte sunne v̄ der mane,
	daz sie ualskes ane
bey got ir schepfere,	an allen zwiuel wâre
daz si ledek were	der werche v̄ der gebære,
aller bosen maile,	
	unt ir libes burde
	nie bekuchet wrde
	uon deheines mannes gelpfe.

---

74 bi der *B. s. 47* 76 alliz falsches C 78 geberde C 80 daz uzen . och (noch *B.*) innen C *B. s. 47* 81 unt] diu *B.* 82 bezuket C

3010 iren *aus* irem rům! *190, 36* uertane *190, 40* hiemel

si bat ir got sô helfen
an *de*m jungisten urteile.
dô sprâchen si algemeine,
si *wo*lten sis verwizzen.
mit dienste si sich flizzen,
daz si in der *un*mâze
geruochte antlâzen.

die maget sant Marîen,
si fuorten schône sîe

wider in ir herberge.
sus hête diu gotes werde
mit der zeswen ir kindes
des bôsen ingesindes
nît wol uberwunden.
die tiefe gedanche chunden,

die sprâchen daz daz selbe dinc
uber allen irdischen rinc
hernâch erschulle
unt allem Israhele gewurre.

Bî den zîten was ein keiser,
ein gewaltiger voget der weisen:
der was Augustus genant.
diu rîche hête er alliu samt
in sîne gwalt betwungen:
diu tâten unde sungen
swaz er eine gebôt.
der vorderôte golt rôt

unt silber wîze gebrande
ûz allen ⟨den⟩ landen:
cinses wolte er niht enbern;
die liute muosten in gewern
swes sîn wille wart enein:

3684 helfe *CB.* 86 alle gemeine 90 antlazen] genczelich laze 91 marie 92 also schone sie 94 sus] so *oder* si 97 nit] niht 98 tifen

A

bey dem iungisten vrtaile.
Do vil gesworen het div reine,
do sprachen si gemaine,
si wolten seiz verwizzen.
mit dienste si sich flizzen,
daz si in der vnmazzen
gerůchte antlazzen,
die si mit grozzen angen
an ir hieten begangen.
Si fůrten die maget rein
schon hin wider haim;

do het si zestunden
iren neit vberwunden.
Die sich versten kvnden,
die sprachen albesunder,
daz vber aller der werlde rink

daz vngehorte dink
her nach schadet sere
dem volche Ysrahele.

Bey den selben zeiten
was ein kayser weiten
Augustus erkant;
im dienten alle lant.

den levten er gebot,
daz man im gebe golt rot

vñ silber weiz geprant.
prief er ovz sant:
zins wolt er niht enberen;
des můst man in geweren.

D

,got', sprah sie, ,mir so helfe
anme ivngesten vrtêile.'
do iahen sie mit heile,
sie wolten sis uerwizzen.
mit dienste sie sih flizzen
daz sie zir hulden kamen
v̄ ir die swære benamen,
di sie hæten ir getan
mit rede v̄ mit bosem wan.
Div gute sant Marie,
diu uon sunden frie
vnt iemer unberuret,
wart wider gefuret
in ir êigen herberge.
sus hete div gotes werde
mit der zeswen ir kindes
des ubeln ingesindes
nit wol uberwnden.
die rehte gedenchen chunden,

die sprachen daz dazselbe dinch
uber allen irdisken rinch
muse hernah erschellen
v̄ mohte Israhel wol gevellen.

Ein keiser was bi den citen,
ein gwaltiger uoget wîten:
Augustus was er genamet.
der hete div riche elliu ensamet
in sinen gewalt betwngen:
div taten v̄ sungen
swaz er eine gebot.
nu fordert er daz golt rot
uon aller werlte gliche,
uon allen steten v̄ allem riche,
uon ieglichem lante
silber wîzze wol gebrante:
cinses wolt er niht enbern;
niemen getorst in entwern
swes sin wille wart ennein:

3702 allē isrl', *l.* allen Israhelen? 3 geziten 6 hatte h' 10 .ord't 11*f.* und silber wol gebrant uz allē ..nt 15 inein

michel was daz sîn heil.
do diu niuwe hêrschaft erschal
uber berge unt uber tal,
swâ die liute wâren,
den cins si im gâben.

under im was ein ander kunic,
vollen hêre unde frumic,
Cyrinus von Syriâ.
eines buoches begunde er sâ,
dâ man die menige an schribe,
unt die liute darzuo tribe
daz si an die chrônen dâhten
unt ir *ur*kunde brâhten
an dem gelobeten zîte.
uber alle gegene wîten
niemen was sô biderber,
der getors*te* dâ widere
gebieten einen vinger;
sô smâher noch *sô* ringer
was ouch niemen in der werlt,
erne muose daz keiserlîch gezelt
mit chamerschatze êren,
den frô*ne* hort mêren.
die ûz gevarn wâren,
die muosten heim gâhen
zir friunden unt zir kinden,
daz man si gesamenet funde,
sô man si brieven scholte
als der herre wolte.
swaz drîe pfenninge wac
sô ez ûf der wâge lac,
daz gap ein ieglîch man
der daz leben *wol*te hân.
der sich ⟨des⟩ wolte werjen,
den ersluogen die scherjen,
die daz gelt enpfiengen

3721 vnd'! 22 vollen hêre] ein vollic h're C, envollen *B. s. 187* 24 begundē si da 25 dâ man] daz si sc'ben 26 darzuo] ûz triben 27 gedechten 28 dar brechten 29 an den gelobtē ziten 32 wider 33 uf gereke sinen vinger 34 geringer 36 erne] er 37 schacze

A	D
	in so grozzen eren er schêin.
do daz gebot erschal	do div niwe herschaft erschal
vber perge vñ vber tal,	uber berge vnd uber tal,
swa die levte waren,	daz gebôte muse ergan
den zins si im gaben.	an widerstrit v̄ sunder wan.
	daz ahten die rihtære
	uon Rome, diu so mære
	denno*ch* was v̄ so here:
	nû ist sie genidert sere.
vnder im was ein kvnek,	ein lantgraue hiez Cyrîn
vollen hær vñ frumek,	uon Syria dem lande sin.
Cyrinus von Syria.	eines buches der began,
eines bůches begunde er sâ,	da satzet er die ivden an
da man die menige an schribe,	v̄ schuf die wirte an scriben
daz ir ovzze ⟨niht⟩ belibe	v̄ di livte dazu triben
	daz sie an die chrone dæhten
	und ir urkunde bræhten
ze den gesprochen zeiten.	an dem gelobeten zite.
vber alle gegen weiten	uber die lantschaft wite
nieman was so piderbe,	nieman was so mahtich,
der getorste da widere	
gepieten einen vinger,	
so hoher noch so ringer,	so riche noh so ahtich,
	erne mvse den zins geben,
	den frone hort erheben
er mv̊se dem kaiser ze æren	v̄ den kamerschatze meren
den frone hort meren.	dem richen keiser ze eren.
swa levte ovzzen waren	die da uz waren gevarn,
die mv̊sen haim gahen,	die ilten heim daz bewarn,
	daz sie iht beliben,
	sine wrden angescriben
do man si briefen solde	zu ir chunne v̄ ir magen,
als der herre wolde.	da si ŏh daz silber gaben,
swaz drey pfenninge wak	daz drie pfenninge wach
so ez ovf der wage lak,	so ez uf der wage gelach:
daz gab ein igelich man	daz gap ein ieglich man
der sein leben wolde han.	der daz leben wolte han.
swer sich des wolte wer*i*en,	die sich begunden wer*g*en
den erslůgen die scherien,	die erslugen die *sch*ergen,
die daz golt enpfiengen.	die daz gelt enpfiengen

38 gemeren 41 zu irn 43 si brieven] di brife machē 44 als] wi 49*f.* weren : scherg . .

191,30 dennohc *3060* niht *ergänzt F.* *3077f.; 192,4* weren AD : scherien A, sergen D

unt fur die fursten gieng*en*
mit cinslîchem horte.
si brâhten in sînem worte
guldîne sûle
unt geladene mûle:
die wagene alsô veste
si muosten nider bresten
von des schatzes swâre,
der dem helde mâre
gefuoret wart zesamene
in sî*ne* ⟨vesten⟩ treskame*re*.

Dô wart ein chreftiger fride:
diu swert muosten si versmiden,

bêdiu spieze unde sp*er*.
dô newas dehein her,
daz iender des gedâhte
daz *ez* sich undervâhte.
do newas niht urliuge
bî d*es* meres piuge,
noch nehein nîtgeschelle.
mit grôz*er* *eb*enhelle
unt harte fridelîche
stuonden al diu rîche.
diu senfte unt diu stille
diu was des kindes wille
daz bî d*er* magede was verholn.
der keiserlîche zol

daz sint die namen drîe
die uns hânt gemachet frîe.
. . . .
der vil stâtige fride
uber lîp unt uber *sêle*
daz ist diu geburt vil hêre,
diu von der maget lûhte,
dô got des zît dûhte.

3761 wart] warn 67 iender] imm^5 69*f.* urleuges: puwe 71 nit geselle 74 alle 77 maget 80 di uns habent gevriet hi 81 wol

A	D
fur die herren si giengen	v̄ fur die fursten giengen
mit dem zinsleichem horte.	mit cinslichem horte.
si prahten nach sinem worte	sie brahten in sinem worte
guldein sevle	grozze guldine sule
vn̄ geladen mevle:.	v̄ geladen mule
die wegen vil veste	v̄ wâgene also ueste,
můmsen nider presten	die daz gesmide beste
von des schatzes swere,	⟨. . . . .
der dem helde mere	. . . .⟩
gefuret wart zesamene	
in seine vil veste chamere.	
Do wart ein chreftiger frid*e*:	**D**o wart ein chreftiger fride:
div swert můsten si versmiden,	diu swert uerslugen die smide,
peide spiezze vn̄ sper,	bediu spîezze vn̄ sper.
daz man ir ninder funde mer.	done was dehein her
	daz îender des gedæhte
	daz ez strite oder uæhte.
	done was niht urlivge
	bi des meres pîvge
	noh *ne*hêin nit geschelle.
	mit grozer ebenhelle
do stunden fridelich	vn̄ harte fridliche
alle div reich.	stunden elliu riche.
die semfte vn̄ die stille	div senfte v̄ diu stille
was des kindes wille	div was des kindes wille
daz bey der maide was verholen.	daz bi der magede was uerholn.
der keiserlich zol	daz man begunde zoln
	die breiten werlt alliche,
	v̄ sich loste mannekliche
	mit gewæge drier pfennînge,
	daz sint, als ich gedinge,
daz sint die namen drey	die uil heren namen drie,
die ⟨uns⟩ hant gemachet frey.	die uns machent frie
	non des uiandes bande,
	v̄ selnt uns siner hande
	der ein keiser ist der wâre
	himels vnd der erde zwâre.

wir di ... ch und'scheide *vor* ch *noch ein Strich, wahrscheinlich* u, *nicht* i; *sicher ursprünglich* digen *oder* dige *im Reim.*

192, 8 danach wohl Verlust von mindestens zwei Versen *3091* friden *3092* si versmiden! *192, 13* en nehein

michel reht was daz,
dô Christ nâchwendic was,
daz vester fride wurde,
unt diu schalklîche burde
abe muoste slîfen.
diu rebe was dô rîfe
dâ wir den wîntrûben
abe schuln *chl*ûben,
dannen uns flôz daz wizzôt,
daz den êwigen tôt
der christenheit benâme
mit sînem heilwâ*ge*.
der sun sant Marîen
schol uns an schrîben
an daz lebendige buoch,
wan der des êrsten wîbes fluoch
mit der magede wolte stôren.
die froude schuln wir hôren
diu dâ niemer zegât,
behalten *wir* den ir rât.
die sich des wellent werjen,
die tievellîchen scherjen
⟨die⟩ benement in daz leben:
sô mahten wir gerner geben
den cins den drin gene*nn*en:
die kunnen daz wol erkennen,
ob wir si reh*te* meinen,
sô wir des lîbes brôde underneigen.

Dô durch des keisers gebot
der cins was gesa*menôt,*

3788 cristo 90 selicliche 92 dô] da 95 dannen] da von wisot 96 tot] . . t tot 98 siner 3803 maget 5 zurgat 7 wern 8 di irn . illiclichen schergen 10 gerner] lib' 11 genē/: en 13 ob] ab

A	D
michel reht daz waz,	michel reht was daz,
do Christ chunftik was,	do er nahwendik was,
daz vester fride wurde,	daz stæter fride wrde,
vñ alle swere burde	und die schalklichen burde
abe mûste sleiffen.	abe musen slifen.
dev rebe waz do reife	diu rebe began do rifen
da wir die weintrouben	da wir den wintruben
abe sulen chlouben.	scholten abe chluben,
	danne uns flôz daz wîzzot
	daz den ewigen tot
	zefuret ṽ gnade tût:
	daz ist daz sin here blut.
Der sun sant Marien	An dem lebentigen buche
sol vns ane schreiben	scriben er uns geruche,
an daz ewige pûch,	an siner holden stat,
wan er des ersten weibes flûch	da er di rehten hat gesat.
mit der magede wolte storen.	
die frevde mͮzze wir horen	
die da nimmer zegât,	
vñ volge wir seinem rât.	
die sich des wellent wer*i*en,	die sih des werent mit sunden,
die tevfelischen scherien	die sint sere gebunden
benement *in* daz leben:	ṽ uerliesent ŏh daz leben:
so moht wir gerner geben	so mæhten wir gerner geben
den zins den drein genennen;	den cins den drin genennen.
die chunnen daz wol erchennen,	got der kan wol erkennen,
ob wir sey rehte mainen,	ob wir in rehte meinen,
so wir daz leben naigen.	so wir die brode underneigen.
Do durch des cheisers gebot	**D**o der cins was gesamenot
der zins wart gesamenot	als ez der *k*eiser gebot,
in al der werlde chreizze,	ṽ daz ufgeleit wart,
do was auch gehaizzen,	swer sih daran niht bewârt
die daz gebot niht erfulten,	daz er daz gelubde erfulte,
daz si die frevel gulten	der fræuel er engulte
vñ daz houbet solten verliesen.	ṽ muse daz hŏbet fliesen,
Josepf begunde kiesen,	Josep begunde kiesen
gedenchen vñ trahten,	ṽ gedenchen in siner ahte,
war er cheren mohte	war er cheren mæhte
da er were vnzinshaft.	da er wrde zinshaft.
do weist in d*i*e gotes chraft,	do bewiste in gotes chraft,
daz er fûre gen Bethlehem:	daz er ze Bethlehem scholte,
da mûste daz kint her fure gen,	wand Christ da erschinen wolte.

3119 weren *3121* im *3127* cheiser *192,35* zeiser *3138* de

A

dannen wir ⟨von⟩ dem weissagen
michel vrchvnde haben.
do enbait er niht mere,
er sprach zv der magt here:
,dise rede mak niemen
lenger ovf geschieben:
daz vnser genoz hant getan,
bede weip vn̄ man,
daz svle wir pilleich tůn.
got hat sinen weistům
vaste mit dir getailt;
dein leip ist vngemailt.
nv solt dv vrowe wol gehugen,
war wir iærlichen mvgen
vnsern zins bringen,
daz wir iht schaden gewinnen
von dem keiser Augusto.'
div magt antwurt im do:
,des endarft dv niht fragen;
vnser kunne vn̄ vnser magen
die sint von Bethlehem komen;
da sul wir iærlich wonen

mit dem selben vrtaile
daz die purgere alle gemaine
in ze rehte wellen sprechen.
wie solt wir daz zeprechen?
sinnes sul wir walten;
wir mvͤzzen die æ behalten,
æ man vns des leibes beraube.
wie wol ich des getrowe,
daz ich bey minem geslehte
missetuon iht enmæhte.'
Joseph geviel div rede wol,
er sprach: ,wie ger*ne* ich sol
dines gebotes warten.
mich dunket daz wir zehart*e*
gelenget haben dise vart.'
div vrowe des en ain wart,
sein wer zeit vil gůte.
do kerte div raingemůte
ze Bethlehem die strazzen:
si wolt sich briefen lazzen
mit andren iren magen.

D

done beiter nîenmere,
er sprah ze der magede here:
,dise rede mak niht langer gestan:
daz unser gnozze hant getan,

daz schuln ŏh wir tun zware,
wand ez uns scaden gebæ̂re,
ob wirz ubersæzzen
v̄ des gebotes uergæzzen.
nu scholt du frŏe gehugen,
war wir iarlichen mugen
unsern hŏbetzins bringen,
daz wir ân fræise gedingen
da ce der rihtære gêinwrte.'
diu maget im do antwrte:
,des endarf*t* du niht fragen;
unsir friunt unde unser magen
die sint uon Bethlehem chomen;
da schuln wir iarliche wonen
mit derselben urteile
die in die burgære ze heile
vnt ze rehte wellent sprechen.
wie scholten wir die zebrechen?
sinnes schulen wir walten
vn̄ unser e behalten,
e man uns des libes rŏbe.
vil wol ich daz glŏbe,
daz ich bi minem geslæhte
missetun nîen mæhte.'
Josebe geuîel div rede wol,
er sprah: ,wie gerne ich dir uolgen schol.
mih dunchet daz wir ze harte
haben gelenget dise uarte;

sin wæ̂re uolleklichen zit.'
do cherte diu niftel Dauit
gêin Bethlehem die strazze:
sie wolte sih brieuen lazzen.

193, 8 endarf   *3174* ger   *3176* zeharten

A

ze den selben tagen
erschain ir frev*de vñ* wunne,
liehter danne ein sunne.

si fůr frőlich;
ir dienten tougenlich
mit fleizze der engel schar,
der vrowen wunnechlich gevar.

Der himilische vater gůter
wolte seine můter
chuṁftiger dinge
an ain ende bringen.
aine grozze tovgen
liez er sey an schowen,
die ander niemen sach,
wan si ir scham nie zebrach.
ir wart geoffenot
do ir lieber sun gebot:
bey dem wege sach si stan
paide weip vñ man
bedenthalb ze den seiten
an dem wæge weiten.
ein volk vñ aine schar
chom vil trovrechlichen dar:
die wunden die hende.
in eysnein gebende
waren si beslozzen:
mit zeheren begozzen
si chlagten vnmazzen.
anderhalb bey der strazzen
stůnt ein schar michel,
vor allem leide sicher:
die waren vngebunden,
trouren si niht kvnden.
si heten geistliches spil
vñ ander frevde vil.

Joseph si do sagte
was si gesehen habte.

D

frőde vnde wune
⟨. . . . .⟩
muse ir da begegene*n*
uon des kindes segene.
sie fur dar froliche;
ir dienten willekliche
der engel gesinde gůt:
uon den was sie wol behůt.

Der himiliske uater guter
der wolte do sine můter
chumftiger dinge
an ein ende bringen.
ein grozziu tőgen
di*e* sant er ir ze őgen,
die anders niemen sach,
wand sie di scham nîe zebrah
magetlicher gute
unt in der kivsche blute.
bi dem wege sah sie stân
bediu wib vnde man
ietwederhalben zen siten
engegen ir so witen.
ein uolch vnt ein schar
diu chom vil truriklichen dar:
die wnden die hende.
in isinîne gebende
waren sie geslozzen:
mit zæheren begozzen
sie chlageten unmazze.
anderhalp der strazze
stůnte ein schar tugentliche,
harte frőderiche,
lieht unt sicher uor leide.
sie heten uolle wêide,
wnneklichiu spil,
alleš liebes v̄ eren uil.
sie waren schone gechleit
in wizzer wæte gemeit.

Josebe sie do sagete
waz sie gesehen habete
uon den zwein scharen,

3185 frevde vñ *F. B. s. 30*] frevnden *193,28* begegene *193,28* div

A	D
	der liehten v̄ der misseuaren.
er gelaubt ez ze trage	daz gelŏbet er trage
vn̄ het denheine frage,	vnde entwalte mit der frage,
wie dem dinge mohte gesein:	wie dem dinge mohte sin:
des erschamte sich daz magedein,	des erschamte sich diu kunigin.
daz si daz mere verlie.	do sie daz mære uerlie,
vor in an dem wege gie	uf dem wege sie ergie
ein knappe schone ane part;	ein knappe schone ân bart;
ir gevert er do wart.	ir geuerte er do wârt.
daz was ein wunnechliches kint,	daz was ein kint lussam,
als alle die sint	als ez uon rehte gezam
die ze himel sint erkant	dem gesinde uor gote,
vn̄ gesant von gotes hant.	daz ce sinem gebote
	iemer stat v̄ iemer uert,
	wan ez fur in niht liebes gert.
in dem bilde er in erschain	in dem bilde erschêiner
sam er wer der levt ein	sam er der liute wære einer
der wolte varen ze Bethlehem.	die ze Bethlehem wolten
	v̄ da zinsen scholten.
	des selben heten sie wan
si sahen in gerne mit in gen.	v̄ sahen in gerne mit in gan.
	do taten sie rede genuge
	also sûzze v̄ gefuge
	uon der naheten herschaft,
	von gotes gute v̄ siner chraft.
	ir herze waren reine
	in rehter minne gemeine.
Do sprach der schone iungelink:	**D**o sprah der iungelinch:
,ich horte wol daz taydink	,ich horte wol daz tæidinch
daz ir het mit einander.	daz e was under iv,
	do ich chom gegangen zu iv,
	uon den gwaltigen tŏgen:
die maht dv ane allez wandel	div mæhte Joseph wol gelŏben.
wol gelauben, Joseph.	daz sin sin fremdliche stat
daz dein zweivel so stet	ze den dingen die got hat
gen diser vrowen raine,	ûf dem wege beschêinet,
mich wundert was daz maine.	daz en weiz ich waz meinet.
Joseph, hore her zvo mir!	Joseph, hore herze mir!
die warheit wil ich dir	die warheit sage ich dir
vil redelichen kunden:	ze dîvte an disen stunden:
die die hende wunden	die die hende so wnden
vn̄ chlagten so harte,	v̄ angestliche gebârten,
die habent den weingarte	die habent die wingarten
gotes niht erbowen;	gotes niht erbuwen;

A	D
daz mûz si harte riwen:	daz mûz sie balde riwen:
daz ist div Jvdische diet,	daz ist div iudiske diet,
div die weissagen verriet	div die wissagen uerrîet
die in da waren gesant	die in da waren gesant
von der gotes hant.	uon des oberisten hant.
⟨. . . . .⟩	die habent vil grimmigez mût;
daz vil vnschuldige blût	daz vil unschuldige blut
daz ist zv̂ in gerunnen;	daz ist hinze in gerunnen;
dem hirt sint si entrunnen.	sie sint dem hirte entrunnen,
	mit dem si genesen scholten,
	ob siz dienen wolten.
ir sunde hant in vertailet:	ir ubele hat in uerteilet:
daz ist daz si bewainent.	des gent sie geseilet
mit fevreinen banden	*mit* vivrinen banden.
von den valanden	in noten v̄ grozzen schanden
werdent si genichet	sint sie iemer bestricket.
vn̄ ewichlich bestrichet.	ir ere div ist genicket
	v̄ berihtet sih nîenmere:
	des chlageten sie also sere.
Die auer die frevde habent	**D**ie anderhalp da frŏde hant
vn̄ sich wunnechleich gehabent,	v̄ in liehter wate stant,
daz sint die becherten,	daz sint die becherten,
die weilen nieman lerte:	die got wilen êrten:
die enpfahent den gotes svn	die enpfahent nû gotes svn
der in genade wil tûn.	der in sin gnade wil tun.
die beleibent niht ze der *w*instren;	die belibent niht ze der winster;
si gahent von der *v*insteren	sie gahent uon der vinster
in die liehten sunnen,	in die liehten sunne,
vn̄ badent ovz dem brunnen	v̄ badent sih vz dem brvnne
da sich der gaist enpindet,	da allez meil uerswindet,
vn̄ aller pein verswindet	vnde sie der geist enbindet
mit gotelichem gepende.	uon totlichem gebende.
der Juden missewende	der iuden missewende
wirt der haidensch*ef*te trost.	diu wirt der heidenschefte trost.
der tiefel gerwet sinen rost	der tîeuil garwet sinen rost,
vn̄ e*n*pheht die verworhten,	da er die verworhten
die di*e* gotes vorhten	enpfahet, die gotes uorhten
niht wellent lernen.'	nîen wellent lernen.'
Joseph horte gerne	Joseph der horte gerne
daz er imz also beschiet.	daz er im die rede so beschîet.
di*e* israhelische diet	die israhelisken diet

194, 31 mit mit *3273 f.* winstren : vinsteren *F.*] vinstren : winsteren *3276* *kein* sich! *3281* haidenschte *3283* epheht *3284* div *3288* div

A	D
bewainte er vil haizze,	die began er weinen hêizze,
daz si Abrahames gehaizze	daz sie Habrahames geheizze
also solten verliesen	also scholte nerliesen
vñ ewige damnunge erkiesen.	v̄ den ewigen tot kiesen.
E daz div rede was getan,	**B**edaz div rede was getan,
der abent begunde ane gan,	der abent begunde anegan,
div sunne begunde seigen,	diu sunne nider sigen,
div naht zv̊ ste*i*gen.	div naht den tach uertriben.
als in geswaich daz himellieht,	als in do gesweich daz lieht,
Joseph der getroute nieht	Josep der getruote nieht
vollen chomen in die stat:	uolchomen an die stat:
vnser vrowen er bat,	unser frŏen er gebat,
daz si gerůchet vnder wegen	daz sie geruhte under wegen
nahtselde pflegen	ane ein bette sih gelegen
vnz an den anderen m*or*gen.	untze an den andern morgen.
do twungen sey die sorgen;	do dwngen sie die sorgen,
	daz ir mæitwesender lip
	wol erkante sine zit.
si sprach: ,swie spat ez werde,	sie sprah: ,swie spætez uns werde,
wir sulen die herberge	wirne schulen die herberge
alswa ninder sůchen,	anderswa niender suchen,
vñ wil sein got gerůchen,	wil sin got gervchen,
wan ze Bethlehem in der stat:	wan in Dauidis purge:
vil leiht ich schaden hæt,	uil lihte ez uns scade wrde,
solt ich alswa inder sein.	scholten wir anders iender sin.
erfult sint die tage mein	erfullet sint die tage min:
daz ich mv̊ter werden sol:	daz ich muter werden schol,
	daz ist in miner ahte wol.
ich bringe kouf vñ zol.'	ich bringe den gewaltigen wirt,
	den sin eigen div gebirt,
	als er mir herre gebot:
	uol varn můz ich durh die not.'
Als ez mitev naht wart,	als ez umbe mitte naht wart,
do gab der magt invart	do gab der magede inuart
Bethlehem *ir gruozsal.*	Bethlehême ir gruzsal.
do moht lenger ir zal	do ne mahte ŏh div ir zal
haben denhaine frist:	niht langer haben frist:
der vorgesprochene Christ	der uorgewissagte Christ
der wolte sich erzaigen	wolte selbe do zeigen,
vñ sine gv̊te naigen.	daz sih der himel neigen
	scholte zu der *er*de,
	do in gebar div werde.

3296 stegen *3303* mororgen *3308* gerůhen *3317* ze Bethlehem der stet sal *3318 f.* do enmohte ouch diu ir zal lenger haben *F.* *195,28* er erde

A	D
Div vrowe mûst entwalen	**D**iv frōe entwêlen muse
bey ainer zellen smâhen.	bi einer smæhen chluse.
div himilische porte,	diu himiliske porte,
div swanger wart von gotes worte	die got mit sinem worte
aller werlde zehail,	erwelt uns ze heile,
div sach an einem tail	diu gesah in einem stêine
ei*n* wenige*z* *lûk*:	ein vil wenigez lûch:
ir noturft sey darin trûk,	ir wille sie dar getruch,
daz si darin trat	daz sie dar in trat
vn̄ ez ze house hat:	v̄ sich da hete gesat:
daz kom niht von geschihte	daz enchom niht uon geschihte
daz si algerihte	daz sie in alrihte
in dem vinstern hol	in dem vinsteren hol
solte geberen also wol:	scholte rûwen so wol:
Die Christes predigere	di Christes predigære
weissagten dise mære	die heten uor manigem iare
	uor gescriben v̄ gesaget,
	wie div muter vn̄ maget
vor, wie si solt gebern	also scholte gebern
vn̄ ⟨uns⟩ des herren gewer*n*.	unde uns des herren gewern,
	der ze uoget wrde gezalt
	fur des tieuels gewalt.
do si gie in den stein,	do sie gie in den stêin,
do erlouhte vn̄ erschain	do luhte v̄ erschêin
ein michel lieht darinne	ein michel lieht dar inne
gen der kuniginne.	gegen der kuniginne.
die weile daz si da belaip,	die wile daz sie da beleib,
daz lieht die vinster vertraip.	die vinster daz lieht uertreib,
	sam da ein fîvr brunne,
	oder div perhtel sunne
	uertribe daz genibele
	uz dem ir gesidele.
si gebot dem alten manne,	sie gebot dem man zehante,
daz er ire ein amme	daz er sinen flîz wante
eilte gewinnen,	heveammen ze bringen,
die si mit dem kinde	die sie in ir dingen
wol bewaren kunde.	wol bewâren chunden.
die het er schiere funden:	die hete er schiere funden:
Rachel hiez div aine,	Rachel hiez diu eine,
div gahte zv̊ dem staine;	diu gahte zu dem stêine;
Salome damit gie.	Salome damite gîe.
der herre si niht verlie:	der herre sie niht uerlie,

3329 eine wenige luke 3331*f.* *weder* trat : hât *noch* trat : gesat *kommt dem Original zu, vielleicht* trâten : hêten 3340 geweren

daz er daz allez an truoc,
wan swes diu frouwe gewuoc
unt swar si in wolte senden,
daz brâhte er an ein ende.
dô er under wegen was,
dô chom diu zît daz si genas.
diu geburt tet ir niht wê:

obstetricum vicê
stuonden die engel dabî,
do diu maget edele unde frî
zougte den heilant,
der alliu rîche unt ⟨alliu⟩ lant
ûf gnâde wolte schouwen.
ja was ouch bî der frouwen
weder man noch wîp
noch dehein irdischer lîp:
wirdic was des niemen,
da die engel scholten dienen,
daz er dâ ⟨mite⟩ wâre,
die hêrschaft ane sâhe,
daz gotlîch geslahte.
wir hôren ze wîhen nahten
die geistlîchen hirten
von des himeles wirte
michel êre chunden,
doch enmugen sis niht ergrunden:
ja ist sîn tûsentstunt mê
danne dâ geschriben stê.
daz grôze wuofen unde chlagen,
daz ander frouwen muozen haben,

sô si gewinnent diu kint
diu von sunden chomen sint,

4091—4272 C^2 1659—1840 4101 zougte *Sch.*] zeigte 4 io 9 ⟨bi⟩ *B. s. 216* 12 wir] wi 17 io 18 dā da 19 *Initiale* sufczen und di clag 20 daz] di hab 22 bekumē

A	D
er bot in sine miete	untze er sie brâhte an die stat,
der seligen diete.	als diu frŏe gebat.
	Joseph der alte,
	der uil einvalte,
von siner grozzer gůte	der senfte vnd der gute,
luzel in daz můte:	vil lutzel in daz mute,
swes div vrowe gewůk,	daz er daz allez antruch,
gedultichlich er daz vertrůk.	wan swes diu frŏe ie gewch
	v̄ swar sie in wolte senden,
	daz chunde er wol uerenden.
Die weil er vnder wegen was,	Do er underwegen was,
do kom div zeit daz si genas.	do chom div zit daz sie gnas.
div geburt tet ir niht wæ:	diu geburt sanfte ergie,
	wan sie in âne meil enpfie
	v̄ ane sunde gebar:
obstetricum uice	von rehte ir leides nien wâr.
stůnden die engel dabey,	ir waren die engele bi;
da div magt sunden frey	die taten sie sorgen vrî,
zaigte den hailant,	do sie brahte den heilant,
den alle reiche vn̄ alle lant	der diu irdisken lant
ovf genade wellent schowen.	vns ze hæile wolte scŏen.
ia was ouch bey der vrowen	iane was ŏh bi der frŏen
weder man noch weip	nehein werltlicher lip,
noch denhain yrdischer leip:	enweder man noh wip:
wirdik waz des niem*en*,	wirdik was des niemen,
da die engel solten dienen,	da die engele scholten dienen
daz er da mit were	
vn̄ die herschaft an sehe,	
das goteliche geslehte.	dem gotlichem geslæhte.
wir horen ze weinahte	wir horen an der heren nahte
die geistlichen hirtte	
von des himels wirte	
michel ære kunden,	groz ere der werlte chunden, :
doch mugent si*z* niht ergrunden:	doh mugen wirz niht ergrunden
sein ist tousent stunt me	ia ist sin tusentstunt me
dan inder geschr*i*ben stæ.	denne da gescriben ste.
Daz grozze wůffen vn̄ chlagen,	Daz grozze wfen v̄ chlagen,
daz andre vrowen muezzen *haben*,	daz andere frŏen muzzen uertragen,
so si gewinnent div kint	so sie gewinnent div kint
div von sunden komen sint,	div uon sunden chomen sint,

3359 grozz'! *3361* *kein* ie! *3375* nieman *3384* siz *F.*] si *3386* geschreiben *3388* haben haben

daz was ir seltsâne;
si was sîn alles âne.
daz kint daz dâ fur gie,
dô si daz êrist enphie,
dô was si lûter âne meil:
dannen gwan si daz heil,
daz sie niht enswar
dô si Christum gebar.
daz golt daz diu werlt hât,
diu in dem ellende stât,
daz enmahte niene widerwegen
die geburt unt den segen
den uns diu maget brâhte,
dô sie got sô bedâhte
an allen ir dingen:
sagen unde singen
muozen wir iemer dannen.
der val ist zegangen,
der uns muote sêre.
alle gloubige sêle
die schuln der hôchzîte
warten unde bîten
mit geistlîchem trôste,
dô got sîne christenheit erlôste.

Joseph der heilige man,
dô er die ammen gewan,
er gie zuo dem steine:
dâ lac diu maget reine
in einem grôzen liehte.
ja entrûweten si mit niehte
an die stat gegâhen
dâ si den glast sâhen.
dô hête si gewunnen
den êwigen sunnen,
des schîn niemer zegêt
die wîle daz der himel stêt.
daz kint si diche chuste;
ez lac ir an der bruste,
daz wênic was ze sehenne
unt michel ze jehenne:
daz den tôt vertrîbet,

4125*f.* gink : enpfink 26 dô] als vō erste 27 di lutt'e 28 dannen] da vō 33 niene *Sch.*] nimāt C, niemer *W. s. 163* 34 vō dem segen 42 gleubige 50 do 52 io 56 den] di 57 zurget 62 bekennene

A

daz waz ir seltzene,
vn̄ was sein alles ane.

daz golt daz div werlt hat,
div in dem ellende stat,
daz mohte nieman wider wegen
die geburt vn̄ den segen
den vns div maget brahte,
do ir got gedahte
an allen iren dingen.
sagen vnde singen
muezze wir immer mere.

alle geloubige sele
die sulen der hochzeit*e*
warten vn̄ beiten
mit geistlichem troste,
do got sin volk erloste.

Joseph der heilige man,
do er die ammen gewan,
er gienk zv̊ dem staine:
da lak div maget reine
in einem grozzen liehte.
ia getrouten si ⟨mit⟩ ni*e*ht*e*
an die stat gegahen
da si den glast sahen,
do si het gewunnen
den ewigen sunnen,
des schein nimmer zegat
die weile der himel stat.
daz kint si diche kuste;
ez lag ir an ir bruste,
daz wenik was ze sehene
vn̄ michel ze iehene:

D

daz was ir seltsæne:
sie was sin alles âne,
wan daz kint daz da furgie,
do siz cem ersten eupfie,
daz brůefte der heilige geist
ane suntliche uolleist.
uon schulden sie niht enswar,
do sie Christum gebar,

der mit siner gêinwrte
v̄ mæitlicher geburte
die sundære getroste
v̄ die christenheit erloste.

Joseph der heilige man,
do er die ammen gewan,
er gie zu dem steine:
do lach diu maget reine
in einem grozzen liehte.
iane getruoten sie mit nîehte
zu ir an die stat gahen,
da sie den glast sahen
von dem ewigen sůnnen
den sie hete gewnnen.

daz kint sie dicke chûste;
ez lag ir an der bruste,
daz wenich was zesehen
v̄ uil michel ze iehen:
daz den tot uertribet,

3401 wir den *F.* *3403* hochzeiten *3412* niht

gein dem diu erde bîbet,
daz die berge alle
mit michelem schalle
weget unt erschuttet,
daz hête dâ gehuttet
in einem engen luoge:
sîn muoter hête fronde genuoge.

Do getorsten die frouwen an daz hol,
daz des liehtes was vol,
deheine wîs ernenden:

si muosten fur senden
den milten patriarchen.
si wunderôte starche,
wannen daz lieht schône
in den stein bechôme
dâ ie vinster inne was:
durch nôt vorhten si daz.
Josêbes kûscheite
diu gap im dar geleite,
daz er mahte langen
dâ diu geburt was ergangen.
des kindes was er vil frô,
die gotes gnâde lobete er dô.
er sprach: ‚frouwe lustsam,
swaz dû gebute daz ist getân.
wil dû ⟨die⟩ frouwen gruozen,
so gebiut daz si muozen
fur dîn antlutze gên!
ich hiez si vor dem hole stên.
erloubestu in die învart,
sô wirt dîn êre wol bewart:
si dunkent mich sô biderbe,
dâ enist niht widere,
si kunnen dich wol behuoten.
du scholt ouch in mit guote
danken unde lônen
daz si durch dînen willen her chômen.'

4164 dem] im bidemet 67 ersuchet 68 gebuwet 69 wenigē 70 vreuden 71 entorsten 72 daz ez 73 ernennen 74 wrsenden! 76 wund'ˢt vil 77 wan 78 dem steine 81 *f.* iosephs kusscheit : geleit, *vgl. W. s. 169* 82 im dar] in do 83 dar (*so!*) mochte 87 vil lustsam

A	D
	gêin dem div erde bibet,
daz die perg alle	
mit michelm schalle	
weget vñ schut*t*et,	daz die berge erschuttet,
daz het da gehvttet	daz hete da gehuttet
in einem engen luge:	in einem engen lůge:
sein mûter het doch frevde genvoge.	sin muter hete frŏde genûge
Do getorsten die vrowen in daz hol,	uon den eren, des wæne ich wol.
daz des liehtes waz so vol,	die frŏen an daz liehte hol
sich denheinen weis niht gewenden: 197, 1	getorsten niht ernenden:
si mûsen fur senden	sie musen fur senden
den milten patriark.	den guten patriarche.
si wundrot stark,	sie wnderote starche,
von wannen daz lieht schŏne	wanne daz lieht bechame,
in den stein chome.	daz got selben gezæme.
mit Josebes kevscheit	Joseph mit siner kiuskeite
gewunnen si gelait,	der gab in dariu geleite;
daz si dar mohten gelangen	
da div geburt was ergangen.	
des kindes was er vil fro,	
di*e* gotes genade lobt er do.	
er sprach: ,vrowe lustsam,	er sprah: ,liebiu frŏe min,
swaz dv gepivtest daz ist getan.	ich han getan den willen din.
wil dv die vrowen grvezzen,	wil du sie nu gruzzen,
so gebivt daz si mv̊zzen	so gebîvte daz sie muzzen
her fur dein antlutze gen!	fur din antlutze gen!
ich liez sey vor der hole sten.	ich hiez sie uor dem hole sten.
	erlŏbestv in die inuart,
	so ist din ere wol bewart:
	ir sin dunchet mich so gut
	daz du mit in bist wol behut.'
du solt in des danken ser,	
daz si durch dich sint chomen her.'	

---

88 gebutes 89 vrouwe 93 in eine vart 98 guten 4200 her sint kumen

3425 schutet *3430* waz! *3431* den heinen! *3436* dem steine *F.* *3442* div

Si sprach, daz wâre ir vil liep,
si enscholten ouch davor niet
langer sich versûmen.
si bat den wec rûmen
sô si în giengen,
daz si wol enphienge
des rîchen Christes magedîn.
si hiez si willechomen sîn:
si bat si nider sitzen.
dô chêrten si ir witze,
wie si daz kint bewarten:
ein bat si im garten
unt wunden ez mit flîze
in diu tuoch sô wîze.
mit lînînen vademen
twungen si zesamene
den lîchnamen reine
unt daz heilige gebeine,
daz uns gît ze lône
die untôtlîchen stôle
unt die engelischen wât,
unt ouch niemen verlât
der im wil getrûwen.
samet uns wolte er bûwen
unt dolte daz gebende
von wîplîcher hende.

Rachel unt Salomê
⟨die⟩ wâren ze chindelbetten ê
gewesen alle zîte
in der gegene wîte.
alle wîplîche site,
dâ si gewon wâren mite,
die wâren in chunt von rehte.
do gebôt daz unser trehten,
do si sîne muoter griffen,
daz si nider sliffen
zuo der erde fur tôt.
ir varwe lieht unde rôt
diu muoste dô erbleichen.

4202 nicht 5 sô] wanne C, unze *Br. s. 48, vgl. § 31 c* 6 enpfingē 10 karten 17 her und reine 22 unt] di 23 der] w^s 24 daz wolt er uns buwe 26 wiplichen henden 28 kinde betten 29 mange zite

A

si hiez sey zvo ir gahen
vñ begunde sey enpfahen:
si pat sei nider sitzen.
do kerten ⟨si⟩ ir witze,
wie si daz kint bewarten:
ein pat si im garten
vñ wunten ez mit fleizze
in die leinwat weizze.
mit leineinem vademe
dwungen si zesamene
den leichnamen reine
vñ daz heilige gebeine.

Rachel vñ Salome
die waren ze kindelpette æ
gewesen allezeit
in der gegende weit.
alle weiplich sit,
da si gewandelt heten mit,
die waren in kunt verre.
do gebot vnser herre,
do si sin mûter ane griffen,
daz si nider sliffen
zv̊ der erde fur tot.
ir varbe weiz vñ rot
mûste vil gar erb*l*aichen.

D

Sie sprah, wie lieb ez ir ware,
sie scholten sich dauor zware
niht langer sumen.
sie bat den wech rûmen.

des richen Christes magedin
diu hîez sie wilchomen sin
v̄ bat sie nider sitzen.
do cherten sie ir witze,
wie sie daz kint bewarten:
ein bat sie ime garten
v̄ wnden ez mit flizze
in diu tûch so wizze.
mit lininen vademen
tŵngen sie cesamen*e*
den lichiname reine
v̄ daz uil heilige gebeine
daz uns git ze lone
die untotliken chrone
vnd die engelisken wat,
vnt ŏch niemen verlat
der im wil getruwen.
mit samet uns wolte er buwen
v̄ dolte daz gebende
uon wiplicher hende.

Rachel vnt Salome
die waren ze chindelbetten e
gewesen alle zite
uber die gegen wite.
alle wipliche site,
da sie gewone waren mite,
die waren in chunt durh not.
vnser trehtin in daz gebot,
do sie sin muter griffen,
daz sie nider sliffen
zu der erde fur tot.
ir uarwe lieht v̄ rot
diu mûse do erbleichen.

---

30 gegende 32 gewont 35 angriffen, *vielleicht* do si an s. m. g.?, *vgl.* § 63 36 si aller 39 v'bleich'

197,26 ce samen *3475* erbaichen

si sprâchen daz si daz zeichen
ê niemer erfreischten;
ir bischof unt ir meister
der hête in dicke daz gesaget,
daz komen scholte ein maget
diu âne man gebâre.
si jâhen daz si daz wâre
unt errieten ez sô schiere:
vor vorhten was in leide unde liebe.

Dô hête daz kint edele
eine ⟨vil⟩ smâhe selede:
den kunigen was ez sippe,
doch wolte ez in die chrippen
sich legen lâzen,
da diu rinder ûz âzen:
dar truogen ez die frouwen.
si muosten wunder schouwen
an dem sune hêre.
der wîssagen lêre
diu wart erfullet daran,
wan er wîset den van
uber alle hêrschefte
in sîner magenkrefte.
dâ stuont ein esel unt ein rint;
daz vil keiserlîche kint
daz erkanten si beide:
got der gap in eine
⟨den⟩ verstantlîchen muot
unt den sin alsô guot.
si vielen nider an diu knie:
daz geschach ouch vor nie.

4241 nime 43 di hettē 49 Do sprach 50 eine wenige 51 ez was gesippe 52 krippe 59*f.* dar ane : wane (*so!*) 62 mankrefte 65 si do

A	D
si sprachen daz si daz zaichen	sie sprachen daz sie daz zeichen
〈. . . . .〉 her	nîen mere heten gesehen,
nie gefrieschen mer.	ṽ begunden des iehen,
in hiet ir pyschof gesagt	in wære dicke gesaget
dike von einer magt	daz komen scholte ein maget
div ane man gebære:	diu ane man gebǽre.
si iahen daz si daz were.	sie iahen, daz sie daz wǽre
	der elliu werlte ie gerte,
	ṽ an der sie got gewerte
	gnaden ṽ sælde an ende.
	ufhuben sie die hende
	ṽ diu herze an der stunde
	mit lobsprechentem munde
	durh div wnder diu sie sahen;
	die chunden sie wol veruahen
	mit gutem ioh richem sinne:
	daz gab in div gotes minne.
	Do hete der riche arme,
	der mit sinem arme
Do het daz kint edele	al den himel umbesloz,
ein vil smæhe sedele:	ein selide smǽhe vil ungroz:
den kvnigen waz ez sippe,	doh er wære den kungen sippe,
doch wolt ez in die krippe	er wolt sih in die chrippe
sich legen lazzen,	da legen lazzen,
da div rinder ovz azzen.	da diu rinder uz azzen:
	dar trugen in die frŏen.
	sie musen wnder scŏen
	an dem kinde here:
	der wissagen lere
	diu wart erfullet daran,
	wand er sih zêigen began.
da stûnt ein esel vñ ein rint;	do stunt ein esel ṽ ein rint;
daz keiserleiche kint	daz keiserliche kint
erkanten si beide:	daz erkanten sie bediv:
got gab in ane laide	got der gab in under div
verstantlichen mvot	einen uerstantlichen mût,
mit sinnen also gût.	ṽ der sin wart in so gût.
si vielen nider an die knie:	sie vîelen nider an diu knîe:
daz geschach vore nie.	daz gescah dauor nîe.

3477 wanne an der maget here *F.* *197, 29* begunde *3491* erkante

si suohten ir venige (2495)
mit vor . . . .

4272 *etwa* mit vorhten im engegene *Sch.*

A	D
si sůchten *ir venige*	
uil *vnder der menige*	
vor des himeles orthaben.	
swaz div zunge niht moht gesagen,	sie erten ir schepfære:
daz zaige*te* ir gebere:	daz duten ir gebære,
daz da komen were	v̄ daz da komen wære
aller werlte herre.	aller werlte herre.
do wundert auer verre	des wnderot verre
die ammen die daz sahen:	die ammen v̄ ǒh den grisen.
fur war si des iahen,	mit lobe begunden sie brisen,
daz si ez niemer gehorten.	daz div sinnelosen tîere
mit lobelichen worten	uersinneten sih so schîere
lobten si den heilant,	der milten gotes gute.
der si dar het gesant.	der mæit muter' gemute
Joseph der greise man	stunt in richer frǒde
michel frevde gewan.	durh des kindes beschǒde,
do liez div magt mêre	daz sie sah v̄ umbevie,
daz kint ruoben ane swere.	daz sie chust vn̄ tigen lîe
	v̄ an ir brust lêite.
	der engel schare chomen gereite
	v̄ waren ir diensthaft
	durh die nivwegeborn herschaft.
Arme levte waren,	**A**rmiv lîute nahen lagen,
die vihes niht enbaren,	die ir uihes pflagen
die waren an daz velt	an der heren nahte
vnder ir vihe gezelt.	mit geselleklicher wâhte;
des nahtes si sich mûten	
vn̄ wolte*n* ez behûten	
vor den wolfen rêzzen,	
daz si ez niht enfrezzen.	
ir wahte si phlegten,	
als in geboten heten	
ir meister vn̄ ir wirtte.	
ia trugen auch die hirtte	
grozze kolben vn̄ bogen.	sie trugen kolben v̈ bogen.
do kom ein engel geflogen:	do chom ein engel geflogen
michel was div claritas	zv in mit grozzem glaste.
vn̄ der schein der da was,	
do der geweltige bote	
die mere sagte von gote.	

3497f. mit d^s menige   uil vn̄ d^s venie A, vil guoter venige *F. B. s. 30*   *3501* zaige   *3517* waren gelegen *F.*   *3518* vnder *B. s. 176*] vn̄   *3520* woltes   *3523f. echter Reim, aber nicht* phlâgen : hæten *F.*, *sondern* phlegeten : habeten

A	D
erchomen waren die knehte:	
do troste si mit ⟨rehte⟩	sie erkomen uon dem gaste:
div englische gůte	er troste sie v̄ saget in mære,
vn̄ freute ir gemůte.	wie der heilant geborn wǽre.
Er sprach: ,ewer sorge verlat!	er sprah: ,ivwer sorgen ir lat!
ich sag iv wie ez ergat:	ich chunde iv waz got hat
ein frevde ist errunnen	nu gnaden begangen:
vber allez mennischen kunne;	er hat an sih enpfangen
	daz bild siner hantgetat
	durh den uaterlichen rat,
	daz er die werlt alle
	erlose uon dem ualle,
	den der eriste menniske tet
	uz der wnneklichen stet
der sult ir ouch geniezzen:	in ditze chlagliche tal.
des sol evch niht verdriezzen.	nu ist div schulde v̄ der ual
Adames schulde ist verlorn;	Adames gar uerchorn;
iv ist ⟨ein hail⟩ geborn	iv ist der heilant geborn
mit fleische vn̄ mit gebeine:	mit fleiske v̄ gebeine.
sin frevde wirt gemaine	div frǒde ist gemêine,
aller slahte dieten.	der schult ǒh ir geniezen.
er wil die chlage verbieten	daz die wissagen gehiezzen
vn̄ die helle zebrechen,	ivweren altfordern,
den grozzen roup rechen,	daz ist nu sihtich worden.
den der tievel gevie	
do er Evam vbergie.	
in die kurze Bethlehem	ce Bethlehem schult ir gan,
sult ir eilinde gen.	da uindet ir sunder wân
ich sag ev von dem kinde:	in einer krippe daz kint,
seht, daz sult ir vinden	des ensamet elliv riche sint,
in einer krippe an einem hol:	v̄ die reinen muter dabi.
da sult ir ez mite lob	ein urchunde iv daz si
eren gerůchen	der trostlichen warheit
vnde fleizzechlichen sůchen.'	die ich iv han furgeleit.'
do er des redet genůk,	als er in daz gesagete,
sin fluk in hinze himel trůk.	in die lufte er sih gehabete
	gein den himelisken tůren,
	daz sie in chume churen.
do kom im engegene	do komen enkegin im sa
mit micheler menige	mit michelre menige da
die engel von des himels trone.	die chore sines gesindes,
si lobten got schone,	der uf der erde in des

3534 ⟨rehte⟩ *F*. *3544* ein heilant *F*. *3545* ein hail mit f. u. m. g. *3547* dietē! *3548* verbiten *3557 f.* hol : lob *ist kein Reim des Originals, sicher* hol : wol

A

vil loute svngen si do:
,Gloria in excelsis deo!'

Die hirtten redeten vnder in:
,wir sulen den vnsern sin
cheren hinze Christe,
daz er vns friste,
als der engel hat gesaget
vm daz kint daz div mage*t*
der werlde hat gewunnen
ze frevden vn̄ ze wun*n*en.
verbum in principio
daz ist erschinen also
daz ⟨ez⟩ mens*ch*liche wat
von siner diemvte hat,
pede fleisch vn̄ pain.'
si wurden schier des en ain,
ob in Dauides burge
daz zaichen funden wurde,
daz in ir vngemach
der engel in zv̊ sprach.

si fůren eylande:
Christ si dar sande
da er was bewunden.
do si daz vrkunde funden
vn̄ in der krippe sahen,
si begunden alle gahen,
vor liebe die hende winden
gen dem he*i*ligen kinde.
si bugen sich nider an die knie:
hey wie lieb ez in ergie,
daz si můsten schowen
die himilischen vrowen!
der nigen si schone.
daz edel kint frone

D

erschinen geruhte
v̄ des mennisken heil suhte.
sie huben uf un̄ lobeten got,
siniv wnder v̄ sin gebo*t*,
sin gnade v̄ sine gute.
mit frolichem gemute
v̄ mit liebe sungen sie do:
,Gloria in excelsis deo!'

Die hirte redeten under in:
,wir schulen den unsern sin
cheren hince Christe.
wîe zæme uns dehein friste?
daz uns der engel hat gesaget
uon dem kinde v̄ der maget,
daz schvlen wir gerne sehen
v̄ gote ŏh beiehen
siner manchualten wnder.'

ennêin wrden sie dar under,
ob in Davidis purge
daz zeichen funden wrde,
so scholte sie wol gelusten,
daz sie daz tůch chusten
da der werlt urlosare
mit bedeket wǣre.
do furen sie ilande:
Christ si dar gesande
da er kint kintlichen lach,
v̄ sin diu reine pflach.
als sie daz ersahen,
sie vielen en allen gahen
der herscefte ze fůzzen
mit zæhern also sůzzen.
sie sazten sih an div knîe:
owe wie lieb ez in ergîe,
da sie in v̄ die frŏen
ensamet musen schŏen!

199, 5 gebote *3574* magt *3576* wunen *3579* mensliche
3590 f. funden vn̄ *streicht B. s. 90* *3594* heligen

A	D
riefen si do an,	uon herzen rieffen sies an
daz von rehte lobt weip vnde man.	v̄ cherten frolichen dan
	wider zů ir hute:
	sus troste sie got der gůte.
Die bezaichnunge,	
ob die min trêge zvnge	
wol gezelen mohte,	
wie wol mir daz tohte!	
daz got bey der naht	
daz reine kint geslaht	
der werlde wolte zaigen,	
div æ̂ was sin aygen	
vn̄ auch immer wesen můz,	
da mit tet er vns půz	
der vinster also fraisam,	
die bede weip vn̄ man	
dolten von der sunde	
in dem abgrunde.	
div naht vn̄ ir genibele	
was so groz hie nidene	
daz man si mohte greiffen;	
div wolte niht ab sleiffen	
vnz daz vns der hailant	
bey der magt wart gesant.	
Nv sulen wir bey der blůmen	
frolichen růben	
vn̄ han gůte reste:	
wolte wir wesen veste	
vn̄ wolten an der stunde	
dem laiden hellehunde	
vnser sele niht geben,	
so wir schieden daz leben,	
daz wir got gehiezzen	
do wir vns tovfen liezzen,	
so moht wir bey der blůmen	
mit frevden immer rv̊ben.	
Amen!	
Do Christ den hirtten tet bechant	**D**o Christ der wære hirte
vn̄ in sin botschaft sant,	sine botschaft bescherte
199, 25	den hirten also smæhen,
	do waren da uerre v̄ nahen
do lebten manige kunige	manige riche kunige
edel vn̄ frumige,	v̄ herzogen frumige,
	die herliche lebeten

A	D
	v̄ ⟨in⟩ den eren swebeten:
den er niht sant den boten sin.	den santer niht den engel sin.
dar an er machte schin	daran lîez⟨er⟩wesen schîn,
daz nieman so arm ist,	daz nîemen ist so arme,
wil der hailige Christ	der sin zuhte wil bewarne,
sin leben bewarn,	so nider noch so ringe,
er mege wol gevar*n*.	stat der sin gedinge
	uaste an unsern trehtin,
	er mûze im willekomen sin.
niemen im versmah*e*t,	niemen im uersmahet:
swer so zv̊ im gahet.	der zu ime gahet
ia wolt er ovf der erden	v̄ die sunde durh in lat,
der schafe hirtte werden,	der uindet ŏh hilfe v̄ rat,
die den tievel triegent	daz er de*m* tieuil enpflivhet.
vn̄ die sunde fliehent.	an dem mennisken got nîen schivhet
	wân ungûte v̄ unreht;
	ieglich guter ist sin chneht:
	der diemutez herze treit,
	dem ist sin gnade bereit.
dem wolfe wil er si nemen,	er ist ŏh der beste hirte,
vn̄ wil in immer geben	des schâf der ræzze wolf uerbirte,
	wan er sie beschermen mak
	v̄ behûte*t* sie naht v̄ tach
so vollechliche waiden	nor aller slahte leide
daz si vngeschaiden	v̄ git die ewîgen weide.
immer von den englen sint:	
so genedik ist daz kint.	
Daz geborn wart der reine	**D**az Christ uf dem uelde
Jesus Christus in einem staine	die armeklichen selde
	in dem steine wolte haben,
	v̄ daz geruhte uertragen
vn̄ in einer krippen lak,	daz er in der krippe gelach,
div red wol bedevten mak	div rede duten wol mach
sin gûte manikvalten,	die sinen diemûte,
die er vns wolte behalten	v̄ die manchualten gute
vn̄ vns wolte leren.	die uns zeiget sine lere.
er ist der stain werde,	er ist der steine vil here
der ane menschen hant	der ane mennisken hant
von der felsen want	uon der uelsinen want
vil schone waz gesniten;	gesniten wart ane meile,

3644 gevaren *3645* versmaht *199,35* den *199,39* behûte

A

da wart div werlt mi*te*
vil wol behullet,
bedechet vn̄ erfullet
vn̄ der yrdische rink:
dise keiserliche dink
die bezaichent daz lůk,
da in sin můter intrůk.

er wolt mit siner arm*icheit*
geleichen vnser menscheit,
dem doch waz vndertan
der himel vn̄ der werlde plan.

In Christi natiuitate
geschahen vil drate
siben zaichen zestet,
als vns daz bůch zelt.

daz waz daz eine
daz sich hůb saine
ein circulus vm die sunnen,
do si was ensprungen.
der rink was guldein vil rot,
als der hailant gebot,
michel vn̄ weit:
daz wart æ̂ noch seit
an dem himel nie gesehen,
als wir die bůch horen iehen.
den gewaltegen herren bedevtet daz,
der vns ie trostet paz vn̄ paz.

D

v̄ diu werlt uon dem têile
wart elliv behullet,
bedecket v̄ erfullet:

daz bezeichent der lůch,
da in sin můter intruch.
frî ist er uon sunden,
sin gewalt so groz zallen stunden
daz in nîemen mak ge-
mezzen:
des schulen wir niht vergezzen.
er ist aller steine beste,
erne lat die gruntveste
niht uallen noh wichen.
er wolte sich gelichen
unserre armicheit
an der broden menniskeit,
dar umbe daz er uns erhube
uon menneslicher trůbe
v̄ uns gæbe sin riche
mit den engelen gliche.

In Christes natiuitate
geschahen vil drate
siben grozziv zeichen:
div schulen uns wêichen,
daz wir unsir sinne
cheren ce siner minne.
ditze was daz êine
daz sich erhub seine
ein rinch umbe die sunnen,
do sie was uf errunnen.
der rinch was guldin v̄ rot,
als ez der heilant gebot,
glantze michel v̄ w*it*:
daz enwart e noh s*it*
an dem himel gesehen,
so wir horen iehen.
des himels herren zeigte daz,
daz er ie baz vnde baz
uns armen wolte frŏen;
sin wunder liez er schŏen.

3668 mitten *3675* armůt *200, 21* wite : site

A	D
ir sult auch wizzen vm daz golt:	ir wizzet ŏh umbe daz golt:
der trůbe ez niht endolt,	der trube ez niht uerdolt,
ez ist schon vñ lieht;	ez ist schone v̄ lieht;
ander gesmeide enmak ni*e*ht	ander gesmide enmak nieht
sich da zv̊ genozzen:	dar zu sih genozzen:
daz bedevt den kunek grozzen,	daz bedûtet den kunich grozzen,
der im die krippe het erchorn	der im die chrippe hete erchorn
vñ ovf der erde wart geborn,	v̄ hîen erde was geborn,
der bey dem gûten herzen	der bi den guten herzen
verdolt denheinen smerzen,	verdolt neheinen smerzen,
der daz vil wol waiz,	der uon rehte daz wol weiz,
wie er der werlde vmechreiz	wîe er den witen umbechrêiz
cheren sol vñ slihten	mit gotlicher gute
vñ mit genade verrihten.	bediv rihte v̄ behute.
Gen deme kinde frone	**G**êin dem chinde frone
in der stat ze Rome	in der stat ce Rome
daz ander zaichen geschach,	daz ander wnder gescah,
daz ein michel olebach	daz ein michel olebach
ovz den kisilingen floz:	uz einem kisilinge floz:
daz wunder douhte groz.	diu geschihte duhte uil groz.
	der stein was niht so herte
	daz er sih des erwerte,
	erne brâht daz ole mære
	fure al die burgære.
bey dem geistlichen ŏle	bi dem geistlichem ole
mvge wir kiesen wole	mugen wir kiesen wole
di*e* gotes barmvnge,	die gotes barmunge,
die denhein zunge	die deheine zunge
fur mak bringen.	enmæhte furbringen.
ia sul wir des gedingen,	ia schulen wir des gedingen,
daz wir allenthalben	daz wir allenthalben
mit der selben salben	mit der sûzzen salben
die wunden so bestreichen	die wnden so bestrichen
daz vns div siech ⟨mûz⟩ entweichen.	daz div fule mûzze entwichen.
Ein lugelicher got,	**E**in luglicher got,
der die sturme gebot,	der die sturme gebot,
volkweige vñ die streite,	bediv folchwich v̄ strite,
der stûnt ze der zeite	der stûnte an der cite
datze Rome ŏf einer sevle:	ze Rome hohe gesat;

3698 niht 3714 *kein* vil! 3717 div 3724 mûz *ergänzt F.*, entweiche *M.* 3725 *ursprünglich wohl* ein vil, *vgl.* § 69*a*.

A	D
der tievel vngehev*re*	in erte elliv diu stat:
den hiezzen si Marte.	er was Mars genant
	v̄ uil wîten erchant.
er het sey vil harte	er hete die werlte betrogen
	v̄ zu im gezogen,
	daz sie durh in alle taten
	v̄ in ze gote haten.
betrogen vn̄ vorgesaget,	der hete daz uorgesaget,
er solde vallen, so ein mag*e*t	swenne so êin maget
ein kindelin gebere	ein degenkint gebære
daz ane vater were.	daz ane uater wære,
	so muse er vallen zwâre.
si wanden, daz ez nimmer wurde	sie wanten in der burge,
daz ein magt ane mannes burde	daz daz *n*iemer wrde
immer kint getruge,	daz maget kint truge
wan ez were vngefûge.	ane mannes fuge.
	doh hîezzen sie durh gwarheit
	di valslichen gotheit
Doch hiezzen si die reste	mit flizze starche uesten,
machen vil veste:	vnt allez daz sie westen,
si leiten groz werk daran,	da sie mit scholte gestân,
da mit div sevl moht bestan.	daz lêiten sie daran.
als Christ do wart geborn,	do Christ wart geborn,
do was ir werk verlorn:	do was ir antwerch uerlorn:
div sevl sich do zarte	diu sule sich do zarte,
so faste vn̄ auch so harte	daz nîemen des gewarte,
daz si in allen gahen	untze sie en allen gahen
ir maister vallen sahen.	ir meister uallen sahen.
vil michel wart daz chrachen:	michel wart daz chrachen:
die levt mûsten erwachen;	diu livte musen wachen;
von dem gebresten si erkomen;	uon dem slage sie erchomen;
erschuttet wart do Rom*e*.	erschutte*t* wart do Rome.
von der alten trugenheit	uon der alten trugheit
got wolte mit der warheit	got wolte mit der warheit
selbe rihten den stûl.	den stûle selbe reinen,
	v̄ zaigete daz man in einen
	ze gote erchennen scholte.
	als der tieuil do uerdolte
	den slach uon himel so grozzen,
der tiefel schreiinde fûr	er fûr ze sinen genozzen
zv̂ anderen hellehunden,	sa uerstozzen in die helle
die da ligent gebunden	mit vil wêlichem geschelle.

3730 vngehevwer *201, 8 l.* allez? *3734* magt *201, 12* iemer *3754* Romen *201, 21* erschutte

A	D
so vaste vñ so sere,	da ist er gebunden sere,
so daz er nimmer mere	daz er niemer mere
dar ŏz mak geraichen:	her uz mak geræichen:
daz waz daz dritte zaichen.	daz ist daz dritte zêichen.
Daz vierde zaichen daz auch waz,	201,30 **D**az fierde wnder daz was
daz vnanimitas,	diu michel unanimitas,
aller fride maiste,	aller fride meiste
mit des kaisers vollaiste	mit des keisers uolleiste;
wart so gesworn	der wart erhaben v̄ gesworn,
daz der herre ovz erchorn,	do Christ was geborn
der Augustus hiez,	an dem tage vil heren:
denhainen gewalt niemen liez	da wolter uns mit leren,
an sinem reiche began.	daz er der ware fride si
der selbe fridesam man	da wir gnade uinden bi,
bezaichent vnsern hailant,	v̄ der uns sicher mache
der von sunden vns enpant.	von allem ungemache
	v̄ uon des tievils gewalte,
	des hohfart er ualte
	mit siner geinẘrte
	v̄ der mêide geburte.
vns kom fride guoter,	uns kom fride guter,
do div vil edel mûter	do diu reine muter
den sun mit armen vmbe vie,	den sun umbevîe,
der den tiefel niht enlie	der den ubeln tot niht enlîe
so vaste reichsen als ê,	so uaste richsen als e.
lumen de patris lumine.	dennoh brahter uns sælden me:
	daz ist daz ewige leben,
	daz er den sinen wil geben.
Augustus aber dahte,	202,1 **A**ugustus aue gedahte
daz er wol vol brahte	an der heren Christes nahte,
an der heren Christes naht,	waz siner chrone tohte,
mit welichen dingen er m*a*ht	v̄ mit welhen dingen er mohte
sin herschaft erzaigen	sinen gwalt erzaigen mit gute
phaffen vñ layen.	v̄ sin tugentriche gemute.
in sinem gezelte er lak,	in sinem gezelt er lach
sinen gewalt er wak:	keiserliche als er pflach:
div lant vñ div reich,	do frŏt er sich der riche
div gar fridelich	div im dienten uorhtliche,
	v̄ der manigen lande
	div da in siner hande

3786 moht

im ainen waren vndertan,
wie die solten gestan,
daz begunde er besorgen.
an dem selben morgen
do waz er worden en ain,
da sin tugent an schain,
daz alle die da wæren
in den karcheren
gevangen vn̄ gebunden,
die niht gedingen kunden
wider ir veiande,
daz die eylande
wurden ledek vn̄ frey.
da wolte got sich selben pey
lazzen erkennen,
sin gůte manigen enden:
der magede svn zier
ze helfe kom er schier
sinen lieben kinden:
ab hiez er binden
die keten also swere
dar zv̊ der helle charchere,
vn̄ ir tor vil veste
můste gar zepresten
gen siner zv̊chumft:
daz zaichen waz daz fumft.

Welt ir daz sechste vernemen,
so lat ivch sein gezemen:
Augustus aber gebot
in ernest ane spot
nahen vn̄ verren,
alle die ir herren
weren entrunnen,
daz si wider sunnen
haim vn̄ wurfen vm ir sůne
gen ir hertůme.
die daz gebot zebrachen,
die můsen grozze rache

D

stůnden ane widerstrit,
wand nie uordes noh danah sit
wart dehein keiser so mære,
dem elliv div werlt wâre
ensamet undertan:
wie diu scholte gestan,
daz můser besorgen.
an dem selben morgen
do was er worden ennein,
da wol sin tugent anschêin,
daz alle die der wæren
witen in den charchæren
geuangen v̄ gebunden,
die gedingen nîen chunden,

daz man die liezze fri.
Christ wolte dabi
sih selben lan erchennen
v̄ sin goteheit nennen:
der magede sun sůzze
mit gnadeklichem gruzze
chom er sinen kinden:
er hiez sie abebinden
die cheten also swâre
da ze dem hellecharchære.
die siner hilfe îe baten
v̄ sin gebiten haten,
er loste sie mit siner chumfte:
daz zeichen was daz funfte.

Daz sehste schult ir horen
mit willigen oren;
daz zeiget ŏh hince got:
Augustus aue gebot
uber elliu siniv riche,
die ir herren frauelliche
wæren entrunnen,
daz die alle wîder sunnen,
v̄ daz sie v̊ruen sůne
ze ir rehtem hertůme.
die daz gebot zebrachen
v̄ die uolge uersprachen,

3815 vesten 3830 rachen

A	D
dolen vñ leiden:	die musen liden grozze not:
er wolte in niht en*t*lei*b*en.	in wart ertæilet der tot.
dreyzek tousent vñ mær	drizzich tvsent v̄ mere
hiez der kvnik her	die hiez der furste here
ze weinahten houpten,	durh die frauel hŏpten:
die sein niht geloupten	die daz niht gelŏpten
daz im ernst were.	daz ime ernest wære,
die ayslichen swere	die freisten leidiv mære.
bezaichent die verworhten,	daz bezeichent die uerworhten,
die da ane vorhten	die da wellent ane uorhten
dise wer*lt* bowent	dise werlte bůwen:
vñ anders niht getrowent	die schalke ungetrivwen
wan mit vollen leben:	hant sih gerihte*t* ze uehtin
den ist auch ⟨niht⟩ vergeben	wider unseren trehtin,
vñ genzlich vertailet,	der uns hat geheilet;
der helle ouf gesailet	so wirt ŏh in uerteilet
ir sele vñ leip,	sele unde lip ensamet,
ez sey man oder weip:	wan swer sih hie schamet
	ze horen daz gotes wort,
	ez gerivwet in dort,
	so er sin buzze muz bestan:
des sol vns got erlazzen.	des geruche er uns erlan
wir mvgen vns gerne mazzen	
sundechlicher dinge	
in des herren minne:	
der die menscheit	der unser brodicheit
mit siner gotheit	mit siner gotheit
bedechet hat so schone,	bedechet hat so schone
der geit sich selben vns ze lone.	v̄ gît sih selben uns ze lone.
Daz sibende was ein sterne:	**D**az sibent was ein sterne:
daz bedevtet den mandelcherne	der dute den mandelcherne
von Aaronis gerte,	uon Aaronis gerte,
do die nuzze herte	do die nuzze whsen herte
wuchsen ovf dem dornein zweie.	uf dem durrem zwîe.
div maget sant Marie	div maget sente Marie
div wart bezaichent da mit,	wart bezæichent damite,
div mit kev⟨schlichem⟩ sit	div mit kivslichem site
vñ ane man*n*es rat	v̄ ŏh ane mannes ra*t*
die mandeln vns geben hat.	die mandeln uns braht ha*t*.
ir nevbornes kint,	ir nivwegebornz kint

3832 enleiden *3841* wert *202, 33* gerihte *3844* auch niht] auch A, niht *F*. *3865* manes *203, 3* rate: hate

A	D
dem alle createvre vndertan sint,	ist so mahtik daz ime sint
	elliv riche undertan:
der hiez daz der sterne louhte:	er hiez den sterne wolgetan
	uon den wolchen ûfstigen.
die iuden daz wunder douhte.	do mohten ez niht uerswigen
die gelerten vn̄ die alten,	die gelerten v̄ die alten:
die witze chunde*n* walten,	die sinnes chunden walten,
die sagten bey ir triwen,	die sprachen zir trivwen,
ez bedout den kunik nivwen	iz bedûtet den kunich nivwen
den div magt sol*te* tragen:	den diu maget scolte tragen:
si heten ez von den weissagen	sie heten ez uon den wissagen
vil dike vernomen,	uil dicke uernomen,
daz er mit liehte solte chomen.	er muse mit liehte chomen,
	wand er ŏh uon nîehte
	in dem ewîgen lîehte
	hete geschafen elliu dinch,
	den himel v̄ den umberinch.
der sterne der den schein trůk,	der sterne hub sinen schîn
an de*m* abent er sich huob	an dem abent do diu kunigin
vn̄ louhte vil schone	daz ware lieht gebar.
ob der krippe frone	vil rehte cheret er dar
vnz an die metein zeit.	da er was in dem steine
ez iach des manik man seit,	v̄ sin muter rêine,
do er begunde ovf gen,	unt gab in sîn urkunde
er were von Bethlehem	so lange untze an die stunde,
einen fůz niht entwichen:	daz er die kunige vz erwêite
daz was ein wunder michel.	vnt sie ze der selde belêite.
Do der ahte tak	**D**o der ahtode tach
nach siner geburte lak,	nah siner geburte gelach,
do liez er sich besneiden,	besniden er sich do lie,
swie an sinem leibe	swie an im wrde funden nîe
were denheiner slahte mail:	deheiner slahte meil:
da mit erfulte er vnser hail.	daz gescah durh unser heil.
	wizzer was er denne der snê,
	iedoh enlîez er im die e
	uf der erde niht uersmahen,
	die wir schulen enpfahen.
gehaizzen wart er Jesus:	geheizzen wart er Jesus:
der engel hær in alsus	der engel nant in alsus.
der maide vor nante,	
do er ire wart bekant.	

3872 chunde *3875* sol *3880* den *3884* *ursprünglich* ez jach des man unde wîp *B. s. 76*

A	D
nv sul wir twingen vñ zamen	nu dewingen wir ṽ zamen
des leibes gelust in sinem namen!	unser brode in sinem namen
	mit vil reinlichen siten!
	wirne werden besniten
	also uon siner lere,
	wir muzzen uns sere
	anen gotes hulde
	ṽ beliben unser schulde
	totliche uberladen
	der armen sele ze schaden,
war zv̂ sol vns der leip	wand ez ir allez bechumet
der vil armechlich geleit,	swaz der lip hie gefrumet,
so div sele da von scheidet,	so diu schidunge ergat:
ob vns got niht enhailet?	sælich der da iht rehtes hat.
⟨Ze⟩ Kaldea in der gegende weit	**C**haldea ist ein lant
waren bey der selben zeit	an der schrift also genant:
benanter kunige drey	da stunden nah der sage
edel vñ frey	drie kunige an Christes tage
ovf eine*m* tagedinge:	uf einem tæidinge;
si waren kůnilinge	die waren kunlinge:
alle vnder ainander;	
si wolten mit ainander	sie wolten underscheiden
trahten ir sache	ir riche vñ ir eigen,
frivntlich mit gemache	
vñ vil minnechlich,	
vñ wolten an ir reich	
beschaiden die terminunge:	
die helde also iunge	
die zewurfen vngerne.	want sie zeẘrfen ungerne.
do kom der gotes sterne	do chom der liehte sterne
mit micheler chrefte	mit grozzem schîm, mit nivwer chrefte
zv̂ der herschefte.	gahes zu der herschefte.
die kvnige sich bedahten	die herren sih berieten,
bey dem schein den er brahte,	waz der sterne scholt gebieten,
	ṽ waz er dinges mæinte.
	ir wisheit sih nerêinte,
daz in der schepfer	daz in der schepfære
da mit gekundet wer.	damit gekundet wære.
in gab der ware gotes svn	
den sin vñ auch den weistům,	
daz si zesamene swůren,	ze samen sie do sẘren,

203,29 belibent *3909* einer

A

swo der sterne hine fůre,
daz si cherten allez nach:
zv̊ der verte waz in gach.
dromedarios si gewunnen,
die helde sich ovf swngen.

daz zaichen fůr in allez vor
in den luften enpor;
durch die werlt praite
gab ez in gelaite,
vnz ez si brahte in daz lant
da geborn waz der hailant.

Do die kvnige frey,
die da haizzent magi,
komen ze Jerusalem,
ein schef wolten si da bestên.
ze rate wurden si des,
swen der vbel Herodes
ir verte wurde innen,
er het ez ze vnminnen,
daz si in dem lande weren
vn̄ in niht ensehen.
do gie*n*gen die herren frumich
vil palde fur den kunik:

der wirt also reich
enpfienk sey frumichlich.
si fragten vm daz kindelein
daz da kaiser solte sein
vber die iuden alle:

do erkomen si mit schalle
die der stete pflagen.
der wirt begunde fragen
die vnchunde*n* geste,

D

zehante daz sie furen
swar sie daz zeichen leite.

ir ravit waren gerêite,
da sŵngen sih ûf die helde
vnt cherten gêin der selde
des kindes v̄ der muter.
got uater guter
der wîste in daz lieht allez for
in den luften enbo*r*
durh die werlt brêite:
als er in den wech sæ̂ite,
untzer sie braht in daz lant
da geborn was der heilant.
div liebe hîez sie gahen,
wan sie sih uersahen
gotes in mennisken ahte,
der in wol genaden mæhte.

Do dise kunige drie,
mutes wise, der sunden frîe,
ze Jherusalem kamen,
ein friste sie da namen
mit gemêinlichem rate,
daz ez der kunich iht hate
ze leide oder ze unminne,
als er des wrde inne
daz sie in dem lande wæ̂ren
vnde in iedoh uerbæren.
do giengen die recken ziere
fur den ubeln wirt schiere:
Herodes was er genant
v̄ rihsent uber daz lant.
er enpfie sie wol furwâre;
do huben sie uf div mære
uon dem nivwen kinde
v̄ dem sterne der in luhte.
der kunik enpfieng ez swînde;
div rede in fremde duhte:
al der hof erchom ioh div stat.
der herre sie aue bat,
daz sie im furbaz sæ̂iten
v̄ der warheit bereiten

3930 swo! *204, 5* enbore *3951* giegen *3961* vnchunde

A	D
von wannen si daz westen,	umbe daz kint so here,
daz daz kint mæ̂re	des name, gwalt v̄ ere
nv geboren wêre.	so chreftich scholte sin,
	wîe in daz wæ̂re worden schîn.
Des antwurten im die herren: 204,25	**D**ie herren i*m* antwrten
,wir sein gevaren verren	mit zuhtlichen worten:
da div werlt hat ende.	
in disem ellende	
sůche wir daz selbe kint	,wir suchen daz selbe kint
durch daz vnder ime sint	durh daz untir ime sint
engel vn̄ levte.	bediv engel v̄ lîute:
ia muget ir auch bedevte	daz zæ̂iget er wol ze dûte.
sine kumft wizzen gerne:	ir meget ez horen gerne:
von himel kom ein sterne	uon himel chom ein sterne
da wir waren alle drey:	da wir waren alle dri.
michel schone waz im bey.	so michel schonheit was im bi
	daz sie niemen furbringen mach.
	do gẘnnen wir lieben tach,
	wande wir an den stunden
	uon gotes gute erfunden
	waz daz wunder mêinte.
	div schrift uns daz beschêinte,
	wîe daz zeichen scholt erschinen,
	so Christ heilant den sinen
	ze helfe wolte chomen:
	also heten wirz uernomen.
do wurde wir en ain	do wrden wir ze rate,
daz wir daz kindel sůchten haim.	daz wir strîchen drate
	die herschaft ze suchen.
	v̄ ob sin got wil geruchen,
	so mugen wir niht erwinden
	vntze wir die heimut vinden,
	die daz kint besezzen hat
	dem al div werlt ze dîenste stat.
ŏf des weges arbait 205,1	sin sterne unser wisel wart
gab vns der sterne gelait	v̄ gab uns froliche uart
her vnz an daz tor;	untze her an daz burgetor;
da entweich vns der sterne vor.	da entwêich er uns nor.
nv want wir hie vinden	do gedingeten wir zware
daz himilische kindel	daz unser heil hie wære,
	v̄ ŏh hie wrden gewert
	des unser herze sere gert.

204,25 in

A

vñ sine mvͦter svͦzze,
div wol mak sorgen pvͦzzen.'

Herodes der verworhte
siner æren er vorhte,
so daz kint begunde
reichsen. zestunde

hiez er die iuden
gedenken vñ gehugen,

ob si westen den list
wa der hailige Christ
solte werden geborn.
michel was sin zorn.

si sprachen: ,ze Bethlehem
sol div geburt ergên.'

die drey kvnige er bat,
so si komen an die stat
da si daz kint funden,
daz si ze snellen stunden

im ainen boten sanden,

daz er ze den selben landen
chom auch an des kindes fûz,
daz siner sunde im wurde pûz.

D

wir wolten daz kint eren
ṽ sinen gewalt uil heren
ze den sinen fuzzen
diemutekliche gruzzen.'

Herodes der uerworhte
sines riches er do uorhte;
er gewan manigen mut,
waz im ze tûn wære gût:
er gedaht daz er mit swerten
sin riche muse beherten.
do besant er di wîsen,
die geerten ṽ die grisen
die der buche pflagen;
er begunde sie fragen,
wes div schrift ṽ die wissagen iæhen,
vnt wâ sie sih uersæhen
daz Christes geburt scholte ergan,
dem elliv riche undertan
ṽ diensthaft musen sin.
die herren taten im daz schin:
Bethlehem sie benanten,
want sie daz erchanten,
daz in div maget gebære
div uon Dauit komen wære.
die dri kunige er do bat,
so sie komen an die stat
daz sie daz kint fereisten,
daz sie daran leisten
des er sie gebate,
daz sie boten drate
nah im hiezzen ilen:
er wolt ŏh ze den wilen
sich bieten an sinen fûz,
daz im der sorgen wrde buz
ṽ al siner missetate
die er gefrumet hate.
die sûzze der worte er bot
ṽ ahtet den bittern tot
tŏgenliche in dem mute,
der ubel ṽ der ungute.

3985 svͦzzen *3995* geboren

A	D
Die kvnige namen vrloup;	Die kunige urlŏp namen;
si heten ninder ovfschoup.	do sie do wider kamen
do si ŏz der stat	an ir wech uz der stete,
komen ŏf irs weges pfat,	nah ir wnske v̄ ir bete
der sterne louht in auer sa,	
den kunigen von Kaldea.	
do weiste si der sterne,	ruchete sie got gewerne
den si da sahen gerne,	sins geleites an dem sterne.
	er kom in aue v̄ fůre in vor
	rehte uon dem purgetor
in daz hous rehte,	untze an die sæligen stat
da si vnsren trehten	da sih nider hete gesat
solten beschowen	mit dem kinde div maget.
vn̄ die vil edelen vrowen	div sælde in wol behagete
div in hete getragen:	v̄ erhvb ir herze so,
ia kund iv nieman gesagen	daz sie wrden starche fro
wie liebe si in gedahten.	v̄ lobeten gotes tŏgen
	div sie sahen mit ir ŏgen.
	sus brahte sie ir wîsel dar,
	der liehte v̄ wolgevar,
	v̄ gestunt da ze stet;
	damit er in ze wise tet,
	daz sie furbaz nîen scholten,
	ob sie got eren wolten.
	die fursten in daz hus draten
daz opfer daz si brahten	mit ir opfer, daz sie haten
daz mv̊zze vns wegen	uon richem willen bereit.
ze dem ewigen leben.	fur daz kint v̄ die meit
Si sůchten *venie* lange	vîelen sie herzekliche.
mit lob vn̄ mit gesange.	ir mut was uerstantliche,
	want den sie mennisken sahen
	der gotheit sie im iahen,
	v̄ daz sie ane meil wære
	diu in mûter gebære.
der eine trůk in der hant	der eine truch in der hant
ein golt messe wol gebrant:	die goltmassen wolgebrant:
da mit bedevt er die kraft	damit bedûter die chraft
v̄n sin hohe herschaft.	v̄ die keiserlichen herschaft
	die der kunich aller kunige hat,
	dem daz golt wol ze mazze stat.
der ander gab den weirŏch,	der ander brahte wirŏch:
fur vnsern herren kniet er auch:	daran erzaiget er ŏch

4025 wenik

A

da mit vns kvnt wart
daz er were ein æwart.
Der dritte hin fur gahte,
mirren er dem kinde brahte:
da bezaiget er mit
sinen tot, wan æ was sit,
swa man toten begrůb,
daz man die mirren dar trůg.

damit si sine gůte,
sinen gewalt, sine diemvͤte
habent wol beslozzen:
des habent si wol genozzen.

Do die gotes holden
des nahtes slaffen wolden

vn̄ kurzeweile wolten haben,
ein engel kom in das gadem;
der eilte die rechen
frolichen wechen:
er sagt in das Herodes
gedaht hiete des,
daz er daz kint erslůge.
er gebot daz sey ir wech trůge
anderhalben durch daz lant;
darume were er dar gesant.

Do si den morgen sahen,
vrloup si namen
ze der milten kuniginne:
div grůzte sey mit minne.
do si dannen schieden,
si kusten an die wiegen
da ir herre inne lak:
daz waz in ein lieber tak.

do si hine fůren,

D

daz er got wære ṽ ewart,
der al die werlte bewart.
der dritte mirren darbot:
damit urkundet er den tot
den er sit an dem cruce leit.
ia was do ein gewonheit,
daz man toten mit mirren behielt,
daz ire dehein fûle wîelt.
daz opfer was bezæichenlich,
lobesam ṽ ŵnneklich.
ia heten sie fur ware
des kindes herschaft mære,
sin gotliche gůte
ṽ des todes diemute
an der gebe wol beslozzen:
des hant sie non rehte genozzen.

Die lieben gotes holden,
do sie des nahtes slafen scholden,
ein engel liehter in erschein
ṽ gebot daz sie hêim
ein ander strazze musen uârn;
er sprah: ‚ir schult daz bewarn,
daz ir den kunich *iht* me sehet,
ṽ ime des ueriehet
wa daz kint mit der muter si,
want untrivwe wonet im bi.
anders hat er gedaht
denner ivh habe inne braht:
er wil den heilant fliesen;
des schulet ir in uerkiesen.'
do sie den morgen sahen,
sie begunden gahen
ze der milten chuniginne:
div gruzte sie mit minne.
mit vrlŏbe sie dan schieden
ṽ chusten an di wîegen
da ir herre inne lach:
daz was in der liebeste tach
den sie gelebet haten.
des engels gebot sie taten
vnt namen in eine chrumbe

206, 20 ith

A

ein anderen wek si erkuren;
si wolten sich behůten,
ob Herodes wolte wůten,
daz er mit siner schande
ir reise niht erwande.
si fůren in ir gegene:
got mit sinem segene
braht sey alle sant
haim wider in ir lant.

Do geschach ze perhtnahten,
als wir ez kunnen ahten,
dannoch zaichen me,
do vns got die nivwen æ̂
sazte mit der touf*e*,
da wir vns inne sloufen.
ez kom auch an den selben tak,
des sich div werlt frewen mak
in den namen drein,
danne wir komen sin.
nv dienet im genot,
wan er verwandelot
daz wazzer ze weine!
die zwelf poten seine
wurden da mit veste.
er machet ŏz den gesten
die lieben housgenoz:
do si div zaichen groz
an ir maister sahen,
der gothait si veriahen.
die drey sache alle
sint an den tak gevallen:
an dem selben tage
sul wir gote chlagen
alle vnser missetat,
die wir von des tiefels rat
ovf vns eilen vazzen
mit neide vñ mit hazze,
seit vns div můter ie getrůk.
⟨. . . . .
an der trouten vrowen,
der genade mv̊z vns beschowen.

D

ioh ein ander uart umbe.
sus mit flizze sie behůten,
ob Herodes wolte ŵten,
daz er sie doh niht geschenden
noh der reise mæht erwenden.
sie furen in ir gegene:
got in sinem segene
brahte sie hêin gesunde
ze einer unlangen stunde.

4079 toufen *4094* im veriahen *F.*

A

Nach den sechs wochen,
als div zeit waz gesprochen,
do braht div maget here
mit micheler ære
hinze chirchen iren sun;
si douht ir daz wesen frum,
daz si die æ behielte,
swie si der kevs*ch*e wielte.

si zunte grozze kerzen;
si was an ir herzen
vil louter vñ fro;
si legte turteltouben zwo
auf den altere,
daz ez ir opfer were.

dar chom der alte Symeon;
der enpfienk daz kunichl*i*che lon,
daz zaichen sunderlich,
daz im got der reich
mahte wol gelaisten
⟨. . . . .⟩
der was siech vñ blint.
do er daz here kint
an sinen arm genam,
do gesach der hailige man:
ovf taten sich seine augen,
er begunde vmbe schowen
vñ lobt den herren den er sach:
sin lo*b* daz er sprach
daz vinde wir an den bůchen,
so wir ez wellen sůchen.

D

Vber die wochen sehse,
do sie des zit wesse,
do braht div maget gute
mit frŏderichem mute
hinze chirchen ir sun,
als div e gebot ze tûn.
daz reht sie wol behielt,
swie sie der kivskeit wîelte,
diu in dem himel oben
iemer ist ze loben.
sie zunte ir liehte cherzen,
div îe in dem herzen
liehter was denne div sunne,
aller engele wnne.
zwô turteltuben sie brahte,
da ir got mit gedahte,
wan under den uogeln allen
niht me lebet ane gallen,
niht so gutes v̄ so reines.
ane die bedorfte deheines
andern opferes div reine,
diu mûter ist v̄ maget eine.
dar chom der alte Simeon;
dem hete got ze lon
sines gedinges daz geben,
daz er so lange mvse leben
untzer den waren heilant
enpfienge in sine hant,
v̄ in froliche gesæhe
des der himel ze herren iæhe.
do hub er in ûf mit frŏde
des herzelieber beschoude
v̄ des gnaden er gerte.
er sprah: ‚nu bin ich gewerte,
herre, des ich îe bat.
du hast mich braht an die stat
daz ih din heil gesehen han.
nu scholt du mich varn lân,
herre, in dinem fride
durh des liehtes underdige
daz du der werlte hast gesant:
herre, daz han ich erkant.'

4114 kevse *4122* kunichlche *4126* mit siner volleiste *ergänzt F.*
4134 lobt

A	D
Ein witebe div hiez Anne;	Ein witwe diu hiez Anne;
div was gewesen lange	diu was gewesen lange
in dem goteshouse	in dem gotes hûse
des nahtes ane grouse,	des nahtes ane grûse,
daz si sich niht envorhte,	daz sie ⟨ir⟩ nien uorhte.
noch anders niht enworhte	anders sie niht enworhte
wan daz si irs gebetes hûte.	wan daz sie ir gebetes hute.
div raine vñ div gûte	div stæte v̄ diu vil gute
zaigte ovf den hailant	zæigete uf den heilant
mit dem vingere vñ mit der hant,	
vñ nam daz kindele zehant	vnt umbeviench in zehant;
daz si in dem tempel vant,	
vñ iach daz ez wære	sie sprah daz er ware
der werlde schepfere,	der werlte schepfære,
	der mit menniskllicher wat
	sin herschaft bedecket hat.
der sele trost vñ ir genist.	er wærez der riche Christ,
ez gewan der heilige Christ	der rehten trost, der armen genist:
ein vrkunde herlich:	do heter urkundes genuch.
er het vm sich	div muter div in truch
gesament die gûten	uil werde ir da gesah:
die sines gebotes hv̂ten,	sin lop daz was ir gemach.
sin diern vñ sin knehte	
die im dienten rehte.	
von got sey wir allesamt	von gote birn wir all*e* samet
an disen dingen ge*m*ant,	an disen dingen gemanet,
so wir ze chirchen gen,	so wir ze chirchen gen,
daz wir gezogenlichen sten	daz wir da zuhteklichen sten,
vñ sine herschaft	
von aller vnser kraft	
minnen vñ mainen,	v̄ daz wir uon herzen meinen
ob aller werlte in einen.	ob al der werlte in einen
	der uns uon nihte geschuf:
	unser gebet v̄ unsern rv̂f
	schulen wir an in wenden.
	ia mag er wol uerenden
	swaz uns sorgen obelit.
	er ist der die gnade git
	div iemer wert ane wanch,
	aller wisheit anvanch.
ez sulen vnser sinne	er ist ŏh diu ware minne,
sam die kerzen brinnen	diu da unser sinne

207,27 gescach *H.* *207,28* allen *4160* genant

A	D
in geistlichem fiwer,	erzunten sol mit sinem vîvre.
vñ vnser sele ze stiwer	dazu hat er uns ze stiure
sule wir wesen alle	
sam div toube ane galle:	
so wirt vns gegeben	sine muter geben,
daz æwige leben,	die uns daz ewige leben
daz wir danne beschowen	uil wol mak erwerben,
an ende mit der vrowen.	die in ir hulden ersterben.
Do daz mere kom geflogen	Do daz mære chom geflogen
daz Herodes was betrogen	daz Herodes was betrogen
von den kunigen dreyen,	uon den kunigen drien,
vor laide begunde er schreien	uor leide began er schrîen
als er toben wol*de*.	als er toben wolde.
er sprach, daz er mit golde	er sprah, daz er sie mit golde
si alle widerwege,	wider wæge alle
ob si gebunden legen.	in ze schanden v̄ ze ualle,
er hiez in nach reiten,	
sůchen also weiten;	
er iagt in nach mit fleizze:	
er wolt in iteweizzen,	
do in Christ kom ze handen,	daz sie im niht boten sanden,
daz si im niht poten sanden	do in Christ chom ze handen,
als si heten gelobt:	als sie heten gelobet.
des het er sich nach ertobt,	do was den herren so gezoget
daz si im entwichen waren,	daz sie wol entwichen waren,
vñ ir niht moht gevahen.	daz er nîen mohte ire geuaren.
	doh hiez er in nah riten
	v̄ suchen also witen:
do saz er ze rate,	do daz niht uervie,
wie er mohte drate	ze rate er mit grimme gie
sinen zorn rechen:	
des eilte er sich besprechen	
mit ⟨sinen⟩ argisten,	mit sinen mortgelichen;
die des keine frist*e*	die rieten ŏh im tobelichen,
noch pite wolten ha*ben*,	daz man div kint elliv ersluge
si mv̊sten erslahen	so gahes mit der fuge
die ainvaltigen menige,	daz Christ under in uerdurbe
div kint in al der gegene.	e daz er uerborgen wrde.
si rieten allesant,	
daz er die kint vber alle sin lant	

4177 Do! *4181* wolte *4190* ponten *4199* den *ergänzt F.* *4200* fristen *4201* han *4205* allesant!

A

vm Bethlehem toten hiezze,
noch deheines genesen liezze;
swas mannes bilde het,
daz man die tote zestet.
do cherte der man grimme
alle sine sinne
wie er daz vol brehte.
er sazte in sein æhte
die kindischen barn,
die vnschuldik waren.
So *we* dir vntriwe daz du bist!
si wanden daz ir boser list
ze got verholen were.
des tievels trugenere
die waren erblendet,
gehonet vn̄ geschendet:
Der Magede sun vil wol genas;
daz Herodis wille waz,
daz enmohte niht ge*sche*n.
ein engel chom ze Bethlehem;
Joseben er manot harte,
daz er daz kint bewarte;
er hiez in wesen munter
vn̄ sagt im daz wun*t*er
der kunftigen sorgen,
div dannoch was verborgen.

er ⟨hiez⟩ in fueren Jesum
verre in Egyptum
vnder die haydinische diet.
mit fleizze er im daz riet,
daz er sich da enthabte,
vnz er im auer sagte
wanne er solt wider chêren
mit dem kinde hêren.

Joseph der vil weise,
als er ovz dem paradeise
also gewarnet wart,
er hůb sich schier an die vart

D

So we dir untriwe daz du bist!
sie wanten daz der list
da ze got uerholn wære.
des tieuels uolgære
die waren daran erblendet,
gehonet v̄ geschendet:
der magede sun uil wol genas;
daz Herodis wille was,
daz enmohte niht ergen.
ein engil chom ze Bethlehem;
Joseben er anharte,
daz er daz kint bewarte;
er hiez in wesen muntir
v̄ seit im ŏh dar untir
die kumftigen sorgen,
div dannoch was uerborgen
in des kunges eitirgem rate.
er mant in ilen drate,
daz er furte den heilant
uerre in Egiptelant
under die heideniske diet.
daz gebot er v̄ gerîet,
daz er sih da enthabete,
untzer im aue sagete.
des frŏte sih diu maget mit dem alten,
daz er scholte ⟨behalten⟩
daz unschuldige Christes blut,
daz so gnadik unde gůt.

Do Josep gewarnet wart,
er hub sih sa an die uart

4217 wir *4225* gesein A, ergen *F*. *4230* wunder *4233* ⟨hiez⟩ *F*. *208, 20* ⟨behalten⟩ *H*.

A

vñ fuor des nahtes danne
von dem leihten manne
vñ von den gar verwazzen,
die iren sin heten verlazzen
wider daz edele hertům,
daz si an im wolten tůn
frayse vñ vnpilde.
do fůr er vber daz gevilde
vñ begunde von in kêren;
sin lob wolt er mêren
bey der haidenischen diet
da er gegen schiet,
daz sich ir hai*l* mert,
vñ sich ir geloube verkert,
ob si sich liezzen toufen,
in rehtes leben sloufen.
Herodes der tumbe
der hiez do rennen vmbe,
die sinen wůtreiche
hiez er grimmechliche
die degenkint verliesen,
swa si mohten kiesen
die bey zwain iaren
von ir můter komen waren,
a bymatu et infra.
er hiez si allenthalben da
sinen willen laisten

D

uil snelle v̄ unbedrozzen.
der di werlt hat beslozzen
vnt elliu dinch in siner hant,
der wolte ditze irdiske lant
mit ungemache buwen:
er floch die ungetrivwen.
die engele waren im bi.
sin můter edile v̄ fri
fure des nahtes dan,
mit ir der uil rêine man
der sie bediu berůchte.
die fremden Christ besuchte.
der mane bot im sinen schîn.
der in der pfallenze sin
uerdolt neheine vinster,
die ivden lie er ze der *w*inster;
er wolte mit den heiden sin lop gemeren
v̄ zu den gnadekliche cheren,
daz sie sich tŏfen lîezzen
unt im dienest gehîezzen.

Swaz der tieuil angetreit,
ih wêiz er sich niemer geleit
untzer daz uol bringet;
swa er iê nah ringet,
daz chan er wol bestæten
mit bitterlichen ræten.
Herodes der tumbe
der hiez do rennen umbe
al die sinen wtrîche;
er hiez sie grimmekliche
die iungen degen uerliesen,
swa sie daz mæhten kiesen
daz sie in den zwêin iaren
uon můter chomen wæren,
a bimatu et infra.
er hiez sie allenthalben da
sinen willen leisten

208, 31 vinster : vinster *4257* hailt

A

æ daz man ez erfraischte.

Die boten sich ovf swungen,
in die purch si drungen
div Bethlehem was genant:
si têten fraise bekant
mit grimmegem hazze.
si liefen in die gazze,
div swert si enbarten,
den herten tot si garten;
si ruktens bey den vahsen,
div kint vngewachsen;
div houp*t* si in abe slûgen,
die si niht begrûben:
si liezzen si alle ligen.
si mohten niht gesigen,
wan si sich niht enwerten:
des leibes si sei beherten.

si lieffen zewette
von bette ze bette,
von fiwer ze fiwer
in der purkmower
in selben ze schanden.
si trûgen an ir handen
die plûtegen waffen:
reht alsam ze den schaffen
die wolfe zv̊ springent
vnz si sei nider bringent,
also tobten ⟨die⟩ diebe
ir herren ze liebe.

Do si div kint marbe
inrehalb der purge

D

e iz diu livte uereisten
daz der schade wære ergangen:
der wolf was mit zorne beuangen.

Die boten sih ufsv̂ngen,
in die stat sie drungen
div Bethlehem heizzet.
ir herze was gereizzet
mit êitirigem hazze.
sie furen uon gazzen ze gazze,
div swert sie erbarten,
den grimmen tot sie garten;
sie zuhten bi den uahsen
diu kint ungewahsen;
div hŏbet sie abeslugen,
bêin v̄ arme genugen,
v̄ rigen siv an div wafen
div bi den ammen slafen
scholten an ir brusten.
owî wes mahte sie gelusten
die sogetanen morttaten!
der tieuil hete sie uerraten
v̄ darzu geschundet,
ane des rat niemen sundet.
die gesellen der mêintate
die ilten uil drate
rehte alse umbe we*t*te
uon bette ze bette,
uon fîure ze fivre
inrehalp der burchmure,
in selben ze schanden,
vnt trugen in den handen
die blutigen wêre,
sam sie mit einem here
wichlich haten gestriten.
mit wlfinen si*t*en
tobeten dise diebe
ir herren ze liebe
durh sin unherez gebot
wider die nature v̄ go*t*.

Do sie diu kint furbrahten,
an div sie uahten

4283 houp *209, 20* wêite *209, 24* sitten *4299* ⟨die⟩ *F.* *209, 26* gebote : gote

A

gequelten mit arge,
do roumten si die zarge.
si tailten sich in die gegene:
da slůgen si die menige
beide arm vn̄ reiche
alle geliche.
si gedahten an des kuniges wort:
mit fleizze stiften si daz mort;
si zukten sei ze fluste
den můtren ab der bruste;
si polten an die wente
die fuezze vn̄ auch die hente:
si enwessen waz si rachen.
als si sey durch stachen,
von in ran milich fur daz plůt;
daz gab in grimmigen můt:
swie so daz spunne
von den brusten runne,
doch kunden die zagen
ir wůtens niht verhaben,
vnz si gar lagen tot.
do wainten vil genot
die mueter die daz sahen;
si begunden sich roufen vn̄ slahen.
des sint si nv gesellen
des tiefels in der hell*e*.
Do div slaht gefrumet was,
vn̄ der kinde denhaines genas
in alle*m* dem chraizze,
do begund*e* wainen haizze
den schaden vil sere
ein vrowe hiez Rachel*e*:
vil harte si daz mv̊te,
daz si in dem plůte
ir lieben frivnt sach sweben.
do wart ir ayniges leben
der vrowen gar vnmere;
si erzaigte ir vngebere
dahaime vn̄ ovf der strazze:
si wainte ane mazze.
si wolt ovf der erden
nimmer mer getrostet werden.

D

unmanliche mit arge,
do rumten sie die zarge
vnt tæilten sich in die gegen,
ǒh da nider legen
uil maniger muter frǒde
in ir aller beschǒde.
witen wart div slahte:
diu zal ist uz der ahte.
owe der stæininen herzen,
div den muterlichen smerzen
îe mahten uertragen!
owi welh ŵfen, welh chlagen,
da div kint waren in der not
halplebentige v̄ halp tot,
da si lagen allen ende,
hie die fuzze, dort die hende!
owê da man sie hin zuchte
v̄ in daz leben abdrukte,
da der kinde blut nidergoz
den uerkolten in die schôz!
swem ie herzeliep gescah,
der weiz herzeleides ungemach,
waz herzeliep chumbers hat
daz mit herzeleide gestat.

Do der mort gefrumet was,
unt nehein degenkint genas
in allem dem chreizze,
do bewêintez uil heizze
v̄ uil sere div lantschaft.
so swære was des leides chraft:
an den wirten v̄ den frǒen
můse man iamer schǒen;
die stete lagen frǒdelose,
die muter sinnelose,
wan sie trostes nîen haten.
iedoh hat sie nu beraten
div grozze gotes gute,
die mit ir selbes blute
v̄ mit der kinde unschulde
erwrben sine hulde

209, 29 si wolten *oder ähnlich zu ergänzen M.* *4328* hellen *4331* allen *4332* begunden A, begundens *F.* *4334* Rachel *4344* nimmêr *F.*

A	D
ir mvgt wol wizzen daz,	v̄ die ewigen reste:
daz der můter manigev waz	daz ist aller frŏden beste.
die div kint erzugen:	
der hŏret ir niht gehugen	
wan Rachel alaine.	
da mit so mvge wir mainen	
die hailigen christenhait,	
div mit grozzer arbait	
vil diche hat gerungen	
vñ schaden auch gewunnen	
an ir vil lieben kinden,	
die si niht vberwinden	
mak ouf diser erden,	
der fluste si niht mak getrostet werden.	
Got selbe wolde rechen,	**G**ot selbe wolte rechen,
den vbermv̊t zebrechen	die ubermut zebrechen
den der wuetrich fůrt	die Herodes furte
gegen Christes geburt.	ze Christes gæinwrte.
er wold im an gesigen:	gote wolter angesigen:
des mv̊ste er schemelich geligen.	do můser schantliche geligen
	ze einer churzen friste.
	waz hulfen in die liste
	der sin herze uol swebete,
	do er mit untrivwen lebete?
	waz hilfet daz silber oder golt,
	da der bose niht uerdolt
	rehter tugende invart?
	der schatze niemen des bewart,
	erne muzze ersterben
	v̄ ze valwiske werden.
Herodes begunde siechen,	Herodes begunde siechen,
daz ouf der pette ziechen	daz uf den betteziechen
swebte plůt vnde wark;	swebet blůt v̄ warch;
div suht sich niht verbark	div suht div wart also starch
div im den leip schutte.	daz er gar fulen began.
got maz im mit dem mutte	nie mennisk mêre note gewan
der vnsælden also vil	v̄ unsælde also uil.
daz er mohte denhain spil	deheine wnne noh dehein spil
beschowen ovf der erde.	maht er geschŏen uf der erde
ez stank der vnwerde	v̄ smachte vil unwerde
an allen sinen liden.	an allen sinen liden.

4349 rache *4351* div hailige *4362* gengen *210, 15* betteziehen *4375* *im Original wohl* an allen den s. l.

A

sin schatz mohte im niht gefriden,
er mûse laidichliche
von sinem yrdischem reiche
varen in die helle
zv̊ sinen wûtgesellen.
mit den nagelen zart er sine hout,
er hete vil armichlichen lout.
die weisen arzaten
kvnden im niht geraten
mit wurzen noch mit salben.
er prach sich allenthalben
ovzen vn̄ innen:
do entwichen im sine sinne.
von siner grozzen vnfruht
prach in div freche tobesuht,
daz der vil vnraine
ab einem wendelstaine
sich selben ervalte.
dem tiefel wart er gezalt,
mit dem er iemerlichen
mv̊z prinnen æwichlichen.

Zv̊ Joseph sprach der engel:
,ia solt dv niht lenger
in disem lande beleiben;
var haim zv̊ den deinen!
des kindes veiande
sint mit grozzer schande
von der werlde geschaiden.
hefe dich von den haiden
in terram natiuitatis!
dv solt wesen gewis,
daz geschihet an Christ
swaz von im geschriben ist:
in Jvdeam wil er gân;
div menige wirt vil lustsam,
di er da becheret
vn̄ den gelŏben leret:
Patrum repromissio

D

sin gewalt enmohte daz niht gefriden,
erne muse leitlichen
ligen uor armen v̄ richen.
Mit den nageln zart er die hut,
er was uil armeklichen lût.
die wisen arzate
chunden im niht geraten
mit wrzen noh mit salben.
er brah sih allenthalben
uzzen unt innen:
do entwichen im die sinne.
michel wart sin unzuht;
do dewanch in ŏh div tobesuht
daz er armer v̄ unrêine
ab einem hohen steine
sih selben erualte.
da nam in der tieuel ze gwalte.

Ce Josep der engel do sprah:
,ende hat din ungemah;
wider ze lande scholt du varn;
des kindes viande sint ueruarn
v̄ uon der werlte gescheiden.
nu heue dich hêim uon den heiden
v̄ wîzze daz der heilige Christ,
swaz uon ime gescriben ist,
daz wil er in Judea began!
da erhebet sih sunder wân
daz heil der christenheit,
als ez uor ist gewîssæit,
v̄ als er hat geheizzen.

4376 im! *4379* hellen *4382* armichlichen *F.*] armichlichev *4387* inne *4389* vnfruht *für* unzuht *verschrieben?* *4394* zuo gezalt *F.*

A	D
div wirt erfullet also;	der bõme ist gemeizzen,
des geit den ewigen lon	da daz heilwæge uon bechumet
deus deorum in Syon.'	daz aller werlte gefrumet.'
Joseph cherte do wider haim,	Josep cherte do hêin,
als der morgen erschain,	als im der morgen erschêin,
mit sinem graben parte.	
er troste sich vil harte	
sines iunkherren:	mit sinem iuncherren
	v̄ der magede uil heren.
er liez im niht gewerren.	gewerren enmohte im niht
	uon deheiner ubeln geschiht
	noh uon fîentlicher lage.
	der e uon sinen magen
der bey naht æ was entrunnen,	nahtes was entrunnen,
der fůr bey liehter sunnen	der fure bi liehter sunnen
wider in sin gesezze.	wider in sin gesæzze.
Herodes der vil rezze	Herodes der uil ræzze
der můte in niht mere:	der enmv̊te in niht mere:
er was genikchet sere.	er was geuallen sere.
Also můz ez allen den ergan	**A**lso můz ez allen den ergen
die got wellen widerstan	die got wellent widersten
vñ siner ordenunge,	unt siner ordinunge.
ez sin alte oder iunge.	dise warnunge
Ditz ist ev vor gezelt,	diu ist iv uor gezellet,
ob ir genesen welt,	ob ir genesen wellet,
daz ir die werlt schevhet	daz ir die werlte schîvhet
div hinze helle zevhet,	diu hinze helle zivhet,
vñ fliehet yrdischen hort	vnt fliehet irdisken hort
durich daz frone gotes wort,	durh daz gotes wort,
daz immer ewichlich bestat,	daz ane zwiuel gestat,
so himel vñ erde zegat.	so himel vnt erde zergat.
ir sult evch wol behv̊ten	bewart ivch mit stæter hute
vor der vbermv̊t*e*,	uor der ubermvte,
div immer mv̊z vallen.	div iemer uallen můz
nv bedenket evch all*e*,	vnt nie gewan statigen fůz!
wie ez dem tivfel ergienk,	gedenchet wie ez ergie
do er den vbermůt gevienk	dem tîevil, do er geuie
vñ freuelich fůr:	hohfart v̄ hohenmut:
do er satzte sinen stůl	do wart er ane wafen v̄ ane blůt
wider sinen schepfer,	uon al den eren gestozzen
do můst der lugener	mit sinen stritgenozzen

4442 vbermv̊ten 4444 allen

an werltlîchen sachen.
nu ruoche uns got gemachen
im selben genâme,
liep unt gezâme,
daz wir geniezen muozen
sant Marîen suoze.

Sît daz der heilant
uns ze helfe wart gesant,
sît begienc er zeichen alsô vil,
daz ich enmac noch enwil
mich daran swingen
daz ich si fur bringe:
scholte ich si volleclîchen sagen,
so endorfte ich niemer gedagen.
fur wâr sage ich iu,
daz diu buoch alliu
diu wir lesen unde singen
von dem einen urspringe
zesamene sint geflohten.
vil wol im daz getohte,
daz er diu wunder begie.
ich weiz wol, sîn gelîch wart nie
unde niemer enwirt.
swer sînen dienist verbirt,
der muoz den tôt kiesen
unt die sêle êwiclîche verliesen.

5373—78 C^{1} 63—68 75 selbe 77 genese (*so!*) 78 scē Marie suzen
5389—5523 C^{1} 69—203 5401 geulogen 3 begingh

A

vallen vn̄ verderben:
also mvͤzzen alle die ersterben
die zvͦ im gephlihtent
vn̄ sich ze hohe rihtent
an werltlichen sachen.
nv růche vns got ze machen
ime selben genǽme,
lieb vn̄ gezeme,
daz wir geniezzen mvͤzzen
sande Mareien der sůzzen,

vn̄ der eren manikvalden
die si von sinem gewalte
datze himel hat besezzen:
da sol si niht vergezzen
ir diern vn̄ ir knehte;
da sul wir auch von rehte
immer loben iren svn
per omnia secula seculorum.
Amen!

D

vnt muz ewiklich ersterben:
also muzzen sie uerderben
die sih zu im gepflihtent
unde sih ze hohe rihtent
ane werltlichen sachen.
nv ruche uns got gemachen
im selben genǽme,
werde vnt gezæme,
daz wir hernah geniezzen
sænt Marien der suzzen
v der muter der eren,
so wir hinnen cheren.
ir gnade ist so manekvalte,
diu in sinem gewalte
den himel hat besezzen:
dane schol sie niht uergezzen
ir diwe vnt ir chnehte.
ŏh schulen wir uon rehte
iemer eren den ir sun
der uns gnade mak getun.

Seit daz der hailant
vns ze helfe wart gesant,
seit begienk er zaichen also vil,
daz ich enmak noch enwil
mich niht daran erswingen
daz ich sei fure bringe:
solt ich sei vollechlichen sagen,
ich dorfte nimmer gedagen.
fur war sag ich ev
daz div půch allev
die wir lesen oder singen
von dem ainigen vrspringe
zesamene sint geflohten.
wie wol im daz tohte,
daz er wunders vil begie,
wan sin geliche der wart nie,
noch nimmer mer enwirt!
swer auch sin dienst verbirt,
der mvͦz den tot kiesen
v̄ div sele verliesen.

Der heilant hiez die stummen,
die suhtigen zungen,
sprechen unde singen,
die hufhalzen springen.
die krumben wurden wol gesunt,
swâ sîn vil heiliger munt
ein einigez wort sprach.
sô er die siechen uber sach,
dâ was trôst unde heil
unt aller mandunge teil.
er hiez die selpblinden
die vinster uberwinden;
diu vervallen ôren
diu hiez er wol gehôren.
swâ er die miselsuht begreif,
von den liuten si gesleif.
fieber unt diu wernde suht
diu muosten kêren an die fluht;
diu enmahten im niht vor gehaben.
er hiez die tôten ûz den graben
vil gewalteclîche erstên
unt in ir herberge gên.
die tievelsuhtic wâren,
die muosten im gnâden,
wan si der bôse geist verlie:
swaz er wolte daz ergie
allez nâch sîner hulde.
sunde unde schulde
die vertreip er von den brusten
die sîner guote luste.
von fumf girstîn brôten
diu er segenôte,
darzuo er hiez mischen
zwêne wênige vische,
fumf tûsent manne
die satôte er dannen
mit gotlîchen êren,
daz si erluste mêre
der geistlîchen spîse.
der wirt was sô wîse:
zwelf korbe hiez er nemen,
die brosemen dar în legen.

5419 selpblinden *L. Sch.*] selben blinden 25 daz fib' 31 *Initiale* tuuele suchtigh 38 lusten 39 fvnf girstnen 40 gesegenote 41 hiz er 43 fvnf 44 di gesat er do dannē

A

Der hailant hiez die stummen
vn̄ die suhtigen zungen
sprechen vn̄ singen,
die hufhalzen springen.
die chru*m*pen wurden wol gesunt,
swa sin hailiger munt
wan ain wort gesprach,
so er sey ane sach.

er hiez die geborn plin*d*en
die vinster vberwinden,
vn̄ die tauben oren
hiez er wol gehoren.
swa er die miselsuht begraif,
von den levten si entslaif.
fieber vn̄ auch div suht
mǔsen haben die fluht;
si mohten sich bey niemen enthaben.
er hiez die toten von den graben
vil gewaltichlich ersten
vn̄ in ir herberge gen.
die tevfelsuhtik waren,
der geist mǔste von in varen,
daz er den leip verlie:
swaz er wolt daz ergie.

von fumf prǒten
die er segenote,
dar zv̊ er hiez mischen
zwene chleine vische,
fumftousent manne
die satot er alle
mit gotlicher speise.

der wirt was so weise:
siben chorbe hiez er nemen,
die prosem darin legen.

4493 chrupen *4495* wan! *4497* plinten

si wurden alle ensamet vol:
daz geviel der werlde wol,
vaste froute sich daz her.
ofte gienc er ûf dem mer
mit truckenen fuozen,
daz wir dar an muozen
erkennen sînen gewalt,
daz er ze kunige ist gezalt
ob aller hêrschefte.
er schutte mit sîner krefte
die erde zesamene,
als si wâre an einem vademe.
diz ist michel unde grôz,
wer mahte wesen sîn genôz?
an allen sînen werken
mugen wir gnâde merken:
die erzeigte er uns besunder.
unt scholte ich diu wunder
alle schrîben unt bediuten
den kunftigen liuten,
der junger wil ich geswîgen,
daz enmahte mîn zunge niht erlîden.

Die wazzersuht er heilte,
sîne gnâde er ûz teilte
mit michelem vollen.
die liute die bewollen
mit dem bluote wâren,
er gebôt daz si genâren.
er was an allen dingen,
als wir lesen unde singen,
vil rehte diemuote.
von den brusten sîner guote
liez er die gnâde sûgen
die armen unt die blûgen.
die griffen an sîne wât,
den wart des siehtuomes rât
. . . .
sîn volk er wol bewarte,
die mit rehtem glouben
kômen fur sîniu heiligen ougen.

---

53 *Initiale* 61*f.* zusamene di erde als si an eime vademe were 63 ditze *B. s. 43* 69 schrîben *B. s. 43*] besc'ben, *vgl.* § *31b* 71 dˢ iūgen C, der wunder *B. s. 43* 74 uz] vns 78 genasen 81 uil rechtˢ demute 83 guade] gute 87 des uolgte harte; *völlig entstellt: hinter* harte *könnte*

A

die chorbe wurden alle vol:
daz geviel der werlde wol,
vil vaste frevte sich gotes her.
si giengen ofte ovf dem mer
mit ir truchen fuezzen,
daz wir dar an mv̊zzen
kennen sinen gewalt,
daz er ze kvnige ist gezalt.

sin kraft ist michel vn̄ groz,
wer mohte wesen sin genoz?

Die wazzersuht er hailte,
sine genade er ovz tailte
mit michelem vollen.
die levte die bewollen
mit dem plůte waren,
er gebot daz si genaren.
er was an allen dingen,
als wir lesen vn̄ singen,
vil rehte diemv̊te.

swer getrowet siner guete
vn̄ an sine wat graif,
aller siehtům im entslaif.
si wurden wol erlost
mit sinem gotelichem trost,
die mit rehtem gelauben
komen fur sin ougen.

---

das verbum harn *stecken, etwa* des si in an harten, *oder auf das Folgende bezogen* die in an harten; *möglich ist auch Entstellung aus* tarte *zu* tarn *schaden, schmerzen: etwa* der in sêre tarte   90 vor

Dô der heilant entslief,
unt in diu menige an rief
die ûf des meres wâge
in grôzer freise lâgen,
als er die zeswen ûf bôt,
sô was gestillet al ⟨ir⟩ nôt.
er hiez die swâren winde
von sînen lieben kinden
entwîchen alsô schiere.
sînen jungern ûf dem kiele
den was diu liehte sunne
vil schiere ûf errunnen;
des meres unde freissám
die wâren ir herren undertân;
die scharfen wintstôze
unt allez ir gedôze
daz erkante sînen meister
unt muoste ouch im gehôrsam leisten.

Nâch allen disen êren
liez sich der milte herre
die *grimmen* juden vâhen
unt an daz crûce hâhen,
dâ mite er *uns* erlôste
von des tievels rôste,
der von hitze wellet:
swer dar în gevellet,
der ist êwiclîche verlorn,
der wâre bezzer *unge*born.
er koufte uns alsô tiure
von dem helle*fiure*,
von dem alten nîde,
mit sîn selbes lîbe,
doch er . . . .

5496 alle 5502 schiere] snelle 6 ir] daz 8 muz 11 grimmen *B. s. 165*

A

Do der hailant entslief,
vn̄ in div menige ane rief
div ovf des meres wagen
in grozzen fraisen waren,
als er die zesewe*n* ŏf gebot,
so was gestillet ir not.

die grozzen wintstozze
vn̄ alle ir gedŏzze
daz erkante seinen herren:
des moht in niht gewerren.

Nach aller diser ære
liez der milte herre
sich die Jvden vahen
vn̄ an ein chrevze hahen,
damit er vns erloste
von des tiefels roste,
der vor hitze wellet:
swer darin gevellet,
der ist immer mer verlorn
vn̄ were pezzer vngeborn.
er chaufte vns also tevre
von dem hellefevre
vn̄ von dem alten neide
mit sin selbes leibe.
er liez sich niht betragen:
vnsern tot wolt er veriagen;
von sinen veterlichen triwen
er wolte vns itenewen.
in dem tode er entslief:
sin aygen plůt schraib den brief,
vnser gruntfeste.
des hailigen chrevzes este
die geit er ze lone
in eterna redempcione.

4553 zesewe

A

Nv hôret waz div schrift sage,
wie an dem merterlichen tage
zaichen geschahen,
daz ez die ivden sahen:
div sunne verbark iren schein
vñ wolte niht lieht sin.
do hůb sich grozzev vinster
ze der zesewe*n* vñ ze der winster
vber aller der werlde podem,
do die iuden begunden toben.
die stern vñ der mane
wurden vinster same.
michel erpidem wart;
do erchom der laide hellewart,
do sich der grunt zarte;
sines schaden er do warte
von vnsers herren lait.
die welde hoch vñ brait
die begunden ir wurzen
vaste vme sturzen.
die plůmen erplichen,
die staine entwichen
vñ prasten von ainander
vñ glosten sam ein zunder.
der kisilink erchlank,
daz daz fewer dar ovz sprank.
Der ivden vmbehank
prait vñ lank
zarte sich entzway.
gefugel vñ tier schray.
daz gepirge wart nie so veste,
ez můste nider presten;
div grab sich ovf taten,
die toten dar ovz traten:
die voulen vñ erstunchen
die azzen vnde trunchen
mit den purgeren.
die erstanden waren,
si gaben vrchunde
de*n* hailigen fumf wunden,
der gotes vrstende,
der ivden missewende,
die des lebens orthaben

4590 zesewe *4622* de

A

selbe heten erslagen.
waz half die vngeslahten
ir hûte vñ ir waht*e*,
der schal vñ div vngehabe
die si heten bey dem grabe?
als er di*e* helle zeprach
vñ an dem tivfel sich gerach,
do erstûnt er zeir gesihte,
daz si al gerihte
gar fur tot gelagen.
des wil ich noch fragen:
wa*r* taten die getilinge
ir eysneine ringe,
die halsperge also lieht?

4628 wahten *4631* div *4637* wa

mit swerten unt mit stangen,
mit spiezen alsô langen,
dô der heilant erstuont?
ich enweiz warumbe si daz tuont,
daz si noch wider bellent
unt ir dankes wellent
die sêle versenchen.
si scholten sich bedench*en*:
geben si uns den tôten widere,
sô dunkent si mich biderbe;
mugen si des niht getuon,
sô glouben an der magede sun,
den si dâ sâhen erstên,
des si ze jungist muozen gên,
die ubelen unt die verworhten,
in des tôdes vorhten.
an sînem gerihte grôzen
werdent si verstôzen,
si enwellen sich bekêren.
warumbe werent si sich der grôzen êre?

Als er erstuont von dem grabe,
dô was ⟨er vollen⟩ vierzic tage
mit uns in der werlte.
sîne junger er gewerte
sîner geinwurte;
den zwîvel er in enpfuorte,
daz si veste wurden,
ledic von allen burden
angestlîcher dinge.
ir gemuote was in sô ringe,
do si ⟨in⟩ muosten schouwen.
unser liebiu frouwe
diu gesach ir nie sô werde.
der himel wart ûz der erde
gezimbert an den stunden:
ir herze was enpunden.

mit in er âz unde tranc;
er chêrte ouch allen ir gedanc

5609 *bis* lobeten 5671 C^1 1—63 14 ir] eines 17 *Initiale* 20 gleubē meide 22 gên] ien, *vgl. § 29* 24 in] an 27 si enwollent 32 iunge^s^n 33 mit siner 36 burden! aller burden *B. s. 48* 37 wankelich^s

A

wes werten si sich nieht
mit swerten vn̄ mit stangen
vn̄ mit spiezzen also langen,
do der hailant erstunt?
ich *en*wa*i*z warume si daz tůnt,
daz si wider pellent
vn̄ sich niht enwellent
der warheit bedenchen,
sus ire sele versenchen.

Do got erstůnt von dem grabe,
do waz er vollen vierzik tage
mit vns ovf der erde.
sine iunger werde

frevten sich siner angeschowe
vn̄ vnser lieben vrowen,

wan an den selben stunden
waz ir herze enpunden
von aller not vn̄ chlage
div in vor ane lage.
er az mit in vn̄ trank;
er chert allen iren gedank

---

38 geringe 40 unsere libē vrouwē 41 do geschach in *unter Beibehaltung des Wortlauts von* 39*f. B. s.* 48 42 erden

4644 waz *4654* liebe vrouwe *F.*

vil vaste in sîne minne.
si hulfen im sît gewinnen
vil manic tûsent sêle
mit ⟨râte unt mit⟩ ir suozen lêre.

Darnâch fuor er ze himele
unt trôste ouch si dâ nidene
mit sîn selbes geiste.
der getriuwe herre leiste
daz er den zwelven gehiez
dô er si weinende liez.
si wâren in einem gademe
gesezzen zesamene,
do begunde er in erschînen:
mit den zungen fiurînen
si wurden schiere enzundet;
ja wart ouch in gekundet
aller lande sprâche.
daz gebot si nie gebrâchen
daz in ir meister sazte.
die zungen wol gewazte
die hullen unde clungen;
si sageten unde sungen
von dem heilande
in allen den landen;
si lobeten in grôzlîchen
in allen den rîchen.
diu werlt gr*uozte* in alsus:
Syon, regnabit deus tuus.

Nu habent die engel uns gesaget,
wie der k*unic* den diu maget
gebar der kristenheite
mit sîner *gotheit*e
kumftic anderstunt sî,
fons et origo bonî:
sô h*ât er* sîn gerihte,
sô koment im zuo gesihte
omnes tribus *terre*.
der gewaltige herre
der teilet sînen knehten
ir lô*n al*sô rehte

5656 weinde 60*f*. di zungē warn fuw'ine vnd warn schire enzundet 62 io 71 in (*so!*) *bis* 5840 C[1] 203—370 76 den] vnd 79 kunftig 82 kumt 84 geweltige 85 teilte

A

vil vaste in sine minne:
des hulfen si im gewinnen
vil manik tousent sele
mit rate vñ mit ir suezzer lere.

Dar nach fůr er ze himile
vñ troste si hie nidene
mit dem hailigen gaiste.
der getriwe herre laiste
daz er den zwelfpoten gehiez
do er sey wainінde liez.
si waren in einem gademe
gesezzen zesamene,
do begunde er in erscheinen:
mit den zungen fivreinen
si wurden schier enzundet;
ia wart in gekundet
aller hande sprache.
daz gebot si nie geprachen
daz in ir maister sazte.
die zungen wol gewazte
die hullen vñ chlungen;
si sageten vñ sungen
von deme hailande
in allem dem lande;
si lobten in gezogenlichen
allenthalben in den reichen;
den herren grůzten si svs:
regnabit deus tuus.

Nv habent vns die engel gesaget,
wie der kunik vñ div maget
wart der christenhait
mit siner gothait
kumftik vñ sponsa domini,
fons et origo boni:
so hat er sin gerihte
vñ koment im ze geslihte
omnes tribus terre.
der geweltige herre
der tailet sinen knehten
eben vñ rehte

4677 sprachen *4689* gesagt

nâch ieglîches werken:
daz kan er wol *gemer*ken.
daz ist der angestlîche tac
dâ niemen nih*t ver*heln mac,
verstôzen noch verbergen,
noch ung*erochen* werden
vor der kreftigen manû.
gedenchet alle d*arzuo*:
sorget ûf daz teidinc,
dâ aller triuwen urspr*inc*
ze sîner zeswen stellet
die schar diu im gevellet!
*diu win*ster zeiget in den tôt
die hie vehtent âne nôt
wider *ir* schephâre.
dâ wirt diu rede swâre:
dâ dringet der *arme* fur den kunic,
dâ ist niemen hêr noch frumic,
w*an der hie* gedienet
daz diu sêle dort wirt geliebet.

*W*ar denchet ir wuoterîche?
ir enmuget daz himelrî*che*
ersturmen mit den schilten!
nu bitet die fro*uwen* milte,
sante Marîen,
daz si uns gefrîe
unt . . . nde phlege
dâ sich scheident die wege:
einer gein *dem luf*te,
der ander gein der grufte
dâ der vâlant inne lît,
der *swebe*l unde bech gît
sînen undertânen.
wir muozen *uns ie*mer ânen
êren unt guoter sinne,
wellen wir die *kuni*ginne
niht wecken mit den zaheren,
die brût *unt d*ie gemahelen
die got im selben erkôs,
unt diu *ir* magetuom nie verlôs.

5689 d[s] engelische 93 gotes manû? 96 treuwe 97 gestellet 99 den] d[s] 5700 uechten! 4 hêr noch] h[s]nach 6 daz er da wirt gelibet 7 .ar! 9 ..cht ersturmē 10 milten, *von* m *nur ein Strich*

A

nach igeliches werchen:
die kan er wol gemerken
an dem ængestlichen tage
da nieman niht verpergen mag

vor der kreftigen gotes hant.
nv bedenchet evch liebe allesant
vñ sorget ovf daz taydink,
da aller triwen vrsprink
zv̊ siner zesewe*n* stellet
di*e* schar div im gevellet.
div lenke zaiget in den tot
die hie vehtent ane not
wider ir schepfere:
der tak wirt in swere.
da dringet der arme fur den kvnik,
da ist niemen edel noch frumik,
wan der daz hie verdienet hat
daz dort der sele wirdet rat.

War gedenchet ir wûtreiche?
ir mvget daz himelreiche
niht ersturmen mit dem schilte!
nv bit die vrowen milte,
sande Mareien,
daz si vns geruche ze freien
vnde vnser sele pflege
da sich schaident die wege:
ainer gen der luft*e*,
der ander gen der grufte
da der valant inne leit,
der swebel vñ pech geit
den sinen vndertanen.
w*i*r mv̊zzen vns immer anen
eren vñ gûter sinne,
welle wir di*e* kuniginne
niht wechen mit den zehern,
di*e* prout vñ die gemahelen
di*e* got im selben erkôs,
div ir magtûm nie verlôs.

---

11 sant   13 *vor* nde *noch ein Strich, wahrscheinlich* i *oder* u: ir kinde ⟨welle⟩ phlegen *M.*   14 dâ] do   25 selb[s]

4709 zesewe   *4710* div   *4712* vehtent!   *4727* luft : gruft[e]
4732 wier   *4734. 36. 37* div

bezzer frouwe nie enwart:
mit grôzen triuwen si *bewa*rt
bêdiu sêle unde lîp:
swer sich inneclîche ergît
ûf ir barmunge,
daz enmahte nehein zunge
den vollen *b*ediuten,
wie si weget den liuten
an unsers herren *fuoze*n:
swes wir sie begruozen,
daz enlât si niht be*slîfe*n.
nu chort sie begrîfen
daz si iu niht en*gê*!
sô muget ir darnâch iemer mê
wesen unge*schen*det:
unser leit si uns wol verendet.

*N*u gedenke wîp unde man,
wie sîn dinc schuln *gest*ân
von êwen unze êwen.
swaz wir die maget *f*lêgen,
daz enist niht verlorn.
si ist gesetzet unt erchorn
zeiner gwissen vogetinne
ze an*gest*lîchen dingen.
si kan uns armen weisen
wol *hel*fen zuo den freisen
werltlîcher sorgen.
ir helfe ist *unver*borgen:
si ist allen den bî
die von herzen meinent sî;
die dicke sûftent unde clagent
die sunde die si gefru*met* habent,
den ist si ungeswichen.
ir gnâde ist sô m*ichel*,
alsô wît unt alsô breit,
daz alliu diu christenheit
von ir wirt wol gewert,
diu ir zallen zîten gert.
got ist ir herre unt ir sun:
des mac si bêdiu *wol* getuon,

5727 *Initiale* 30 innēclichen (*so!*) git 33 vollen] an . . . C, anderen *B. s. 221* 34 wiget 37 enlezt 37*f.* be . . . . ten : begriften 38 chort] kert 39 iu] uch 40 imm'mere 42 uolendet 45 vō ewe wanne zu ewe

A	D
pezzer ⟨vrouwe⟩ nie enwart:	**B**ezzer frŏe nie wart:
mit grozzen trivwen si vns bewart	mit grozzen trivwen sie bewart
pede sele vñ leip:	den sæligen zaller zit:
swer sich ir inrechlich ergeit	swer sih innekliche ergit
in ir sůzze barmunge,	uf ir grozze barmunge,
daz enmoht enhain zunge	dane mohte dehein zunge
envollen bedevten,	ze reht wol beduten,
wie si weget den levten	wie sie weget den livten
an vnsers herren fuezzen:	an unsers herren fuzzen:
swes wir sei begruezzen,	swes wir sie begruzzen,
daz lat si niht entsleifen.	daz enlat sie ir niht beslifen.
geruchet sei begreifen,	nu bechort sie begrifen,
daz si ev niht enge,	daz sie iu niht enge!
vñ ir genade ev bey geste,	so muget ir da nah iemer mê
vñ stete frevde ev sende	wesen ungeschendet,
immer mere ane ende!	want sie nnser leit wol uerendet.
Amen!	
Nv gedenke weip vñ man,	
wie sin dink sule gestan	
von æwen ze æ̂wen.	
swaz wir die magt flegen,	
daz ist niht verlorn.	
si ist gesetzet vñ erchorn	
ze ainer voytinne	
gen ængestlichem dinge.	
si kan vns wol weisen	
vñ helfen ovz den fraisen	
werltlicher sorgen.	
ir helfe ist vnverborgen:	
si ist allen den bey	
die von herzen mainent sey,	
die sevftent dike vñ chlagent	
ir sunde die si gefrumt habent.	
ir genade ist so brait	
daz alle div christenhait	
von ir wirt gewert,	
d*iu* ir genade gert.	
Got ist ir herre vñ ir sun;	Got ist ir herre v ir kint,
des mach si pede wol getůn,	des alle creature sint:

49 zu ein[s] gewissen 52 ûz *B. s. 175* 54 hilfe 57 sufczen 64 zu allen geziten (*so!*) 65 *Initiale*

4774 d[s] genade!

biten unt gebieten,

daz wir uns muozen *nieten*
der êwigen frоude
vor Christes beschoude.
wir *schul*n ir chlagen unser nôt:
si gît daz lebendige brôt
den sêlen ze spîse
in dem paradîse.
nu manet die lieb*en* frouwen
unt lâzet von den ougen
die heizen *zahere* fliezen!
ja mugen wir wol geniezen,
wil daz hêre *mage*dîn
unser griezwarte sîn.
nu geruoche si unser bot*schaft*
bringen fur die gotes chraft,
der ir niht verzîhet,
w*an* er si hât gewîhet,
gesegent ob allen wîben
mit *sîn* selbes l*îbe*.
wir sitzen oder stên,
in ir hulden schuln wir gên;
wir trinken oder ezzen,
w*ir* schuln ir niht vergezzen;
wir slâfen oder wachen,
wir schuln an allen sachen
die getriuwen unt die rei*nen*
*flêg*en unde meinen,
daz si in dem himelrîche
den en*geln* uns gelîche,
daz wir sie loben muozen dâ
in eternum et ultrâ.

*D*ô von gotes geburte
tûsent jâr *wurt*en
hundert sibenzec unde zwei,
dô wart *ein prie*ster des enein,
Wernher geheizen,
daz er von *dem* weize
die spriu abe schiede

5769*f.* vreude : bescheude 72 lebende 78 io 82 brengē 87 *Initiale* 88 hulden] hilfe 89 wir ezen 95 daz] di 97 loben muzen 99 . o! 5801 hundert vnd 2 inein

A	D
biteñ vñ gebieten,	des mak sie bitten vnt gebieten,
daz wir vns mvgen nieten	daz wir uns mûzzen nîeten
der ewigen frevde	der ewigen frŏde
vor Christes beschevde.	in Christes beschŏde.
w*i*r sulen ir chlagen vnser not;	wir schulen ir chlagen unser not;
si geit daz lebendige brot	sie git daz lebentige brot
den se*le*n ze speise	den selen ze spise
in dem fronen paradeyse.	v̄ gebîvte*t* in dem paradise
nv mant die lieben frowen	v̄ den himelen gwaltekliche.
vñ lat von den augen	
die haizzen zeher fliezzen.	
ia mvge wir wol geniezzen,	
wil daz hailige magedein	
vnser forspreche sein.	
nv gerûche si vnser potschaft	
bringen fur die gotes chraft,	sie ist gnadich vnde riche
der sey niht verzeihet,	ze geben unt ze lihen.
wan er sei hat geweihet,	got mag ir niht uerzihen,
gesegent ob allen weiben	der sie im gewihet hat
mit sin selbes leibe.	uber al sine hantgetat.
wir sitzen oder stên,	wir sitzen oder sten,
in ir helfe sul wir gên;	in ire hulden schuln wir gen;
wir trinchen oder ezzen,	wir ezzen oder trinchen,
wir sulen ir niht vergezzen;	wir schuln ir îe gedenchen;
wir slafen oder wachen,	wir slafen oder wachen,
wir sulen an allen sachen	wir schvln an allen sachen
die hohen vñ die rainen	die guten vnt die reinen
flegen vñ mainen,	flegen unde meinen,
daz si in dem himilreiche	daz sie in dem himelriche
den engeln vns geliche,	den engeln uns geliche,
daz wir sei loben da	daz wir sie loben da
in eternum et vltra.	in ęternum et ultra.
	Amen!

Do von gotes geburde
tousent iar wurden,
hundert sibenzek vnde zway,
do wart ein priester des en ain,
Wernher gehaizzen,
daz er von dem waizen
die paleas schiede

4781 wier   *4783* selben   *211, 40* gebîvte   *4795 kein* unt!

mit disen drin lie*den*,
diu er schreip ze êren
der frouwen diu unsern herren
*truo*c in ir gezelte
aller diser werlte.
im was ein . . . priester holt,
geheizen was er Manegolt:
der *wî*ste die materje,
als ein guot verje
daz ruoder wî*set* mit der hant,
unz er chumet an daz lant.
*e*r ladete in in daz ⟨sîn⟩ hûs
unt enliez in ouch niht dar *ûz*,
unz er gefrumete unt geriet
daz diu geist*lîch*en liet
wurden gemachet.
do enwart niht vil *gel*achet:
sante Marîe
diu gap in kurzewîle
unt . . . gez framspuote,
daz ez si niht enmuote.
si habent ze buoze gegeben
allen den die nu leben,
*die di*se rede hôren
mit fleischlîchen ôren,
daz si in *wun*schen beiden,
swanne si verscheiden,
daz in diu muoter *frô*ne
der arbeite lône
mit ir anbliche.
wir schul*n* sie manen diche,
wan si gnâden ist vol,
sam sie gruoz*te vil* wol
Gabriel archangelus:
benedicta tu in mulieribus.

5806 drien 9 truoc] *nur ein nicht ganz sicherer Rest von* k 10 w'lde 11 *wahrscheinlich* erzepriester, *oder* kôrpriester, liutpriester? 13 marterie 16 unz] wāne daz 17 *Initiale weggeschnitten* lud 18 enliez] liz 19 unz] wanne 23 scē 24 kurzewîle] kunde uile 25 sæligez? vṛouwē spute 27 geben 29 gehoren 30 vlizclichē 38 sam] vnd

A

mit drin lieden,
die er schreib ze eren
der vrowen div vnsern herren
erzaigte in ir gezelde
aller diser werl*de*.
im was ain priester holt,
gehaizzen was er Manigolt:
der weiste in der materie
als ain gůt verie
der daz schef weiset mit der hant,
vnz ez bechumt an daz lant.
er ladot in in sin hous
vñ enliez ⟨in⟩ niht dar ouz,
vnz er gefrumet vñ geriet
daz div gaistlichen liet
wurden gemachet.
da wart niht vil gelachet:
Maria div got truk
div gab in kurzeweile genůk
vñ so semften můt
daz ez in chom ze gůte.
Si hant ze bv̊zze gegeben
allen die nv leben,
die dise rede horen
mit fleischlichen oren,
daz si in wunschen paiden,
swanne si verschaiden,
daz in div maget frone
ir arbaite lone
mit ir selbes anbli*che*.
wir sulen si biten diche,
wan si ist genaden vol,
sam sey grůzte vil wol
Gabriel Archangelus:
benedicta tu in mulieribus.

Do scismatis tempestas
dreyzehen iar gestanden was
bey dem babest Alexander,
do drey herren ander
so vaste wurben vme den stůl
daz er weislos fůr
ovf dem lande vñ ovf dem mer

D

Do scismatis tempestas
drivzehen iâre gestanden was
bi dem pabes Alexander,
daz drie herren ander
ẘrren ime den stu*l*,
daz er wiselos fů*r*
uf dem lande vnt uf dem mere

4819 erzougte? *4820* werlte *4845* anblik *212, 9* stule : fůre

A	D
mit vil chlainem her,	mit vil lutzelem here,
do romische reiche	do div romiskiu riche
stůnden gewaltichleiche	stunten gewalticliche
an kaiser Frideriches hant,	in des keiser Frideriches hant,
do er Polan daz lant	vnt er Polan daz lant
dwank mit herverte,	betwanch mit heruerte,
do in got gewerte	da in got siges gewerte,
siges mit siner schar,	
do er zwai vñ zwainzek iar	
was gewesen kaiser,	
voget der waisen,	
ze der zeit vnder dev	do wrden div lîet elliv driu
wurden div liet alle drev	getihte*t* under div:
volbraht von der maget:	daz erste daz saget
daz aine liet saget	uon der ewigen maget,
von der kumfte Marien,	
der edelen vñ der freyen,	
wie ir můter sei gewan	wie sie ir můter gewân
bey ainem hailigen man	bi einem vil werden man
der Joachim genant ist.	der Joachim geheizzen ist.
daz ander liet zelet die frist,	daz ander zelet die frist,
daz si wart gemehelot	daz sie wart gemahelot
als der hailant gebot,	als der heilant gebot.
daz dritte daz si den gebar	daz dritte saget daz sie gebar
der himel vñ erde vil gar	der himel vnt erde gar
gemachet hat mit sinem list	ufhabet . . . .
vñ allez daz darinne ist,	
bede groz vñ chlaine:	
daz hat er altersaine	
allez uber sezzen,	
gezêlt vñ gemezzen.	
Swa dise půch alle sint,	
da wirt geborn denhain kint	
dem immer mvge misse gen.	
div můter mvͦz sich versten	
semftichlicher dinge.	
ir weget div kuniginne	
vor gotes antwurte,	
vñ gedenchet ir geburtte	
div ir wart ertailet.	
von dem wir sin gehailet,	

212, 14 getihte *212, 20 danach eine zeile ausradiert, in der* groz *noch leserlich ist.*

A

daz ist Christ der reiche,
der ladet vns tegiliche.
nv růfet in inrechlichen an,
swanne sin mv̊ter in an vns man,
daz er vns ellenden
sine helfe gerůche zesenden
vn̄ sine englische schar,
div vns laite vnde bewar,
vn̄ vns bringe an die stat
vbi cum patre regnat
et spiritu paraclito,
daz vnser stimme vil fro
mvezze singen immer me:
Gloria tibi domine.

Amen!